ESSENTIAL BUSINESS SKILLS FOR SOCIAL WORK MANAGERS

Tools for Optimizing Programs and Organizations

사회복지경영론 기초

Andrew J. Germak 저 | 박창제 · 박상규 공역

학지사

Essential Business Skills for Social Work Managers:
Tools for Optimizing Programs and Organizations
by Andrew J. Germak

Korean Translation Copyright © 2018 by Hakjisa Publisher, Inc.
The Korean translation rights published by arrangement with
Taylor & Francis Group LLC.

역자 서문

저명한 경제학자 맨큐(Mankiw)는 자신이 쓴『경제학원론』에서 '일반적으로 시장은 경제활동을 조직하는 좋은 수단'이며 '경우에 따라서 정부는 시장성과를 개선할 수 있다.'는 것이 경제의 원리라고 강조하고 있다. 이때 '시장'은 민간부문에서 재화와 서비스의 수요 · 공급이 이루어지는 곳을 말하고, 정부는 공공부문을 의미한다. '경우에 따라서'는 시장 실패의 원인을 지닌 재화나 서비스를 말하며, 시장 실패의 원인은 외부효과, 공공재, 규모의 경제, 가치재로 제시된다.

대부분의 사회복지 관련 서비스는 이러한 특성 중 한 가지 이상을 지닌다. 가령, 교육 서비스와 보건의료 서비스는 사회적 효용이 개인의 효용을 넘어서는 가치재(merit goods)적인 특성을 지닌 사회재(social goods)로, 이러한 서비스를 민간시장에 맡겨 두면 적정한 수요와 공급이 이루어지지 않는다. 따라서 OECD 국가 중 많은 나라에서 보건의료와 교육 서비스를 정부가 직접 공급하고 있다.

그러나 우리나라는 사회복지 관련 서비스의 대부분이 출발부터 민간부문에서 공급되었고, 국가와 공공부문의 역할이 크지 않았다. 이는 근대화 과정이 일제 강점기라는 왜곡된 역사를 겪으면서 정상적으로 이루어지지 못했고 정부의 재정능력 또한 크게 부족했기 때문으로 평가된다. 1980년대 이후 사회복지에 대한 정부의 역할이 크게 증가하였지만 그 역할은 법적·제도적 장치 마련과 재정부문에 집중되었고, 서비스 전달은 여전히 민간부문에 절대적으로 의존하고 있다.

1980년대 이후 선진 복지국가들이 재정위기를 겪으면서 신자유주의 사상이 널리 퍼졌다. 이로 인하여 많은 선진 복지국가에서 사회복지 부문의 시장화와 민영화, 지방화 그리고 사회복지 대상자들의 소비자주의, 욕구의 다양화, 제공 주체의 다원화가 계속 진행되고 있다.

우리나라는 선진 복지국가들과 같은 국가 주도의 사회복지를 행한 경험이 없는 상태에서 시장화와 민영화 그리고 지방화라는 신자유주의의 영향으로 사회복지 서비스 공급에 대한 민간부문의 역할과 비중이 더욱더 커지고 있다. 다만, 사회복지 서비스의 특성상 공급 주체는 대부분 비영리 민간조직이다.

비영리조직은 법적으로 정부나 타 후원기관으로부터 독립적이고, 소유주나 주주가 없는 것이 일반적이다. 그러나 비영리 민간조직은 공공부문의 조직은 아니기 때문에 영리조직의 성향, 즉 책임성의 강화, 위험관리, 근거기반 실무, 재원 조달의 다양화, 다양한 이해관계 등의 성향을 많이 지니고 있다. 특히 비영리 민간조직에서는 다양한 타 비영리조직, 혼성조직, 영리 민간조직 등과의 경쟁이 늘어나면서 프로그램의 효율성과 효과성 극대화, 서비스 경쟁, 마케팅의 중요성이 커지고 있다.

따라서 사회복지 관련 조직의 경영자나 종사자들이 사회복지경영에 대한 지식과 기술을 습득하지 않으면 생존하기 어려운 환경이 되었다. 즉, 사회복지 조직을 잘 운영하려는 경영자는 사회복지 프로그램과 사회복지 조직의 관리자로서 경영에 필요한 기본적인 지식과 기술을 보유하고 있어야 한다.

이 책은 저자 서문에서 사회복지학부와 석사 과정에 있는 학생들 그리고 초기 단계의 사회복지경영 업무에 종사하는 실무자들에게 다음과 같은 도움을 줄 것이라고 주장한다. 첫째, 프로그램과 조직을 관리하는 데 필요한 필수 비즈니스 기술을 이해하게 한다. 둘째, 보다 나은 일자리를 구하거나 승진을 위해 필요한 전반적인 경영기법들을 향상시켜 준다. 셋째, 경영자가 각양각색의 현실세계 상황에 대처하기 위한 처방 참고서(desk reference)의 역할을 한다. 넷째, 종국적으로 MBA나 기타 경영학위를 취득하고 사회복지 분야에서 일하고 있는 타 경영자나 지도자들과 어깨를 나란히 할 수 있게 해 준다.

저자의 주장대로 이 책을 읽은 독자 여러분에게 큰 성취가 있기를 희망한다.

이 책의 번역과정에서 원고의 교정에 도움을 준 경북대학교 대학원의 박정진 선생에게 감사의 마음을 전하고 싶다. 그리고 이 책의 수정, 편집 그리고 발간까지 성심성의껏 도움을 주신 학지사의 이영봉 님과 이 책이 나올 수 있도록 응원해 주시고 지원해 주신 박용호 전무님, 김진환 사장님께도 깊이 감사드린다.

2018년

박창제 · 박상규

저자 서문

이 책은 같이 다루는 일이 흔치 않은 두 개의 주제, 경영학과 사회복지학 분야를 함께 다루고 있다. 사회복지학 분야에 종사하는 사람들 일부는 비즈니스 실무를 사회복지 분야에 접목시키는 것에 대해 부정적인 의견을 가지고 있을 것이다. 하지만 필자가 경험한 바에 따르면, 사회복지 실천 분야에 종사하는 일부 사람의 이념적 반대가 없진 않지만 이러한 추세를 피할 수는 없다. 필자는 최근 사회복지학 석사(MSW)와 경영학 석사(MBA) 학위를 받았고, 그동안 다양한 사회복지 프로그램과 프로젝트를 운영한 경험이 있다. MBA 과정에서 많이 가르치고 있는 비즈니스 경영 개념을 사회복지 교육 프로그램에서는 거의 다루지 않고 있고, 휴먼 서비스 조직의 경영진 및 지도층에 있는 사회복지사들이 이러한 개념을 거의 활용하고 있지 않다는 것에 걱정스러운 마음이 들었다.

사회복지경영자들은 MBA 과정을 마친 사람들이 휴먼 서비스 프로그램과 조직을 운영하는 데 지도력을 발휘할 수 있을지에 대해 의문을 가지는 경우가 많은데, 필자는 사회복지사들이 사회복지 업무의 비즈니스적인 측면을 충분히 배우지 못하였기 때문에 사회복지사들이 지도력을 발휘할 기반을 타 전문직에게 빼앗기고 있는 것이라 생각한다. 하지만 사회복지경영에 성공하려면 비즈니스 측면에 대한 고려는 필수적이다.

수많은 사회복지사가 MSW 과정을 마치고 몇 년 지나지 않아 관리감독직이나 경영직을 맡게 된다는 것은 널리 알려진 사실이고, 많은 사회복지사가 비영리 휴먼 서비스 조직에 종사하고 있다. 이들에게는 보조금과 기부금을 유치하고 새로운 프로그램을 시작하며 클라이언트들을 대상으로 서비스를 제공하는 데에는 뛰어난 비즈니스 감각이 필요하다. 또한 재무적 기능을 관리 감독하고 외부 환경을 이해하는 데에도 비즈니스 감각은 중요하다. 공공부문 환경에서도 이러한 비즈니스 기술이 여전히 필요하다고 생각한다. 그러나 사회복지 업계의 직업훈련에서는 일반적으로 사회복지사가 조직의 경영자와 지도자로서 성공하는 데 필요한 깊이 있는 경영 감각을 충분히 강조하지 않고 있다.

따라서 필자는 이러한 비즈니스 경영기술을 설명하는 개론서를 내놓고자 하였으며, 동료 사회복지경영자인 필자의 입장에서 학생과 사회복지경영자를 위해 이 책을 저술하였다. 경영 분야에서 내려오는 격언이 있다. “정상은 외롭다.” 이 말은 경영자와 지도자들이 조직 내에서 승진해 가면서 경험하는 고립감을 기술한 것이다. 필자도 직장생활을 하면서 수없이 느낀 부분이다. 이 책이 승진하면서 느끼는 외로움을 최소화하는 데 도움이 되었으면 한다.

필자의 강의를 수강한 학생들과 동료들은 필자가 MSW 과정을 이수한 후 MBA를 취득하려고 했던 이유를 묻곤 했다. 이럴 때 보통 필자는 비영리조직을 운영하고 싶었고, 원하는 일자리를 얻기 위해 MSW 과정에서 배운 것보다 더 많은 비즈니스 경영기술을 습득하고 싶었기 때문이라고 답했다. 비영리조직 경영자 및 간부 역할을 할 때, MSW라는 사회복지 학문의 지식 토대뿐 아니라 MBA 교육의 지식기반을 일상적으로 활용하였고, 이러한 조합은 휴먼 서비스 조직을 운영하는 데 아주 많은 도움이 된다는 사실을 몸소 확인하였다. MBA 과정을 이수하는 것은 힘든 일이지만 그만한 보상을 받는 길이기도 하다. 그러나 이것이 모든 사람에게 해당되는 일은 아니다. 사실 이 책은 MBA 과정을 이수하지 않아도 되거나 적어도 MBA 과정을 이수하는 것에 대해 시간을 두고 생각해 보는 것에도 도움이 될 것이다. 휴먼 서비스 조직에서 정상의 자리로 올라가겠다고 생각하는 사람이 경영학 석사 학위를 꼭 받아야 하는 것은 아니다. 또한 MBA 과정을 이수하는 데 비용이 너무 많이 든다는 점을 고백하지 않을 수 없다.

요약하면, 이 책은 사회복지학부와 석사 과정에 있는 학생들 그리고 초기 단계의 사회복지경영 업무에 종사하는 실무자들에게 다음과 같은 도움이 될 것이라고 본다. ① 프로그램과 조직을 관리하는 데 필요한 필수 비즈니스 기술을 이해할 수 있다. ② 더 좋은 일자리를 구하거나 승진하기 위해 필요한 전반적인 경영기법에 대한 지식을 향상시킬 수 있다. ③ 경영자가 다양한 현실세계 상황에 대처하기 위한 처방 참고서의 역할을 할 수 있다. ④ 종국적으로는 MBA나 기타 경영학 학위를 가지고 휴먼 서비스 공간에서 일하고 있는 다른 경영자나 지도자들과 어깨를 나란히 할 수 있는 기초 지식을 갖추게 한다.

이 책은 학부와 대학원 수준의 사회복지 거시 실천과정을 교육하는 데 가장 적절한 책이며, 거시적인 사회복지 실천 기본과정을 이수하는 데 보조 교재로 사용할 수도 있다. 예를 들어, 제1장은 학생들이 사회복지경영의 성격 변화를 이해하는 데 도움을 주기 위하여 미리 읽어 오게 하면 도움이 될 것이다. 부록의 사례와 그에 따른 논의들은 거시적 실천 기본과정을 위한 교육도구(또는 수업 과제)로 사용될 수 있다. 일부 학교의 사회복지대학원에서는 인적자원관리, 재무관리 등의 교육과정을 제공하기도 한다. 이러한 특별한 주제들을 다루기 위해 이 책에서도 여러 장을 할애하였다. 각 장의 끝에 제시된 학습문제는 수업 과제로 활용할 수 있다.

이 책을 수업 교재로 쓰고 있는 학생들과 사회복지경영을 실천하고 있는 사람들에게는 이 책이 사회복지경영자로서 경력을 쌓아 가는 데 큰 도움이 될 것이라고 생각한다. 독자 여러분이 이 분야에서 일을 하면서 경험한 것들 중에 도움이 될 만한 사례가 있다면 망설이지 말고 알려 주기를 바란다. 직업적인 네트워크를 활기 넘치고 강력하게 유지하는 것은 사회복지경영 분야에서 성공하는 열쇠가 된다고 본다.

2014년 5월 21일

앤드류 저맥

뉴저지주 뉴브런즈윅

차례

제1장

사회복지경영의 변화

이 책은 다양한 조직환경에서 사회복지경영자가 효과적으로 사용할 수 있는 비즈니스 기술 개발과 관련된 내용을 다루고 있다. 비즈니스와 사회복지 분야는 공통적인 속성(attributes)과 요구되는 기술(skills)을 공유하는 부분도 있지만 그렇지 않은 부분도 많이 있다. 이 책을 읽는 독자가 사회복지학을 전공하고 있는 학부생이거나 대학원생이라면 아직까지 재무관리, 인적자원관리, 마케팅 등의 경영학 관련 과목을 이수할 기회가 없었을 것이다. 여러분이 사회복지 프로그램과 사회복지 조직의 관리자로서 업무 수행을 잘하려면, 비즈니스와 관련된 추가적인 도움을 필요로 할 것이다. 특히 사회복지학 학위과정에서 비즈니스와 관련된 공부를 하지 않았다면 더욱더 그럴 것이다. 사회복지사들, 특히 휴먼 서비스 프로그램과 서비스 조직을 관리하는 사람들을 위해서 비즈니스를 하는 데 있어서 필요한 기본적인 도구(toolkit)를 개발할 때가 되었다. 이 책은 이러한 도구를 개발하는 데 도움을 주기 위하여 계획되었다.

이 장에서는 제2장부터 시작되는 비즈니스 기술 개발과 관련된 기초 작업으로서 최근에 전개되어 온 휴먼 서비스 부문에서의 사회복지경영 사례를 제시할 것이다. 또한 현대의 사회복지경영자가 비즈니스 감각을 개발하고 사회적 기업활동으로 언급되는 새로운 형식의 경영행위, 본질적으로는 비즈니스 경영기법과 사회복지의 거시적 실천을 혼합한 행위를 아우르는 것이 중요한 이유에 대하여 설명할 것이다. 여기서 비즈니스 혹은 기업적인 환경에서 사회복지경영자로서 일하고 있는 것으로 생각되는 사례를 제시할 것이다. 나아가 사회복지경영자를 고용하고 있는 여러 유형의 조직에 대해서 논의를 한 후, 비즈니스 혹은 기업가적 감각을 지니는 것이 얼마나 이들 조직의 가치를 증진시키는 데 도움이 되는지 설명할 것이다. 이 장의 내용과 분위기를 확실히 이해하게 되면, 제2장부터 이어지는 기술 개발과 관련된 내용을 이해하는 데 많은 도움을 얻을 수 있을 것이다.

1. 실천 사례: 영업사원으로서의 사회복지경영자

필자는 중증 정신질환을 앓고 있는 사람들을 대변하는 중규모의 비영리 휴먼 서비스 조직의 회장 및 CEO로 근무하고 있었던 몇 년 전 어느 날 아침 일찍 책상 앞에 앉아 있었던 일을 기억하고 있다. 아침 8시 직전이었다. 밤사이에 도착한 일련의 이메일을 읽고 답변하는 일상적인 일을 하고 있었다(전날 밤 아무리 늦은 시간까지 일한다고 하더라도 언제나 필자보다 더 늦은 시간까지 일하는 헌신적인 동료들이 있었기 때문에 오전 2시에 직업 네트워크에 속한 다양한 사람으로부터 온 일련의 이메일이 있었다). 전화가 울렸다. 지역 상공회의소 회장이었다.

"안녕하세요, 앤디 회장님. 목요일 오전 7시에 여러 회사 중역과 지역 정치 지도자들로 구성된 대규모 청중을 대상으로 연설을 해 줄 비영리조직 CEO를 찾고 있습니다. 이번 행사는 우리 지역에 제공되는 비영리조직들의 서비스가 무엇인지를 상공회의소 회원들에게 알려 줄 목적으로 진행되는 비영리 CEO 프레젠테이션의 일환입니다. 우리는 월례 조찬 모임에서 이러한 프레젠테이션을 계속해 왔습니다."라고 했다. "조찬 모임에는 영향력 있고 잠재적으로 큰 도움이 될 사람들이 많이 참석할 것입니다. 약 200명 정도 예상됩니다. 선생님의 기관을 소개할 수 있는 굉장히 좋은 기회라고 생각합니다. 관심 있으세요?"

"이번 목요일 말이죠……. 2일 후? 어떤 유형의 프레젠테이션을 원하세요?" 하고 물었다.

"예. 행사는 목요일에 있습니다. 프로그램을 시작할 때 약 90초 동안 귀 기관의 미션(mission)과 귀 기관에서 지역사회에 제공하고 있는 서비스에 관하여 말씀하시면 됩니다. 프로그램이 빡빡한 편입니다. 격식을 갖춘 프레젠테이션은 필요 없습니다. 자리에서 일어나서 바로 귀 기관에서 수행하고 있는 것을 설명하시면 됩니다. 좋을 것 같지 않으세요?"

다소 신경 쓰이는 것이 사실이었지만, "예. 멋집니다. 가고말고요!"라고 힘차게 대답했다. 90초는 우리 조직 전체를 설명하는 데 많은 시간은 아니다!

당장 시간을 내서 조직이나 프로그램에 대해 설명해 보라. 90초 동안에 그것을 할 수 있을까? 2분 이내에라도 할 수 있을까? 5분 이내에는? 너무 염려하지 말라. 필자가 듣기로, 자신의 프로그램 또는 조직에 대해 연설하는 대부분의 사회복지경영자와 지도자의 경우에도 그 조직이 영리, 비영리든 또는 공공부문이든 간에 제한된 시간 내에 발표를 잘하는 것이 쉽지 않다는 것이다. 사실 사회복지경영자로서 일을 처음 시작했을 때 책임을 맡고 있는 프로그램을 간명하게 설명하기란 쉽지 않다. 연습에 더하여 연습이 필요하다!

더욱이 전화에서 상공회의소 회장은 '격식을 갖춘 프레젠테이션'은 필요 없다는 점을 분명히 했다. 그러나 어떤 사람이 사회복지경영자일 경우 격식을 차리지 않아도 되는 프레젠테이션은 없다는 것을 강조하고 싶다. 프레젠테이션이 효과적일 수 있기 위해서는 직원회의, 이사회의 등의 조직 내부 행사에서뿐만 아니라 상공회의소 조찬 모임 같은 외부 행사에서도 신중한 기획

프레젠테이션: 아무런 격식도 차리지 않아도 되는 프레젠테이션이란 없다. 공개적인 모든 프레젠테이션에서는 항상 신중한 계획과 준비가 필요하다. 여러분은 강한 인상을 심어 줄 한 번의 기회를 잡은 것이다.

[그림 1-1] 경영 팁

과 준비를 요하는 공식적 프레젠테이션으로 간주되어야 한다. 자주 있겠지만, 여러분은 단지 강한 인상을 심어 줄 한 번의 기회를 잡은 것이다.

다행히, 필자는 이러한 유형의 간결한 영업 홍보를 준비해 왔기 때문에, 조금만 연습을 더 하면 목요일 아침 상공회의소에서의 프레젠테이션도 잘할 수 있을 것 같았다. 경영대학원 시절, 경력개발 프로그램의 일환으로 급우들과 필자는 매우 간결한 방식으로 우리의 강점과 희망 직업을 장래의 고용주들에게 설명하는 '2분 스피치'[1]를 준비하라는 요청을 받았다. 우리는 타이머를 가지고서 숙달될 때까지 연습을 거듭했다. 시간이 조금 걸렸지만 마침내 그 과정을 마스터했고 적어도 이러한 점에 대해서는 앞으로 있을 구직면접 준비를 마칠 수 있게 되었다.

경영대학원에서 이러한 연습은 구직면접을 준비하는 것 외에도 자신과 조직을 공개석상에서 효과적으로 표현할 수 있도록 만들어 주었다. 이러한 훈련 덕분에 상공회의소에 근무하는 동료가 필자를 초대하는 것이 아주 어색하지는 않았다. 필자는 곧바로 중역으로 일했던 어떤 휴먼 서비스 조직을 위한 홍보를 할 필요가 있었는데, 그러한 업무는 처음 해 보는 것이었다. 따라서 그 당시 필자의 일상에는 변화가 있었다. 사무실에서 시계의 초침을 보면서 큰 소리로 혼자 말하기 시작하였으며, 이것은 목요일의 홍보를 위한 연습이었다.

이 사례는 수많은 사회복지경영 상황 중의 하나이다. 사회복지경영자가 이러한 비즈니스 감각(여기서는 의사전달을 간명하게 하고 영업 홍보를 하는 데 관련된 기술)을 보유하면 휴먼 서비스 산업에서 두각을 나타낼 수 있다. 제4장에서는 마케팅, 판매, 의사소통 등의 문제를 상세하게 논의할 것이다. 그러나 여기서는 아주 경쟁적이고 쉽지 않은 시장으로 전개된 휴먼 서비스 산업

---

1) 역자 주: 원어로 two-minute pitches인데 pitch가 권유, 홍보 등의 사전적 의미가 있어서 우리말 어감상 스피치로 번역하였다.

2분 스피치: 효과적으로 프레젠테이션을 하는 사회복지경영자는 프로그램이나 조직을 2분 이내에 간단 명료하게 표현할 수 있어야 한다. 연습이 완벽함을 만든다.

[그림 1-2] 핵심 기술

의 효과성을 극대화하기 위해 비즈니스 기술 및 그 도구들을 개발할 필요가 있다는 것을 말하려고 한다. 앞서 제시한 사례에서 필자는 지역 행사 참석 요청을 받은 많은 비영리조직 CEO 중 한 명이었다. 이 행사는 일정 기간 그 지방 전역에서 벌어지는 행사들 중 대표적인 것이었다. 행사에 초청된 휴먼 서비스 지도자들은 많은 사람을 대상으로 자신들의 조직에 대한 새로운 지원을 호소하기도 한다. 그러므로 기금 조달, 적극적인 자원봉사, 이사회 이사 등에 참여해 달라고 설득하는 일은 비영리조직의 회장과 CEO로서 활동하고 있는 필자로서는 일상의 한 부분임에 틀림없고, 이것은 사회복지경영자라면 누구나 해야 하는 주요한 직무상의 역할이기도 하다.

예를 들어, 영업 홍보를 통해 긍정적 관계가 형성되면 기금 조달, 신규 사회복지 프로그램 개발, 전략적인 조직 동반자 구축 등을 하는 데 도움이 된다. 기타 중요한 비즈니스 기술로는 재무관리, 인재관리, 마케팅, 의사소통 등이 있다. 이러한 비즈니스 기술은 사회복지대학원(MSW) 과정을 수행하는 동안 일부 습득하였고, 나중에 경영대학원에서 더 깊이 있게 배울 수 있었다. 이러한 교육 경험이 필자에게는 사회복지경영자로서 성공적인 업무 수행을 하는 데 많은 도움이 되었다. 이 책에서는 이러한 모든 비즈니스 기술에 대해 논의하게 될 것이다. 그러나 먼저 최근 사회복지경영이 보다 비즈니스적 관점에서 이루어지도록 변화되어 온 배경을 이해할 필요가 있다. 최근에 진행되어 온 사회복지경영환경의 변화 배경은 이 책의 내용을 구성하는 토대가 되기도 하며, 또한 이 책을 집필하기로 한 이유이기도 하다.

2. 사회복지경영자의 환경: 어떻게 전개되어 왔는가

많은 경험을 가진 사회복지경영자들은 휴먼 서비스 부문 경영이 지난 몇십 년 동안 엄청난 변화를 겪었다고 말한다. 필자가 보기에는 이 분야의 경영자로 일하기 시작한 10년 전부터 훨씬 더 급속하게 변화했다고 생각한다. 특히 오늘날의 사회복지경영자는 휴먼 서비스 조직을 넘어서 다음과 같은 공통적인 난제에 당면하고 있다(Wimpfheimer & Germak, 2012).

- 단순한 산출(output)이 아닌 프로그램의 성과(outcome) 강조
- 투명성(transparency)과 책임성(accountability) 요구
- 제한된 자원환경하의 위험관리 강조
- 근거에 기초한 실무 기대
- 전통적 재원을 통한 자금 조달 규모 축소
- 자금 조달 방식의 다양화 필요
- 비영리 및 영리기업의 경쟁 심화
- 다양한 이해당사자로부터의 지속적인 감시, 감독 및 규제

위 이슈들 중 어느 하나라도 공감하는 것이 있다면, 또는 일부 이슈의 의미가 무엇인지 모른다면 계속해서 읽기 바란다. 이 책은 여러분이 직면하게 될 이러한 경영상의 난제를 어느 정도 경감시켜 주고 또한 필요한 사회복지 프로그램과 조직을 지속 가능하게 하는 데 도움을 주기 위해서 집필되었다.

특히 미국에서는 많은 유형의 조직들이 수십 년 전에 설립되었고, 이러

한 조직들을 관리하는 전통적인 모형이 심각한 도전을 받아 왔기 때문에, 모든 유형의 사회복지 조직에 대한 운영환경은 진화되어 왔다(Germak & Singh, 2010). 이러한 현상에 대한 최근의 주목할 만한 예는 사회복지 실천의 개척자인 제인 애덤스(Jane Addams)가 1889년에 설립한 인보관의 아이콘인 헐 하우스(Hull House)가 문을 닫았다는 것이다. 이 조직은 앞서 언급한 현대의 사회복지경영과 관련된 어떤 공통적인 압력, 예를 들면 경쟁이 심한 환경에 대한 준비 부족, 다양화되지 않은 자금 조달 방식, 전통적 재원을 통한 자금 조달 규모 감소, 기타 유사한 난제들로 인하여 최근에 표면상 문을 닫았다(Cohen, 2012).

이러한 현재의 경영상 난제를 극복하기 위하여, 겉으로 보기에는 오랫동안 안정적으로 운영되어 온 휴먼 서비스 조직에서조차 사회복지경영자와 지도자의 직무 관련 오리엔테이션과 관련 기술 습득은 이들이 보다 비즈니스적이고 기업가적으로 변화하기 위해 필요하다. [그림 1-3]에서 제시한 바와 같

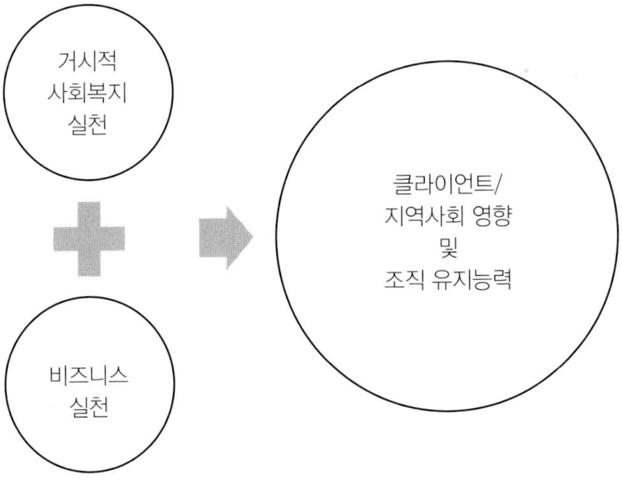

[그림 1-3] 현대의 사회복지경영

출처: Wimpfheimer & Germak (2012).

이 오늘날 사회복지경영 실무에서는 프로그램과 조직을 이끄는 사회복지사들이 비즈니스적 관점에서 자신의 프로그램과 조직을 경영하도록 요구한다. 즉, 전통적인 재원에 단순히 의존하는 것 이상의 재무적 지속 가능성을 고려해야 할 뿐만 아니라 단순히 프로그램 산출물보다는 성과에 초점을 둠으로써 프로그램이 미치는 사회적 영향도 고려해야 한다는 것이다. 제6장에서는 사회적 영향과 지속 가능성 개념에 대한 논의를 더 상세하게 설명하고, 휴먼 서비스 조직에서 이러한 개념들을 어떻게 측정할 것인지 논의할 것이다.

3. 사회적 기업활동: 사회복지사의 업무 방식의 변화[2)]

매년 11월 뉴욕타임즈에는 '기부(Giving)'라는 제목의 특별 섹션이 실린다(www.nytimes.com/pages/giving/). 이 섹션에서는 자선사업에 대한 최근의 추세를 언급하고, 전 세계에서 생성되는 최신 사회적 프로그램들을 소개하고 있다. 최근의 표지기사에서는 다양한 사회 문제를 해결하는 데 기여한 사람들과 비즈니스 조직(예: 제프리 스콜, 스티븐 케이스, 피에르 오미다이어, 리처드 브랜슨, 보노, 테드 터너, 애큐먼 펀드, 구글 등)의 프로필을 제공하였다. 이 특별 섹션의 사설과 사회적 서비스에 관한 수십 페이지에 이르는 기사에서는 사회복지사와 그들의 공헌에 대해서 어떠한 언급도 하지 않았다. 의심할 바 없이 사회복지 전문가들이 사회 문제들에 대응할 수 있는 준비가 가장 잘 된 사람들 중의 일부라는 것은 분명하다. 그러나 사회복지사들의 교육·훈련에도 불구하고 복잡한 사회 문제에 대해 선견지명을 갖고 해결책을 제시해야 할

2) 저맥(Germak)과 싱(Singh)의 2010년 논문「Social entrepreneurship: Changing the way social workers do business」(*Administration in Social Work*, *34*(1), 75-95)에서 발췌. 출판사의 허락하에 재인쇄.

경우에도 사회복지사들이 그러한 해법을 찾는 것이 쉽지는 않다.

오늘날의 복잡한 사회 문제에 대한 창조적인 해결책을 찾기 위한 사회적 요구가 크다. 사회복지사들은 사회적 기업활동(본질적으로 거시적 사회복지 실천 원리와 비즈니스 혁신활동을 혼합한 것)이라 불리는 비즈니스 감각을 실천 현장에서 가져야 한다. 많은 사회복지사는 비영리조직 환경에서 활동함으로써 이미 상업적인 영역에도 노출되어 있다. 미국의 비영리부문은 거의 160만 개 조직을 갖고 있고 미국 국내 총생산물(GDP)의 약 5.5%를 차지하고 있어서 강력한 사회경제적 영향력을 지닌다(Independent Sector, 2013). 미국의 비영리산업은 규모가 크고 성장하는 산업일 뿐만 아니라 비영리조직의 경영자들도 제한된 자금을 조달하기 위해 경쟁적 노력이 일상화된 시장이다(Lewis, Packard, & Lewis, 2012; Salamon, 1999).

사회복지사와 사회복지사가 경영하는 휴먼 서비스 기관은 이러한 경쟁의 한가운데에 놓여 있다. 책임 있는 사회복지경영자로서 우리는 자신의 사업에 대해 신경을 쓰지 않을 수 없고, 사회적 기업가(social entrepreneurs)가 되는 것을 피할 수 없다. 사실, 사회복지사들이 사회적 기업활동을 포용한다는 것은 자신들의 일하는 방식을 변화시킨다는 것을 의미한다. 그러나 비즈니스 마인드를 갖는다는 것은 사회복지 프로그램과 조직을 성공적으로 경영하는 데 있어서 없어서는 안 될 필수적 특성이다. 이제 사고방식을 바꿀 때이다.

4. 사회적 기업활동의 정의

모셔-윌리엄스(Mosher-Williams, 2006)에 따르면, 사회적 기업활동(social entrepreneurship)이란 용어에 대해 공통적으로 받아들여지는 정의가 없다. 또한 사회적 기업활동이라는 용어가 사회적 기업(social enterprise), 비영리 기업활동, 사회적 벤처활동(social venturing), 사회적 목적의 사업 개발, 벤처 자선활동(venture philanthropy)과 같은 용어와 어떠한 차이가 있는지에 대해서도 공통적으로 받아들어지는 정의가 없다. 첫째, 사회적 기업활동은 사회적 변화를 실현하는 것과 관련된 프로그램 및 재정적 혁신으로 폭넓게 정의된다(Harding, 2004; Roberts & Woods, 2005). 예를 들면, 다트(Dart, 2004)는 사회적 기업활동을 수용하고 있는 비영리기관은 전통적인 비영리기업보다 훨씬 더 상업적인 행태로 운영된다고 가정하였다. 마찬가지로 브류스터(Brewster, 2006)는 사회적 기업활동은 전통적인 자금 조달 및 자금원 개발과는 아주 다르다고 한다. 더욱이 사회적 기업활동이라는 용어는 다양한 환경과 지역에서 다르게 개념화될 수 있다. 이것이 용어에 대한 개념적 정의를 더 복잡하게 만든다(Kerlin, 2010).

개념적 정의가 서로 다름에도 불구하고 핵심 개념은 언제나 동일하다. 즉, 사회적 기업활동은 건전한 사업 전략과 기술을 활용하여 시행되는 사회 변화를 위한 혁신적인 아이디어들을 포함한다는 것이다. 폴 라이트(Paul Light)의 사회적 기업가에 대한 정의는 이러한 논의를 위한 좋은 틀이 된다. 라이트는 사회적 기업가를 '중요한 사회 문제를 알리기 위해 정부, 비영리조직, 그리고 경제계가 무엇을 어떻게 할 것인지에 대한 창의적인 아이디어를 통해 지속 가능한 대규모 변화를 추구하는 개인, 집단, 네크워크, 조직 또는 조직의 연합이다.'(p. 50)라고 묘사하였다. 본질적으로 이 책의 주요 논점과 관련된 사회적 기업활동은 포괄적인 개념이다. 즉, 사회적 기업활동은 새로운 사회복지 조직과 프로그램을 출범시키기 위해 수행되는 상업적이고 기업가적인 스타트업 활동뿐만 아니라 헐 하우스 같은 성숙한 조직들, 심지어 혁신과 기업적인 행위도 허용하는 공공부문(즉, 정부) 내에서도 실행되는 혁신적인 경영 행위도 포괄하는 폭넓은 개념이다.

사회적 기업활동: 건전한 사업경영 전략과 기술을 활용하여 실행되는 사회를 위한 혁신적인 개념이다.

[그림 1-4] 핵심 개념

5. 사회적 기업활동의 현황

정부 보조금의 이용 가능성이 감소하고, 기부금도 대부분 사용 목적이 정해져 있기 때문에 사회복지경영자는 클라이언트들에게 양질의 서비스를 제공하기 위하여 사회적 프로그램 운영에 필요한 수입을 충분히 확보할 수 있는 새로운 방법을 찾으려고 노력한다. 예를 들어, 프롤리히(Froelich, 1999), 앤더슨, 디즈와 에머슨(Anderson, Dees, & Emerson, 2002)에 따르면, 비영리조직의 수입 다변화 전략은 기관의 미션 관련 사업의 개발, 기관의 미션과는 관련 없는 경제활동, 기타 비영리조직과의 합병, 벤처 자선사업가 등과의 파트너십 등을 포괄한다. 사실, 와이즈브로드(Weisbrod, 1998)는 비영리조직의 모든 수입 중 상업활동을 통한 수입은 성격상 제약을 받지 않기 때문에 기관의 미션을 달성하는 데 가장 유용한 방법이라고 주장하였다. 따라서 이러한 수입은 서비스를 지속적으로 제공하려고 하는 비영리조직에 의해 더 많이 이용되어야 한다고 주장했다.

나아가 비영리 휴먼 서비스 조직에서 상업적인 활동이 증가함에 따라 비영리조직에서의 리더십은 일반적인 비즈니스 원리를 더 많이 받아들여야 한다(Firstenberg, 1986). 사회적 기업가들이 이해하는 가장 일반적인 비즈니스 원리는 수요와 공급에 대한 고전적인 경제이론이다. 간단히 말하면, 가격은 제공되는 제품이나 서비스의 수량이 어떤 사람이 그 제품이나 서비스에 대하여 기꺼이 지불하려고 하는 가격과 동일한 (최적) 균형 상태에서 형성된다(Samuelson & Marks, 2003). 사회복지 실천 상황에서 이 이론은 먼저 서비스 총량을 결정하고 클라이언트 이용률을 검토함으로써 응용할 수 있다. 이용률이 높으면 높을수록 서비스는 균형에 더 가까워진다. 그러나 브링커호프(Brinckerhoff, 2000)에 따르면 사회복지 실무자들은 클라이언트들이 이용하고자 하는 서비스 대신 자신들의 생각에 클라이언트들이 필요할 것이라는 생각에 기초하여 프로그램을 만들어 내는 경우가 너무 많다. 따라서 프로그램들은 실질적인 수요를 고려하지 않고 수년간 지속되는 경우도 있다. 사회복지경영자는 그들이 제공하는 서비스에 대하여 실제 시장 수요가 존재하는지 확인하기 위하여 시장조사를 얼마나 자주 할까? (시장조사에 대해서는 제4장에서 자세히 다룰 예정임) 반면에, 본스타인(Bornstein, 2004)은 성공적인 사회적 기업가는 사람들이 원하는 것이 무엇인지, 그리고 사람들이 특정한 수요에 맞춘 최적 프로그램에 반응하는 것은 무엇인지를 경청한다고 주장하였다.

시장 수요에 맞추기 위해 개발된 기업가적 사회 프로그램들 중 잘 알려진 예로는 그라민 은행(Grameen Bank)의 사례가 있다. 2006년 노벨 평화상 공동 수상자는 무하마드 유누스(Muhammad Yunus, 그라민 은행 설립자)와 그라민 은행이다. 그는 광범위한 소액대출 제도를 구축함으로써 방글라데시 국민들이 원하는 경제적 독립성이라는 수요에 성공적으로 대처하였다. 1976년 이후 유누스의 그라민 은행은 경제적으로 어려운 방글라데시인들(그중 다수는 여성)에게 각자 30달러에 지나지 않는 소액 융자를 해 주었는데, 결과적으로 530만의 인구가 신용을 얻게 되고, 가족을 부양할 수 있었으며, 집을 짓고, 소규모 사업을 시작하여 경제적으로 독립할 수 있도록 도움을 주었다. 역사적으로 봐도 소액 융자를 받은 사람이 채무 불이행을 한 경우는 거의 없었고 이러한 융자에 대한 수요는 꾸준히 증가하기 때문에, 유누스는 이윤을 내면서도 빈곤층에도 기여하는 방식으로 은행을 발전시킬 수 있었다. 즉, 이 은행은 실질적인 영향력이 있고 지속 가능한 사회적 기업이다(Norwegian Nobel Committee, 2006). 덧붙여 그라민 은행 사업 모형의 성공은 섬유에서 전기통신에 이르기까지 그라민 계열회사 내의 48개 사회적 기업 형태로 운영되는 기업들의 발전을 이끌게 되었다(*The Economist*, 2012).

간략히 제시한 유누스의 사례로부터, 사회적 기업활동이나 일반적인 상업적 활동들도 그것이 성공적일 경우 어떤 사회 문제들을 완화시킬 수도 있고, 잠재적으로 필요한 다른 많은 기업에 대하여 산파 역할을 할 수도 있다. 본질적으로 사회적 기업 형태를 취하고 있는 조직들의 재무적 안정성과 수익성은 사업의 성장을 가능하게 하는데, 이러한 것은 전통적인 사회복지 조직에서는 보기 힘든 것이다. 예를 들어, 많은 사회복지경영자는 "우리가 그 서비스에 재원 조달을 할 수 있었다면?" 하는 식의 자문을 하기도 한다. 사회적 기업가 활동을 하고 있는 사회복지경영자들은 그러한 질문을 하지 않고, 그들이 바라는 서비스를 실현하기 위해 노력한다.

이제 비즈니스 관점을 가지고 운영되는 비영리 휴먼 서비스 조직에서 일하면서 새로운 사업 방식을 수용하는 사회복지경영자들의 프로필을 간단히 살펴보자. 더 많은 연구를 위하여 이 책의 부록에 실제 사회적 기업의 프로필과 사업계획 표본이 제시되어 있다. 그러나 부록에 제시된 심층 사례를 이용하여 학습하기 전에 기본적 개념들을 먼저 배우기 위해 최소한 제5장까지는 계속 읽을 필요가 있다.

6. 환경 변화에 대한 사회복지경영자의 대응

최근 필자가 사는 지역 내 지역사회 기반 비영리 휴먼 서비스 조직에서 일하는 사회복지경영자 사만다를 만나 그녀가 하는 일, 특히 비즈니스적인 관점에서 그녀가 사회복지 실무를 어떻게 수행하고 있는지에 관하여 이야기할 기회가 있었다.[3] 비록 그녀가 대규모의 전통적인 비영리조직에서 일하고 있고 그녀 자신을 기업가로 생각하지 않고 있다고 할지라도, 그녀가 비즈니스 마인드를 갖고 있었기 때문에 그녀를 사회적 기업가로 분류할 수 있다. 앞에서 기술하였듯이 사회복지사들은 보통 사회적 기업활동에 대하여 공개적으로 의견 교환을 하지 않는 것이 사실이다. 그러나 잘 관찰해 보고 또한 그들이 하는 일의 비즈니스적 성격을 이해하게 되면 다양한 조직 내에서 그들이 일하고 있다는 것을 알 수 있다.

사실 사만다와의 대화로부터 알 수 있는 강력한 주제가 몇 가지 있다. 첫째, 그녀는 자신이 하고 있는 일을 비즈니스적 관점에서 보고 있었다. 예를 들어, 사회복지 프로그램을 운영하기 위해 현재의 재원 제약이 있는 경제 상황하에서 기금 모금을 위한 방안의 하나로 '행위당 수가 수익 모형(a fee-for-service revenue model)'을 사용하고 있다는 것이다. 사회 서비스 프로그램을 위한 일반적인 기금 모금방법에 관한 질문에 그녀는 다음과 같이 대답을 했다.

사실 우리 기관은 자금을 마련하기 위하여 전통적인 보조금 신청방법과는 달리 지난 수년간 다양한 새로운 재원 조달방법을 찾고 있었습니다. 연방정부와 주정부가 예산을 많이 삭감해 버려서 지난 몇 년간 프로그램을 위한 재원을 계속해서 조달하는 것이 매우 어려웠습니다. 우리가 재원 조달을 하려고 할 때마다 그 대상이 매우 제한적이었고, 정부 보조금만으로는 우리가 하고자 하는 일을 충분히 할 수 없다는 것을 느꼈습니다. 따라서 실제로 몇 년 동안 논의를 계속해 왔고…… 행위당 수가제 형식의 프로그램을 만들어서 자금을 조달할 수 있는 방

3) 개인과 해당 조직의 비밀보장을 위하여 가명을 사용하였으며 그녀는 휴먼 서비스 분야의 프로그램 매니저로 일하는 사회복지 석사학위(MSW)를 가진 사회복지사이다.

식들을 궁리했고요. 전통적인 방식과는 다른 기타 재원 조달 방식을 찾아보고 있습니다.

이 새로운 방법이 그녀와 그녀가 근무하고 있는 조직에서 어떻게 진행되고 있는지를 물어보았다. 그녀는 '우리의 가장 큰 논쟁거리는 행위당 수가를 실제로 얼마에 설정할 수 있을 것인가? 무엇이 시장을 계속 유지할 수 있도록 하는 것일까?' 등이라고 대답하였다. 그녀와 동료들이 가격 설정 문제를 가지고 논쟁을 계속하는 이유가 무엇이라고 생각하는지 물어보았다. 그녀는 다음과 같이 대답하였다.

알다시피 전통적으로 사회복지사들은 사람들로부터 돈을 받지 않았습니다. 우리는 다른 사람을 돕기 위해 나선 자원봉사자들입니다. 그런 일을 하고 돈을 받는다면…… 아시겠지만 그런 일을 하지 않게 될 것입니다. 자원봉사를 하려고 했고 모든 것을 선의로 하는 것입니다. 따라서 제 생각에 우리가 갖고 있는 오랜 전통 때문에 수년간에 걸쳐서 그 같은 방식으로 계속해 왔을 이러한 종류의 일을 하는 기관에서 유급 종업원으로는 생각하지 않는다는 것입니다. 여기서 무언가에 대하여 요금을 책정해야 한다면 보조금 형식으로 지원되거나 차등요금제(sliding scale)가 적용되는 등, 또는 알다시피 가능한 최저비용으로 서비스를 제공할 수 있는 방법을 강구해야 합니다. 아시다시피 '무언가로부터 돈을 벌려면 어떻게 해야지?' 하는 생각은 결코 하지 않았습니다. 따라서 어떤 방식의 서비스든 간에 그에 대한 대가로 돈을 요구하는 것은 항상 힘든 일이었습니다. 저는 언제나 어떻게든 무슨 일을 하면 요금을 청구한다는 전제하에 일을 했습니다. 힘들었지요. 그것이 바로 우리가 성장한 철학입니다.

중요한 클라이언트 서비스가 미래에도 지속될 수 있도록 하기 위해 약간의 부가적 훈련이 필요하다 할지라도, 필자가 느꼈듯이 사만다도 사회복지사가 비즈니스 마인드를 가져야 한다고 생각하는지 물었다. 그녀의 응답은 사회복지사가 사회적 기업활동을 받아들이는 것에 대한 앞 절에서의 논의와 일치하였는데, 그 내용은 다음과 같다.

우리는 하나의 전문직으로 성장하여야 하고 협력할 다른 방법들을 찾을 필요가 있습니다. 비즈니스 마인드를 도입해야 한다면 그것도 좋은 일입니다. 아시다시피 우리는 파트너십을 구축하는 데 능합니다. 따라서 비즈니스계에서, 비즈니스 공동체에서 동업자를 구하고, 상이한 방식으로 자원을 구하고 그렇게 하는 것이 옳다는 것을 배우는 것은 당연하다고 생각합니다. 따라서 때가 되었다고 생각합니다. 그리고 저는…… 아시다시피…… 우리가 전문직으로 성장할 수 있기 위해서는 그것이 필요합니다.

여기서 사만다의 말을 인용한 것은 사회적 기업활동, 더 일반적으로 말하면 비즈니스 마인드를 가진 사회복지경영이 사회복지 및 휴먼 서비스 조직에 종사하는 현 사회복지경영자들 사이에서 실제로 어떻게 나타나는지 보여 주기 위함이다. 사만다의 비영리 휴먼 서비스 조직에서의 경험으로부터 알 수 있는 것처럼, 현실적으로 사회적 기업활동이나 비즈니스 마인드를 가진 사회복지경영은 사회복지사들에게 쉬운 일이 아니다. 사회 서비스를 전달하는 방식을 변경하는 것에 대한 저항이 많이 있다. 더욱이 금전이나 재무관리에 대하여 논의하는 것이 불편한 경우도 많다. 현장에서 또는 일하고 있는 조직 내에서 이러한 일들을 일부 느끼고 있을 것이다. 예를 들면, 사회복지대학원(MSW) 프로그램에서는 우리가 제공하는 프로그램의 서비스 대가를 적절히 매기는 방법을 배우지 않는 것이 보통이다. 사회복지사가 충분히 훈련받지 않는 여타 비즈니스 활동도 많이 있다. 필자는 사회복지를 전공하는 학생으로서 또는 장래 사회복지 분야의 지도자가 될 여러분이 휴먼 서비스 조직의 중간관리자, 중역 및 핵심 의사결정자로서 일을 시작하기 전에 이러한 분야의 기술 개발을 위하여 학교에서, 현장에서 그리고 실무에서 이러한 유형의 이슈들을 제기하기를 바란다. 예를 들어, 여러분이 일하고 있는 조직의 유형과 관계없이 사회적 프로그램을 유지하기 위하여 충분한 수입을 얻어야 하는 것이 오늘날의 실상이다. 이러한 특별한 이슈에 대하여 어느 정도의 친숙함과 편안함을 갖고 경영자로서의 직무를 시작하는 것이 아주 중요하다고 본다.

7. 비즈니스 마인드를 가진 사회복지경영자가 일하는 곳

이 책을 읽고 사회복지경영자로서 기술을 습득함에 따라, 여러분이 비즈니스 마인드를 가진 또는 기업가적인 사회복지경영자, 즉 사회적 기업가로서 의미 있는 일자리를 구할 수 있는지에 대해 궁금할 것이다. 이 장에서 혁신적이고 기업적인 조직에 주안점을 두고 있음에도 불구하고 기업적, 스타트업형 조직에서뿐만 아니라 다양한 형태의 조직에서 비즈니스 지향적인 사회복지경영자를 필요로 하고 있고, 또 고용하고 있다. 대부분 〈표 1-1〉에 제시되어 있는 것과 같은 여러 유형의 조직, 즉 비영리조직, 영리조직, 혼성조직 및 기타 유형의 조직에서 사회복지경영자들을 고용하고 있다.

1) 비영리조직

비영리조직은 대부분의 사회복지사가 직장생활을 하는 곳이다. 본래 비영리조직은 공적인 재화를 제공하는 민간법인이다. 비영리조직은 법적으

〈표 1-1〉 비즈니스 마인드를 가진 사회복지경영자를 고용하는 조직

조직 유형	예시	사회복지경영자가 부가하는 가치
비영리 조직	• 지역사회 행동 건강 • 아동 · 가족서비스 • 옹호 및 풀뿌리 조직	• 기존 프로그램의 효율성과 효과성 극대화 • 사회적 기업 사업을 비영리자회사로 출범 • 성장관리
영리 조직	• 정신 및 신체 보건의료 • 관리 의료 • 주거 프로그램 • 중독 전문클리닉 • 교도소 보건의료	• 회사 영향력 자원과 서비스 증가/확대 • 사회복지 가치를 활용한 조직 문화 고양 • 수익이 다른 무엇보다 중요한 경우에도 사회적 목적 강조
혼성 조직	• 사회적 기업 • 직무훈련 프로그램 • 소액 대출기관	• 이윤창출 목적과 클라이언트 중심 성과의 조화 • 클라이언트 관점의 이해와 기획 및 운영 포함
기타 조직	• 정부 조직 • 경제개발당국 • 정책 싱크탱크 • 대학	• 거시수준 정책개발 • 요구가 많은 이해관계자로 둘러싸인 환경 속에서 클라이언트에 주안점 • 교육, 훈련, 연구 그리고 출판을 통해 경영지식 전수

로 정부나 타 후원기관으로부터 독립적이고, 소유주나 주주가 없다(Hopkins, 2009). 수많은 대규모 휴먼 서비스 비영리조직은 아주 기업적인 성향을 보이지만, 소규모의 풀뿌리 조직들은 자원봉사자에 의해 운영되고 전문화가 잘 되어 있지 않다. 그럼에도 불구하고 기업가적이고 비즈니스 마인드를 가진 사회복지경영자라면 이러한 조직 내에서도 차별화할 수 있는 충분한 기회가 존재한다. 이에 대한 좋은 예는 앞 절에서 예시한 사만다가 이끄는 조직이다. 이 조직은 수입 흐름을 다양화하고 프로그램을 지속하기 위하여 더 기업적인 프로젝트로 방향을 튼 전통적인 비영리조직이다. 비즈니스 기술을 활용함으로써 프로그램을 관리하고 프로그램의 효율성과 효과성을 극대화하든 대규모 비영리조직의 영리자회사인 사회적 벤처를 관리하든 간에 비영리조직에

서 비즈니스 기술은 추구하여야 할 일이다. 비영리조직에서 제공하는 주요한 편익은 조직이 일차적으로 갖는 주안점이 사회적 미션을 달성하는 데 있다는 것이다. 즉, 비영리조직에서는 조직의 주요 목표는 서비스 수혜자와 클라이언트를 돕는 데 있다는 것을 강조하고 있다.

2) 영리조직

영리기업은 비영리조직, 특히 대규모 비영리조직과 유사해 보이지만 근본적인 차이가 있다. 영리조직은 주로 소유주나 주주를 위한 수익창출에 주안점을 둔다. 영리조직은 민간조직일 수도 있고 공공조직일 수도 있지만, 소유형태와 관계없이 뚜렷이 구분되는 특징은 영리조직은 개인들이 소유하거나 개인들로 구성된 집단이 소유하며, 비즈니스로부터 벌어들인 수익금은 그 소유주에게 흘러간다는 것이다. 예를 들어, 정신의학 서비스와 의료 서비스 같은 많은 사회 서비스가 미국 전역의 교도소 제도에서 민영화되어 왔다. 이것이 의미하는 바는 정부(또는 비영리조직)를 대신하여 영리기업이 죄수들을 위한 사회 서비스를 관리한다는 것이다. 사실 이 회사들 일부는 기업을 공개하고 주요 증권거래소에 주식을 상장하였다. 기업 공개와 주식 상장은 영리기업들이 그들의 소유 지분을 대중에게 팔 수 있도록 해 주는 것과 같다. 기업이 영리기업, 특히 상장기업일 경우에 그 기업의 목적는 소유주인 주주의 이익을 극대화하는 데 있다. 그러므로 이러한 유형의 기업은 이익 목표를 달성하고 주주의 이익을 극대화하기 위하여 일부 절차를 무시할 수도 있다. 사회복지 분야에서도 양질의 서비스 제공이 아니라 이익 창출에 초점이 맞추어지는 경우가 종종 발생한다.

그럼에도 불구하고 영리기업들은 사회복지사를 고용하고 있고, 비즈니스 마인드를 가진 사회복지경영자들에게 훌륭한 취업 장소이다. 종종 영리기업은 경영자의 재량으로 사용 가능한 자원을 더 많이 보유하고 있기 때문에 보다 신속한 의사결정을 내리는 경향이 있고, 보수체계도 아주 다양하게 구성되어 있다. 더욱이 사회복지경영자가 그러한 조직 내에서 진정한 차이를 만들어 낼 수 있는 기회도 있다. 반면, 비영리조직과는 달리 영리기업에서의 사회복지경영자는 기업이 이익 증가로 연결되지 않는 고객의 복지나 행복에 주안점을 두지 않을 수 있음을 알아야 한다.

3) 혼성조직

혼성조직(hybrid organizations)은 비영리조직과 영리조직을 다소 혼합해 놓은 조직이다. 다양한 요인에 따라 법적으로 어느 한 유형의 법인으로 설립될 수도 있다. 실제 사회적 기업조직은 이러한 범주에 속한다. 잘 알려진 혼성조직의 좋은 예는 굿윌 인더스트리즈 인터내셔널(Goodwill Industries International, Inc.)이다. 이 단체는 취업에 장애를 가진 사람들을 고용하는 영리사업 부문(중고품 할인상점)을 운영하지만 법적 지위는 비영리조직이다. 이러한 조직은 사업적으로 소매점 운영을 지속하기 위해 필요한 어떤 이익 목표를 가지고 있지만, 또한 조직의 사회적 미션 달성도 주안점으로 여기고 있다. 사회적 기업활동을 중요한 사업 모델로 삼고 있는 일부 영리기업도 기업의 미션을 우선적으로 제시할 수는 있지만 기업조직은 영리기업의 형태를 취하게 된다. 이러한 영리기업들은 어떤 이익을 얻는 것보다 사회적 미션을 달성하려는 의사결정을 의식적으로 한다. 최근에 도입된 회사 유형의 법적 명칭으로 베네피트법인(benefit corporation)이 있다(이러한 유형의 법인에 대한 더 자세한 내용은 www.bcorporation.net을 참조.). 이 법인은 영리법인이지만 사회적 미션을 강조하는 유형의 회사를 말한다. 이러한 혼성조직들은 확실히 비즈니스적인 사고방식을 가진 사회복지경영자를 필요로 하고 있다. 필자가 생각하기엔 사회복지사들이 클라이언트와 지역사회 상황을 잘 이해하고 있기 때문에 사회복지경영자들에게 주요한 업무를 맡기면 혼성조직이 아주 잘 운영될 것이라고 본다. 그리고 어떤 경우에는 사회복지사들이 훈련을 조금 더 받게 되면, 비즈니스 측면에서도 조직 운영을 아주 잘할 수 있을 것이라고 생각한다.

4) 기타 유형의 조직

사회복지경영자를 고용하는 기타 조직 유형으로는 사회복지경영자가 공공부문에서의 서비스 전달을 개선시키기 위해 일하는 정부기관을 포함한다. 좋은 예는 미국 전역의 주와 지역사회에서 많은 사회복지사와 사회복지경영자를 고용하고 있는 정부산업인 공적 아동복지이다. 또한 전체 지역사회나 도시의 개선을 위해 노력하는 경제개발 혹은 지역개발 단체와 같은 준정부기구들도 존재한다. 정책 지향적인 조직, 싱크 탱크, 옹호 집단, 지역사회 조직 등도 정책 차원에서 사회적 변화를 행하고자 하는 아주 거시적인 차원의 이해를 가진 사회복지경영자에게 훌륭한 방안이 될 수 있다. 학술단체 및 대학들도 사회복지경영자가 학생과 직업훈련생에게 경영 지식과 비즈니스 지식을 전하고, 이러한 주제에 관한 논문과 책을 저술함으로써 관련 지식을 전파할 수 있게 하는 장소가 될 수 있다.

8. 사회복지경영자의 필수 비즈니스 기술과 핵심 영역

간단히 말해, 이 책은 사회복지 분야에서 중하위급 사회복지 관리자가 고위급 경영자가 되는 데 도움을 줄 목적으로 쓰였을 뿐만 아니라 사회복지 전공 학생들이 사회복지경영자와 휴먼 서비스 분야의 지도자가 될 수 있도록 준비하는 데 도움을 주기 위하여 계획되었다. 이러한 맥락에서 여러분 자신을 사회복지사로서만이 아니라 비즈니스 경영자로서 생각하는 것이 중요하다. 이러한 방식으로 사고하는 것은 여러분이 수행하고 있는 프로그램의 효율성과 효과성 사이의 균형을 유지하는 데 초점을 두고 있다. 다시 말해, 여러분이 수행하고 있는 프로그램이나 기관에서 거둔 이익은 그것을 다시 프로그램이나 기관에 재투자하기 위한 것이지 이익 자체가 목적은 아니라는 것을 강조하고 있다. 즉, 영리조직을 운영할 경우에는 이윤 동기가 최고이겠지만 여기서는 그런 의미가 아니다. 조직이 수행해야 할 미션뿐만 아니라 수익성도 잘 관리해야 하며, 이 두 가지 목표를 적절히 조화시켜 달성하기 위한 노력을 해야 한다. 그렇게 하는 것이 클라이언트에게 제공되는 중요한 프로그램과 서비스의 지속 가능성을 높인다. 비즈니스 마인드를 가진다는 것은 다양한 방식으로 나타날 수 있다. 예를 들면, 자신을 전문가답게 나타내고, 직업적 관계를 전략적으로 관리하고, 의사소통은 적절히, 간결하고 투명하게 하는 것과 같은 것이다.

이 책은 사회복지경영의 핵심 비즈니스 영역에 주안점을 두고 있다. 핵심 비즈니스 영역은 [그림 1-5]에 제시되어 있는 것처럼, 재무관리, 인재관리,

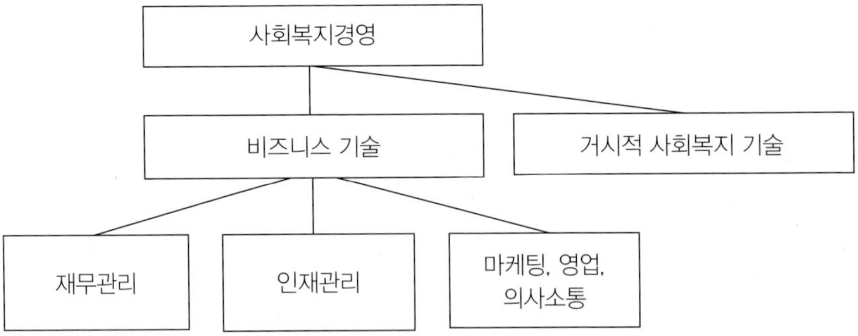

[그림 1-5] 사회복지경영의 필수적인 기술 영역

마케팅, 영업 및 의사소통 등 전반적인 사회복지경영 개념에서 기타 사회복지 기술 영역을 보완하는 것이다. 이들 핵심 기술을 숙달하게 되면, 핵심 비즈니스 영역에서의 비즈니스 기술은 휴먼 서비스 경영을 잘하기 위해 학부의 사회복지 프로그램이나 사회복지대학원(MSW) 과정에서 학습한 기초적인 사회복지 실천기술을 확장할 수 있다고 생각한다. 이들은 경영대학원(MBA) 과정에서 상세하게 배우는 기술 유형이다. 필자가 그랬던 것처럼 MBA를 취득하는 데 수만 달러를 들이는 대신 이 책을 읽기를 바란다. 그리고 이 책에서는 사회복지경영의 비즈니스 측면을 여러분에게 소개하고 있는데, 이것이 더 필요하다고 생각하는 특정 영역의 직업훈련 과정을 이수하도록 함으로써 여러분의 전문적인 교육과 개발을 촉진시키는 계기가 될 수 있기를 바란다.

9. 요약

이 장은 예측하기 어렵지만 기회가 넘치는 휴먼 서비스 산업에서 중역으로 활동했던 필자가 겪은 사회복지경영 경험 사례로부터 시작하였다. 필자가 받은 비즈니스 훈련이 휴먼 서비스를 효과적으로 영업하고 조직을 공개적으로 드러내는 데 도움이 되었음을 밝혔다. 덧붙여, 이 장에서는 이 책에서 다룰 모든 내용에 대한 배경적 토대를 제시할 목적으로 비즈니스 기술과 사회복지 실천을 융합한 사회적 기업활동의 실천 행위를 소개하였다. 나아가 사회복지경영자를 고용하는 조직의 유형들로 비영리조직, 영리조직, 혼성조직 그리고 기타 조직을 소개하였으며, 비즈니스 지향적인 사회복지경영의 간단한 사례도 제시하였다.

이 장에서 다룬 중요한 개념은 다음과 같다.

- 사회복지경영은 최근에 보다 비즈니스 정신과 기업가적 성향을 반영하는 쪽으로 전개되어 왔다.
- 비즈니스 경영기술과 사회복지 실천을 결합한 사회적 기업활동(비즈니스적인 가진 사회복지경영 실천을 언급하는 데 널리 사용되는 용어)이 점점 증가하고 있다. 사회적 기업, 사회적 벤처활동, 사회적 혁신 등은 유사한 개념이다.
- 비즈니스 마인드를 가진다는 것은 대부분의 사회복지사에게 쉽지 않은 일이다. 그러나 주요한 비즈니스 기술은 학위과정이나 그 이후에도 습득할 수 있다.
- 비즈니스 마인드를 가진 사회복지경영자는 다양한 조직 유형, 즉 비영리조직, 영리조직, 혼성조직 및 기타 조직에서 중요한 일자리를 구할 수 있다.
- 사회복지 실천기술 영역을 보완하는 주요한 사회복지경영 비즈니스 기술 영역으로는 재무관리, 인재관리, 마케팅, 영업 및 의사소통을 들 수 있다.

연습

- 슈퍼마켓에서 줄을 서서 기다리고 있을 때 영향력이 매우 큰 인물(예: 큰 자선단체의 대표 또는 회장)을 만났는데, 그들이 여러분의 조직이나 프로그램에 관하여 질문을 한다고 생각해 보자(힌트: 그들이 여러분의 신규 사업 하나에 상당한 기금을 제공할 수 있다고 한다). 수업 파트너와 함께, 여러분의 직장 또는 실습 현장의 조직이나 프로그램에 관하여 이러한 경우에 행할 홍보용 2분 스피치를 연습해 보라. 가능하다면 강의실 앞에 나가서 급우들 앞에서 2분 스피치를 실습해 보라. 실습은 2분 스피치에서 아주 중요한 것이다.
- 현장 업무와 관련된 사회복지경영의 세 가지 비즈니스 기술 영역, 즉 ① 재무관리, ② 인재관리, ③ 마케팅, 영업 및 의사소통을 탐구함으로써 사회복지경영기술 목록을 만들어 보라. 이 세 가지 범주 각각에 대한 여러분의 경험을 열거해 보라. 각 경험에 관한 여러분의 강점과 약점은 무엇인가? 어떤 범주의 경험이 부족하다면 직장이나 실습 현장에서 이용할 수 있는 관련 과제들을 열거하고, 여러분이 그 과제들에 어떻게 참여할 것인지 논의하라.
- 여러분의 관심 분야에서 일하는, 기업가적이라고 생각하는 사회복지사를 찾으라. 그 사람과 만나거나 전화를 해서, 그가 하는 업무 유형을 물어보고, 해당 업무는 어떻게 변화되어 왔는지, 이 업무를 수행하기 위해 어떻게 공부했으며, 숙달하는 데 가장 중요한 기술은 무엇인지 등을 물어보라. 가능하다면 기업가적인 경험을 온전히 관찰하기 위하여 하루 종일 그 사람을 그림자처럼 따라다니라.
- 다음과 같은 조직 범주, 즉 비영리, 영리, 혼성, 기타 조직 유형 각각에서 일하는 사회복지경영자나 학생(급우)을 확인하라. 그들에게 프로그램이나 사업을 경영한 경험에 관하여 물어보라. 상이한 유형의 조직에서 일하는 사람들의 경험을 비교해 보라.

인터넷 자원

사회복지경영 네트워크(The Network for Social Work Management): 보건 및 휴먼 서비스 분야에서 사회복지경영 실천능력 제고와 학술 증진을 하는 데 애써 온 세계적인 회원조직이다. 이 네트워크는 인기 있는 연간 학술회의를 주최하고 학술지 『Human Service Organizations: Management, Leadership & Governance』(www.tandfonline.com/toc/wasw20/current)를 후원한다. 또한 다양한 경영주제에 관하여 무료 온라인 회의를 주최하고 멘토십 기회를 제공하며, 휴먼 서비스 경영자의 역량들을 웹사이트에 올린다. 그 일부는 이 책의 주요 개념과 비슷하다. www.socialworkmanager.org

지역사회조직 · 사회행정협회(Association for Community Organization and Social Administration: ACOSA): 지역사회 조직가, 활동가, 비영리조직 행정가, 지역사회 조성자, 정책 실천가, 학생, 교육자를 위한 국제적 회원조직이다. ACOSA는 『Journal of Community Practice』(www.tandfonline.com/toc/wcom20/current)를 후원한다. 또한 이 단체는 주로 웹사이트와 뉴스레터를 통해 네트워킹과 승진을 위한 다양한 기회를 제공할 뿐만 아니라 지역사회 혁신과 행정 행위에 관한 정보를 시의적절하게 전하고 있다. www.acosa.org

아쇼카(Ashoka): 혁신과 기업가 정신을 통해 복잡한 사회문제를 해결하는 데 초점을 두고 사회적 기업가와 '변화주도 선구자(changemakers)'의 작업을 지원하고 장려하는 세계적인 조직이다. www.ashoka.org

사회혁신기금(The Social Innovation Fund: SIF): 미 연방정부의 Corporation for National and Community Service(www.nationalservice.gov)의 프로젝트이다. SIF는 2009년에 설립되었고 미국의 개인, 가족, 지역사회가 당면한 긴급 문제들의 혁신적인 해결책에 대하여 보조금을 제공한다.

스탠포드 사회혁신리뷰(Stanford Social Innovation Review): 스탠포드 대학교의 스탠포드 자선시민사회 연구소(Stanford Center on Philanthropy and

Civil Society)가 운영하는 학술지와 웹사이트이다(http://pacscenter.stanford.edu). 사회부문의 기업가 활동과 혁신에 대한 최신 기사들을 포함하고 있다. www.ssireview.org

사회적 기업연합(Social Enterprise Alliance): 사회적 기업가 열망과 실천을 위한 미국기반 회원제 단체로 네트워킹, 기술지원 조직이다. www.se-alliance.org

뉴저지 사회혁신원(New Jersey Social Innovation Institute): 초보 사회적 기업가를 위한 독창적인 훈련 프로그램과 심포지엄을 제공하며, 미국 럿거스 경영대학원 뉴워크와 뉴브런즈윅 캠퍼스가 후원한다. www.njsesummit.org

사회혁신센터(Center for Social Innovation): 보스턴대학교 사회복지대학원에 자리 잡고 있다. 사회복지 교육기관 안에 설치된, 사회 혁신에 헌신하는 소수의 센터 중 하나이다. 이 센터는 혁신 주제들에 대한 다채로운 심포지엄과 웹사이트에서 이용할 수 있는 다양하고 유익한 자료뿐만 아니라 사회 서비스 조직을 위한 인큐베이터 형식의 프로그램인 사회혁신 랩(Social Innovation Lab)을 제공한다. www.bc.edu/content/bc/schools/gssw/csi.html

비영리경영연합(The Alliance for Nonprofit Management): 미국에 토대를 둔 비영리부문의 역량 확대자를 위한 커뮤니티이다. 직업훈련 워크숍 및 프레젠테이션이 있는 연례 콘퍼런스를 후원한다. http://theallianceconference.org

미국 공공휴먼 서비스협회(American Public Human Services Association): 고위 리더십을 통해 주 및 지방 수준 휴먼 서비스 기관을 대표하는 전미 회원조직이다. 웹사이트는 공공부문 내 다양한 분야에서 일하는 사회복지경영자에게 도움이 되는 다양한 자원을 담고 있다. www.aphsa.org

제2장

재무관리

이 책에서 재무관리를 제일 먼저 다루기로 한 것은 심사숙고한 결과이다. 영리기업, 비영리 휴먼 서비스 기관 또는 정부조직 등 어떠한 형태의 조직이라고 하더라도, 조직의 재무적 건전성은 조직의 미션을 성공적으로 수행하는 데 있어 필수적인 사항이다. 더욱이 적절하고 신중한 재무관리를 하지 않으면, 어떤 유형의 조직도 자원을 적절히 배분할 수 없고 결국엔 재정적 부실경영으로 문을 닫게 될 것이다. 이러한 논리는 전체 조직에서뿐만 아니라 개별 프로그램에도 통한다. 즉, 금전관리가 적절히 이루어지지 않으면 어떤 프로그램도 효과적으로 운영되기 어렵다. 그러나 대부분의 사회복지경영자에게 재무관리는 이해하기 쉽지 않은 영역이다. 따라서 이 장에서는 일반적으로 많은 사람이 어려워하는 문제들을 다소 완화시키기 위하여 사회복지 프로그램이나 조직의 재무를 이해하고 재무관리를 하는 데 필요한 기본적인 내용을 소개하려고 한다.

이 장에서는 사회복지경영자가 사회복지 프로그램이나 조직의 재정을 확보하고, 그들의 미션을 효과적으로 수행할 수 있는 건전한 재무환경을 유지하기 위해 알아야 하는 것을 다룰 것이다. 이 장에서 다루는 수준은 사회복지경영자들에게 맞추어져 있어서, 최고재무책임자(CFO)나 예산담당 부서장 등에게는 적절한 수준이 못될 수도 있다. 이런 사람들에게는 재무회계나 관리회계 분야의 고급 수준 서적이 훨씬 더 도움이 될 것이다. 이 장의 내용은 재무나 회계 분야의 전문적 지식이 없는 사회복지경영자에게 적절하도록 구성되어 있다.

이 장에서는 사회복지경영자에게 필요한 재무관리의 다양한 측면에 대한 이해를 증진시키기 위하여, 먼저 사회복지경영자가 직장에서 접하는 일반적으로 사용되는 재무제표(financial statements)와 보고서 등을 개괄적으로 살펴

볼 것이다. 다음에는 경영자가 미래에 대한 계획을 세우기 위해 필요한 수익과 비용 추정방법을 논의할 것이다. 여기에는 1년 동안의 수익 비용 추정방법 및 추정재무제표 작성방법 등이 소개되어 있다. 또한 비영리 휴먼 서비스 조직에 공통적인 자본구조 혹은 자금 조달방법을 다루는 절이 있다. 중요한 것은 이 장에서 다루는 개념의 대부분은 보편적인 것을 대상으로 한다는 것이다. 즉, 이러한 개념들은 용어에서 일부 차이가 있기는 하지만 비영리조직뿐만 아니라 영리조직에서도 적용할 수 있다. 일부 개념은 교차해서 사용할 수 있고 공공부문 전문가에게 도움이 될 수 있지만, 공공부문의 재무관리는 비영리조직의 재무관리와는 다소 다른 부분이 있다. 공공부문의 재무관리는 이 장에서의 초점이 아니다.

1. 재무적 건전성의 중요성

영리조직에 있어서 재무적인 표적는 조직의 생존을 위해 가장 중요한 부분이다. 일반 대중을 상대로 주식을 사고 팔 수 있는 공개기업(public company)의 주주는 경영진이 기업과 주주를 위해 기업의 수익성을 높이고 경제적 가치를 창출할 것을 요구한다. 영리기업이 재무적으로 건전하지 않을 때에는 심각한 문제가 발생하며, 그 결과는 파산 신청으로 연결되거나 핵심 사업부문의 대폭적인 구조조정을 수반하게 된다.

비영리조직에서도 재무적 건전성에 주안점을 두는 것은 아주 중요한 일이다. 비영리 휴먼 서비스 조직의 사회복지경영자와 지도자들이 잘 알고 있는 상투적인 문구가 있다. '돈이 없으면 미션도 없다(no money, no mission).' 이 문구의 의미는 자명하다. 사회복지경영자가 이러한 곤경에 빠지지 않으려면 재무관리에 특별히 관심을 기울여야 한다는 것은 말할 필요도 없을 것이다.

돈이 없으면 미션도 없다(No Money, No Mission): 사회복지경영자는 재정을 적절히 관리하지 않으면 안 된다. 그렇지 않으면 휴먼 서비스 프로그램이나 조직의 미션을 성공적으로 수행할 수 없게 된다.

[그림 2-1] 핵심 포인트

예를 들면, 사회복지 실천에서는 문화예술과 같은 다른 비영리부문과 달리 부실한 재무관리로 인해 또는 '돈이 없어서 미션을 수행할 수 없다'는 상황에 처하면, 그 조직의 클라이언트가 필수 프로그램과 서비스를 받지 못하는 상황이 발생할 수도 있다. 극단적인 경우에는 클라이언트가 사느냐 죽느냐 하는 시나리오로 연결될 수도 있다.

따라서 사회복지경영자가 주의해야 할 첫 번째는 자신이 일하고 있는 프로그램이나 조직이 재무적으로 건전성이 유지되고 있느냐 하는 것이다. 제1장의 사회적 기업활동에 대한 논의에서 기술하였듯이, 견실한 재무관리는 기업적인 사회복지 프로그램이나 조직에서 특히 중요하다. 재무적으로 흑자를 낸다는 것은 프로그램과 서비스가 지속 가능하다는 것으로 전반적인 미션을 달성하는 데 있어 필수적으로 중요한 부분이다.

이러한 재정 우선 정신은 사회복지경영자가 미션을 달성할 뿐만 아니라 모든 이해관계자(즉, 종업원, 클라이언트, 지역사회 구성원 등)를 위해 진정으로 변신하는 조직을 창조할 수 있는 유연성을 발휘하게 해 줄 것이다. 모든 부분이 상호 연결되어 있고 또 전체를 완성하기 위해서는 각 구성요소가 모두 필요한 주택과 같이 프로그램이나 조직의 재정을 복잡한 구조라고 생각하는 것이 도움이 된다. 예를 들어, 지붕 없는 집에서 살지 않으려는 것과 같이, 기본적인 예산, 재무제표, 또는 프로그램을 완성하는 기타 중요한 재무적인 부분을 포괄적으로 이해하지 않고 사회복지 프로그램을 운영하지는 않을 것이다.

2. 재무적 건전성의 이해

여러분이 사회복지대학원(MSW) 인턴이든, 프로그램 감독자든, 중역 또는 기관 경영진이든 간에 사회복지경영자로서 경력의 어떤 지점에서 프로그램이나 조직과 관련된 재무 자료를 분석하고 해석할 필요가 있다. 앞서 언급하였듯이 프로그램이나 조직의 재무 상태는 극단적인 경우 클라이언트가 서비스를 받을 수 있는 또는 받을 수 없는 상황을 만들게 된다.

예산은 프로그램이나 프로젝트 수준에서 존재한다. 이 예산은 본질적으로 프로그램이나 프로젝트가 보조금 단위당, 계약 단위당 어떻게 이행될 것인지에 대하여 재무적으로 기술한 것이거나, 경영진의 지시사항이 어떻게 이행될 것인지에 대하여 재무적으로 기술한 것이다. 예산은 프로그램의 현재 성과를 기술하고 미래의 수익과 비용을 예측하고자 하는 것이다(Kettner, Moroney, & Martin, 2008). 예산에는 수많은 유형과 형식이 있고(Kettner, 2002), 프로그램이나 프로젝트로 들어오는 모든 수익과 프로그램이나 프로젝트가 초래하는 모든 비용의 목록을 반드시 포함하여야 한다. 예산 제시 방식에 대해서는 표준화된 것이 없다. 즉, 서로 다른 조직들은 예산을 제시하기 위하여 서로 다른 소프트웨어 프로그램과 형식을 사용한다. 또한 예산은 마이크로소프트 엑셀 같은 스프레드시트 프로그램을 사용하여 수작업으로도 준비될 수 있다. 이와 같이 예산 제시 방식이 표준화되어 있지 않기 때문에, 기초적인 예산 편성 관련 사항 자체를 논의하지 않고, 사회복지경영자가 읽고 분석하고 해석하고 설명할 수 있어야 하는 더 표준화된 재무제표, 즉 재무상태표, 손익계산서 및 현금흐름표에 초점을 맞출 것이다. 그럼에도 불구하고 수익과 비용 추정에 관한 다음 절의 내용은 조직에서 요구하는 형식이 어떤 것이든 간에 여러분이 수행하는 프로그램이나 프로젝트의 예산을 수립하는 데 도움을 줄 것이다. 여러분이 예산 편성 과정에 사용할 수 있는 예산 편성 양식의 견본을 제시하면 [그림 2-2]와 같다.

비용 유형	추정 비용	비고
대인서비스(PS):		
–	×××	
–	×××	
–	×××	
대인서비스 소계	×××	
기타 서비스(OTPS):		
–	×××	
–	×××	
–	×××	
기타 서비스 소계	×××	
총계(PS+OTPS)	×××	

[그림 2-2] 비용 예산 편성 양식

3. 비영리회계의 기초

첫 번째 표준화된 재무제표인 재무상태표를 설명하기 전에 기본적인 회계등식을 소개하는 것이 중요하다. 회계등식은 다양한 측면의 재무적인 청구권과 의무가 어떻게 상호작용을 하고, 그것이 궁극적으로 재무상태표에는 어떻게 나타나는가를 보여 주는 역할을 한다. [그림 2-3]에 회계등식이 제시되어 있다. 이 등식은 어떤 조직의 자산은 부채와 순자산의 합과 같아야 한다는 단순한 식이다. 이러한 회계등식은 모든 유형의 조직에 대해서 항상 성립한다(Horngren, Sundem, & Elliott, 2002). 회계등식의 구성요소는 조직에 따라 차이가 있을 수 있지만, 항상 등식의 왼쪽에 있는 자산과 오른쪽에 있는 부채 및 순자산 간에는 균형이 이루어져야 한다.

자산(A) = 부채(L) + 순자산(NA)

[그림 2-3] 비영리 회계등식

이 시점에서 자산, 부채 그리고 순자산이 정확히 무엇인지 궁금할 것이다. [그림 2-4]에는 이 세 가지 개념의 정의가 제시되어 있다. 본질적으로 자산은 조직이 소유하고 있는 무엇이거나 조직을 위하여 청구할 수 있는 권리이다. 자산의 예로는 기관이 소유하고 있는 부동산이 있다. 예를 들어, 주택 지원기관은 종종 클라이언트가 살고 있는 아파트나 건물을 소유하고 있다. 기관이 이러한 부동산을 소유하고 있기 때문에 이러한 건물은 기관의 자산으로 간주된다. 그러나 건물에 입주해 있는 클라이언트는 기관의 자산이 아니다. 사람은 클라이언트이든 종업원이든 간에 소유의 대상이 되거나 청구의 대상이 될 수 없기 때문이다. 자산의 다른 예로는 조직이 보유한 현금이나 투자금 및 수취채권(accounts receivables) 등이 있다. 수취채권은 조직이 제공한 서비스나 제품에 대한 대가 중에서 아직 받지 못한 부분을 의미하는 회계적인 용어이다. 수취채권이 자산으로 분류되는 이유는 서비스나 제품을 제공한 대가 중에서 아직 회수하지 못한 부분에 대해서는 그 금액을 회수할 수 있는 권리, 즉 청구권이 서비스나 제품을 제공한 조직에 있기 때문이다. 수취채권은 해당 조직이 직접 회수하기도 하지만 수취채권의 회수를 대행해 주는 기관(collection agency)의 도움을 받기도 한다.

한편, 부채는 어떤 조직이 소유하고 있는 항목이 아니고, 타인(조직)이 청구권을 주장할 수 있는 항목이다. 즉, 특정 조직이 타인(조직)에게 지급해야 할 의무가 있는 것을 부채라고 한다. 부채의 예로는 종업원에게 지급해야 하지만 아직 지급하지 않은 급여, 조직이 필요한 설비를 구입하면서 금융기관에서 자금을 차입하였지만 아직 상환하지 않은 대출금 등을 들 수 있다. 이들 예에서 종업원이나 금융기관은 각각의 항목과 관련하여 자신의 소유권을 청구할 수 있다.

자산과 부채는 밀접하게 관련되어 있으며, 이들이 어떻게 관련되어 있는지를 생각해 보는 것은 유용하다. 예를 들어, 자산과 부채 간의 중요한 관계는 어떤 조직이 보유하고 있는 모든 부채에 대하여 또 다른 조직은 그 부채를 자

자산: 조직이 소유하고 있거나 타인(혹은 타 기관)에게 청구할 수 있는 권리이다. 예를 들면, 현금, 수취채권, 차량, 가구, 부동산 등이 있다.

부채: 타인(혹은 타 기관)이 소유하고 있거나 청구할 수 있는 권리를 갖고 있는 것이다. 예를 들면, 지급채무, 급여, 미지급 수수료, 차입금, 연금부채 등이 있다.

순자산: 자산에서 부채를 뺀 것이다. 건실한 조직은 양(+)의 순자산을 가진다. 즉, 부채보다 더 많은 자산을 보유하게 된다.

[그림 2-4] 자산, 부채 및 순자산

산으로 주장할 수 있다는 것이다. 예를 들면, 어떤 조직이 금융기관에서 빌린 차입금은 그 조직의 부채이다. 왜냐하면 그 조직은 시간을 두고 차입금을 갚아야 하기 때문이다. 반대로 기관에 대출을 해 준 은행은 그것을 자산, 엄밀하게 말하면 대여금으로 처리한다. 왜냐하면 자금을 차입했던 기관은 그것을 은행에 되갚을 것이며, 대부분의 경우 은행은 대출 원금에 이자를 붙인 원리금을 청구할 수 있는 청구권을 가지기 때문이다.

마지막으로, 순자산은 단순히 비영리조직의 자산총액과 부채의 차이이다. 순자산 개념은 비영리회계에 특별한 것이다. 영리조직에서 회계등식의 이러한 구성요소(순자산)에 해당하는 개념은 소유주 지분(owners' equity) 또는 자본이며, 이것은 순자산 개념보다 훨씬 더 복잡하다. 즉, 영리기업의 소유주 지분에는 기업의 주주나 기타 소유주가 보유하고 있는 다양한 층의 소유권이 포함되어 있다. 영리조직에서 이러한 소유주 지분 문제는 아주 중요하기 때문에, 여기서 기술하는 비영리조직 관련 3개의 재무제표에 추가하여 주요한 재무제표로 자본변동표가 사용되고 있다.

다행히 비영리회계에서는 소유주 지분과 관련된 문제에 대해서는 염려할 필요가 없다. 비영리조직은 대부분 부채를 어느 정도 넘어서는 자산을 보유하고 있어서, 양(+)의 순자산을 가지고 있다. 순자산이 양인 경우, 조직이 어떤 극단적인 이유 때문에 사업을 그만두어야 할 경우에도 모든 부채를 정리할 수 있어서 법적인 채무를 다 청산한 후 사업을 접을 수 있다. 반면, 건실하지 않은 조직의 경우 부채가 자산보다 더 많아, 순자산이 음(−)이 될 수도 있다. 지틀로, 핸킨과 사이드너(Zietlow, Hankin, & Seidner, 2007)에 따르면, 이것은 문제가 많은 상황이고, 이러한 조직은 비상시 금융 채무를 해결하지 못할 위험이 아주 크다.

4. 재무상태표

재무상태표(balance sheet)는 일정 시점 현재 어떤 조직의 재무 상태, 즉 그 조직의 모든 자산과 부채를 간략하게 제시하는 재무제표이다. 재무상태표는 일정 시점 현재 어떤 조직의 자금 조달 결과를 나타낸 것이다. [그림 2-5]에는 두 시점, 즉 2011년 6월 30일과 2012년 6월 30일 현재 어떤 기관의 재무 상태를 비교 표시한 전형적인 재무상태표 양식이 제시되어 있다. 재무상태표에서 추세를 확인하고 연간 비교분석이 가능하도록 하기 위해 두 시점의 자료를 함께 보여 주는 것이 일반적이다. [그림 2-5]의 사례에서 시점은 각 회계연도 말이다. 제시된 예시 재무상태표에서 회계등식은 회계연도와 관계없

구분	2012. 6. 30.	2011. 6. 30.
자산:		
현금	$856,922	$754,998
투자자산	23,456	22,875
수취채권	123,450	103,546
선급비용	45,657	49,765
건물, 시설 및 장비	1,245,458	1,215,564
총자산	2,294,943	2,146,748
부채:		
지급채무	$175,234	$150,555
미지급 급여 및 수당	368,987	322,335
차입금	220,345	235,556
이연수익	295,479	305,386
총부채	1,060,045	1,013,832
순자산	1,234,898	1,132,916
부채와 순자산	2,294,943	2,146,748

[그림 2-5] 재무상태표 예시(단위: 달러)

이 항상 성립되어야 한다. 즉, 연도별 조직의 자산 합계는 연도별 부채와 순자산의 합계와 같다. 이러한 회계등식은 이 조직에서 작성 및 보고되는 모든 재무상태표에서 항상 유지되어야 한다. 미래에는 어떤 조직의 자산, 부채 및 순자산의 가치가 변화할 가능성이 아주 높지만, 재무상태표상에서 회계등식은 그대로 유지되어야 한다. 즉, 회계등식의 왼쪽에 있는 자산 합계와 오른쪽에 있는 부채 및 순자산의 합계는 항상 일치하여야 한다. 그렇지 않을 경우 회계상의 오류가 발생할 가능성이 아주 높다. 따라서 정확한 재무상태표를 작성하기 위해서는 시간을 내어 재무상태표상의 모든 항목을 다시 검토해 보아야 한다.

재무상태표를 보면 어떤 조직의 재무적 건전성을 파악할 수 있다. 재무적 건전성을 간략히 살펴보려면 두 회계연도 말의 총자산과 총부채를 비교해 보면 된다. [그림 2-5]에 제시된 조직의 경우, 두 회계연도 모두 총자산이 총부채의 2배 정도 되는 것을 알 수 있다. 이것은 재정적으로 어려운 상황이 발생할 경우에도 이 조직은 자산을 처분하여 부채를 두 번 이상 갚을 수 있다는 것을 말한다. 따라서 여기서 제시한 조직은 재무적으로 건실하다고 말할 수 있다. 마찬가지로 각 연도의 현금과 미지급 급여를 살펴보자. 미지급 급여 규모와 비교해 보았을 때 현금 보유액은 상당히 큰 것으로 나타나 있다. 따라서 조직에 위기 상황이 발생한다고 하더라도 종업원에게 급여를 지급할 여력이 충분함을 알 수 있다. 이것은 조직의 재무적 건전성이 양호하다는 또 다른 증거이다.

5. 손익계산서

재무상태표를 통해서 일정 시점 조직의 재무적 건전성을 보여 주는 것이 아주 중요하다고 할지라도, 재무상태표는 일정 기간 조직이나 프로그램의 총수익 또는 수익의 유형 및 총비용 또는 비용의 유형에 관한 것을 알려 주지는 못한다. 손익계산서, 즉 모든 사업에서 사용되는 표준 재무제표인 손익계산서를 통해 이러한 정보를 제공해 줄 수 있다.

손익계산서는 항상 일정 기간을 대상으로 하며, 그 기간에 벌어들인 수익과 발생한 비용을 보여 준다. 손익계산서의 맨 밑에는 순이익(net income)이 제시된다. 이것은 해당 기간에 실현된 이익(양의 순이익) 혹은 손실(음의 순이익)을 나타낸다. 순이익은 특정 기간에 발생한 총수익에서 총비용을 차감함으로써 계산할 수 있다. 이와 같이 총수익에서 총비용을 차감하여 계산되는 순이익은 손익계산서의 제일 아래에 표시되는데, 흔히 회계기간 중 발생한 손익의 최종 결산 결과라고 언급된다.

[그림 2-6]에 예시된 손익계산서는 2012년 4월 1일부터 2012년 6월 30일까지 3개월간의 분기 손익계산서이다. 손익계산서는 일정 기간을 대상으로

구분	2012. 4. 1. ~ 2012. 6. 30.
수익(revenue)	
보조금	$575,500
기부금	7,150
행사수익	1,125
행위당 수가수익	223,550
제품판매 수익	565
총수익	807,890
비용(expense)	
인건비(PS)	674,322
인건비 외 기타 비용(OTPS)	105,677
운영비	12,575
총비용	792,574
순이익(net income)	15,316

[그림 2-6] 분기 손익계산서 예시(단위: 달러)

작성하며, 원할 경우 매일 손익계산서를 작성할 수도 있다. 그러나 비영리 휴먼 서비스 조직에서는 경영자들이 3개월마다 분기 손익계산서를 작성하여 경영 성과를 검토 · 분석하는 것이 가장 일반적이다. 사실 대부분의 영리기업에서도 분기 손익계산서를 작성하여 기간 손익을 검토 · 분석하고 있다. 여러 기업의 분기별 이익을 예측하는 월스트리트 재무분석가에 관한 기사를 본 적이 있을 것이다. 재무분석가들이 하는 일 중에는 특정 기업의 특정 분기 말 순이익이 어느 정도 될 것인지를 예측하는 것이 중요한 비중을 차지하고 있다.

[그림 2-6]에 예시된 손익계산서를 보면, 제시된 조직 또는 프로그램의 3개월간 순이익은 1만 5,316달러로, 해당 기간에 경영이 잘 수행되었다는 것을 알 수 있다. 1만 5,316달러의 순이익은 모든 비용을 차감한 후 계산된 총이익 또는 잉여금(surplus)이다. 이러한 양(+)의 잉여금은 해당 프로그램에 재투자하거나, 허용된다면 해당 기관의 다른 프로그램에 재배분할 수 있다. 예시된 손익계산서에서 알 수 있는 또 하나의 중요한 점은 전체수익 대비 인건비의 비율이 높다는 것이다. 직원의 급여와 수당이 예시된 프로그램 수익의 약 83%(674,322/807,890달러)를 차지하고 있다. 이것은 휴먼 서비스 조직의 경우 특이한 일은 아니다. 사회복지 사업은 서비스업이고(제3장에서 더 자세히 논의될 예정임), 사회복지 사업 예산에서 인건비가 차지하는 비중이 가장 큰 것으로 알려져 있다. 반대로 제조업의 경우 보통 인건비(PS)보다는 원재료와 소모품 비용(OTPS, 인건비 외 기타 비용)이 더 높은 것이 일반적이다.

역사적으로 손익계산서는 비영리부문에서 '기능별 비용내역서(statement of functional expenses)'만큼 많이 사용되지 않았다. 사실 아직까지 많은 비영리기관은 연차보고서에 기능별 비용내역서를 보고하고 있다. 미국 국세청이 소득세 면세 환급금 결정을 위해 매년 비영리조직들에 요구하는 '서식 990 보고서(Form 990 report)'[1]에도 기능별 비용내역서가 포함되어 있다. 어떤 조

1) 역자 주: 서식 990은 비영리조직에 관한 재무정보를 대중에게 제공하는 미국 국세청의 서식이다.

직에서 발생한 모든 비용을 기능별 비용내역서에 열거하는 것도 중요하지만, 조직에서 벌어들인 수익에 대해서는 기능별 비용내역서에 보고하지 않는다. 필자의 생각으로는 오랫동안 기능별 비용내역서에 의존해 온 것이 비영리조직은 이익을 창출해서는 안 되고 순이익은 단지 영리조직에서만 논의되어야 할 개념이라는 생각을 강화시켰다고 본다. 그러나 비영리조직 특히 휴먼 서비스 조직에서도 수익에 관심을 가질 필요가 있다. 순이익은 조직에서 운영하는 프로그램과 서비스에 재투자될 재원이기 때문에 휴먼 서비스 조직에서도 순이익을 얻기 위해 노력해야 한다고 생각한다.

6. 현금흐름표

비영리조직 회계에서 사용되는 세 번째 표준 재무제표는 현금흐름표이다. 현금에 대한 모니터링은 사회복지경영자에게 아주 중요하다. 대부분의 비영리 프로그램과 조직은 현금 취급이 잘못될 경우 또는 불행히도 횡령이나 유용이 일어날 경우 '현금대비책(cash cushion)'이 거의 없다. 심지어 프로그램 또는 기관에 현금이 두둑한 경우에도 현금이 오용되면 클라이언트가 받는 전문 서비스, 프로그램 운영시간, 서비스 직원 수 등에 차이가 나게 된다.

현금의 흐름은 어떤 기관이나 프로그램의 내부뿐만 아니라 외부에서도 항상 발생하기 때문에, 여러 가지 일로 바쁜 사회복지경영자가 요약 보고서의 도움 없이 현금의 흐름을 추적하는 것은 거의 불가능하다. 현금 흐름에 대한 요약은 본질적으로 현금흐름표에서 수행된다. 현금은 재무상태표에 기재되어 있다([그림 2-5]의 맨 위 참조). 그러나 [그림 2-5]에 제시된 재무상태표에서는, 2011년 6월 30일 현재 현금 보유액은 75만 4,998달러인데 그것이 2012년 6월 30일에는 85만 6,922달러가 된 이유를 알 수 없다. [그림 2-7]에

구분	2011. 7. 1.~2012. 6. 30.	2010. 7. 1.~2011. 6. 30.
영업활동으로 인한 순현금 흐름	112,218	251,131
투자활동으로 인한 순현금 흐름	5,456	(24,595)
재무활동으로 인한 순현금 흐름	(15,750)	(17,530)
순현금의 증(감)	101,924	209,006
기초 현금	754,998	545,992
기말 현금	856,922	754,998

[그림 2-7] 현금흐름표 예시(단위: 달러)

제시된 현금흐름표는 현금 잔액이 변화된 이유를 이해하는 데 도움이 된다. [그림 2-5]의 재무상태표와 [그림 2-7]의 현금흐름표는 가상의 동일 조직에 대한 재무제표이다.

손익계산서와 마찬가지로 현금흐름표도 언제나 일정 기간을 대상으로 작성된다. [그림 2-7]에 제시된 현금흐름표는 [그림 2-5]에 제시된 재무상태표와 기간을 일치시키기 위해 1년 기준으로 작성되었다. 재무상태표상의 현금 잔액 및 그 변화를 잘 이해할 수 있도록 하기 위해 보통 재무상태표 다음에 바로 현금흐름표를 제시한다.

[그림 2-7]을 보면, 예시한 가상 조직의 경우 2011년 7월 1일부터 2012년 6월 30일까지 10만 1,924달러의 현금이 증가했다는 것을 알 수 있다. 언뜻 보기에도 이 조직의 현금 보유액이 증가했다는 것을 알 수 있다. 이러한 것은 보통 좋은 신호이지만 어떻게 그것이 일어났는지를 이해하기 위해 조금 더 깊이 검토해 볼 필요가 있다. 이를 위해 현금흐름표에 제시되어 있는 세 가지 범주의 현금흐름, 즉 '영업활동으로 인한 순현금 흐름' '투자활동으로 인한 순현금 흐름' 및 '재무활동으로 인한 순현금 흐름'을 살펴보자. 이러한 개념은 아마 여러분에게 새로운 것일 것이기 때문에, 단순화하기 위해 [그림 2-7]에는 단지 2개년간의 순현금 흐름을 영업활동, 투자활동 및 재무활동으로 인한

순현금 흐름으로 구분하여 각 활동별 순현금 흐름만 제시하였다. 그러나 영업, 투자 및 재무 활동과 같은 각 범주의 현금 흐름에는 많은 하위 범주의 현금 흐름이 있을 수 있지만 이 그림에는 최종적인 각 활동별 순현금 흐름만 제시해 놓은 것이다.

영업활동으로 인한 현금에는 직원 급여, 건물 임차료 등을 포함하여 어떤 프로그램이나 조직을 운영하기 위해 사용된 모든 현금이 포함되며, 또한 조직에 대한 보조금이나 기타 프로그램이나 상업적 활동을 통해 벌어들이는 수입 같은 현금이 포함된다. 이 범주의 현금 유출입은 현금흐름표에서 '영업활동으로 인한 순현금 흐름'으로 보고되는데, 영업활동을 통해서 벌어들이는 현금에서 영업활동을 위해 지출된 현금을 차감한 금액으로 보고된다. 건실한 프로그램이나 조직에서는 영업활동으로 인한 순현금 흐름이 양(+)의 값으로 나타난다. 즉, 영업활동을 위한 현금 유출보다 영업활동에서 벌어들이는 현금 유입이 더 많다는 것이다.

투자활동으로 인한 현금에는 장단기 투자자산의 처분으로부터 받게 되는 현금뿐만 아니라 새로운 설비, 차량, 부동산, 주식 등의 구입으로 인해 지출하는 현금을 포함한다. 이러한 투자활동으로 인해 발생한 수익 및 비용은 영업활동으로 인한 수익 및 비용은 아니지만, 해당 기관의 현금 유입과 유출에는 영향을 미치게 된다. 영업활동으로 인한 순현금 흐름을 계산할 때와 마찬가지로, '투자활동으로 인한 순현금 흐름'도 투자활동으로 인한 현금 유입액에서 현금 유출액을 차감하여 계산한다. [그림 2-7]에서 투자활동으로 인한 순현금 흐름 부분을 보면, 첫 번째 연도에는 음(−)의 값이, 두 번째 연도에는 양(+)의 값이 보고되어 있다. 이러한 결과는 예를 들면, 해당 조직이 첫해에 상당한 큰 금액의 설비를 구입하였기 때문에 투자활동으로 인한 현금 잔액이 음으로 나타났고, 두 번째 해에는 설비나 기타 투자자산을 많이 매각하여 투자활동으로 인한 현금 잔액이 양으로 나타났다는 것을 의미할 수도 있다.

마지막으로, 현금흐름표에서 '재무활동으로 인한 순현금 흐름'에는 해당 조직의 자금 조달활동과 관련된 모든 활동에서 발생한 현금 흐름을 보고한다. [그림 2-7]에 제시된 가상 조직은 직원 급여를 지급하기 위하여 신용대출을 했거나, 부동산 담보대출 이자를 지불했을 수도 있다.

비영리조직에서 재무활동은 통상적으로 조직으로부터의 현금 유출, 즉 음의 '재무활동으로 인한 순현금 흐름'이 나타난다. 비영리조직이 대출을 해 주거나 채권자가 되어 채무자로부터 돈을 받게 되는, 즉 재무활동으로 인한 현금 잔액이 양이 되는 일은 거의 없다. 더욱이 비영리조직은 전형적으로 이러한 방식으로 현금을 사용하거나 받지 않기 때문에, 재무활동 범주의 현금 유출입은 거의 없는 경우가 많다. 그러므로 비영리조직의 경우 대부분 재무활동으로 인한 순현금 흐름은 음이나 영(0)으로 나타날 것이다.

7. 수익과 비용 추정

지금까지 이 장에서는 재무상태표, 손익계산서 및 현금흐름표를 이용하여 어떤 기관의 재무적 상황을 어떻게 분석할 것인지에 대해 탐구하였다. 이들 재무제표는 우리에게 재무적인 측면에서 과거에 무슨 일이 있었는지를 알려준다. 그러나 장래에 재무적 상황이 어떻게 전개될 것인지를 예측하는 방법을 아는 것도 사회복지경영자에게는 중요하다. 이 개념을 추정(projecting) 또는 예측(forecasting)이라 하는데, 이것이 여러분의 재무관리 도구의 핵심 부분이 되어야 한다. 예를 들어, 오늘날 대부분의 자금 제공자는 프로그램 제안서에 프로그램의 비용 추정치를 제시하도록 요구한다. 프로그램 제안서에는 자금 제공자에게 제공된 자금을 어떻게 쓸 것인지에 대한 추정치를 제시해야 한다. 마찬가지로 제5장에서 논의하겠지만 비즈니스 기획은 휴먼 서비스 프로그램에서도 많이 유행하고 있다. 투자자들은 미래 비용뿐만 아니라 수익에 대한 프로그램 제안자의 추정 내용을 알고 싶어 한다. 중요한 것은 수익과 비용은 추정한 것이기 때문에, 미래에 대한 추정은 항상 현실의 추정치에 기초한 것이라는 점을 명심해야 한다. 미래에 얼마나 많은 수익이 발생할지 또는 얼마나 많은 비용이 발생할 것인지를 확실히 아는 방법은 없다. 이러한 불확실성에 대처하기 위하여 수익과 비용 추정을 위한 실무적 기법들이 존재한다.

8. 수익과 비용의 연간환산법

수익과 비용을 추정하는 가장 신속하고 용이하며 신뢰할 수 있는 방법 중 하나는 연간환산법(annualizing)이다. 연간환산법에서는 일정 기간 발생한 금액을 1년치로 환산하여 그 금액을 1년치 금액의 추정치로 사용한다. 즉, 환산된 1년치 금액을 특정 프로그램이나 활동의 연간 예산 추정치로 사용한다. 이러한 추정된 연간 금액을 알 수 있으면, 다음 절에서 논의되는 추정재무제표(pro forma financial statements)를 작성할 수 있을 뿐만 아니라 프로그램의 재무적 영향도 전체적으로 파악할 수 있다. 이것이 어떻게 작동하는지 살펴보기 위해 몇 가지 예를 제시한다.

여러분이 어떤 사회 서비스 프로그램을 맡고 있는 관리자인데 상사에게 올해 첫 3개월치 행위당 수가를 바탕으로 내년도 1년간 행위당 수가를 예측하라는 지시를 받았다고 가정하자. 행위당 수가가 포함된 올해 3개월간의 손익계산서 자료는 있다고 가정한다. 여러분이 이용 가능한 자료는 [그림 2-6]에 제시된 3개월간의 분기 손익계산서이다.

이것을 이용하여 [그림 2-8]에서 제시된 단계를 따라 12개월 동안의 행위당 수가 추정방법을 설명하면 다음과 같다. [그림 2-6]에 제시된 자료는 분기 자료이기 때문에 3개월 동안의 자료이다. 따라서 n은 3이고, 3개월간 행위당 수가를 나타내는 a는 [그림 2-6]에 제시된 행위당 수가 22만 3,550달러이다. 따라서 12개월 동안의 행위당 수가 추정치는 22만 3,550달러에 4를 곱하여 89만 4,200달러로 산출된다. 그러므로 [그림 2-8]에 따르면 올해 3개월간 행위당 수가를 기초로 내년 12개월간의 행위당 수가를 추정하면, 그 금액이 89만 4,200달러가 될 것이라는 것을 제시할 수 있다.

직장 상사가 여러분의 이러한 답변에 만족해하고 있고 여러분의 분석 논리도 정연했다고 했지만 추가적인 정보를 필요로 한다고 가정하자. 상사는 올해 5개월간, 직원 급여에 대해 알고 싶어 하였고(올해 발생한 5개월치 급여는 20만 2,277달러이다), 내년도 종합예산 편성을 위해 내년도 1년간 지급해야 할 총 급여 추정치를 알고 싶어서 여러분에게 그것을 맡겼다고 가정하자.

이것은 [그림 2-9]에서 제시한 것처럼 2단계 연간 환산과정을 통해서 수행할 수 있다. 여기서 이미 알고 있는 올해 발생 급여는 5개월치 20만 2,277달러이므로, n은 5이고 a는 20만 2,277달러이다. 그러므로 내년도 1년간 급여 비용에 대한 신뢰할 만한 추정치를 얻으려면, 먼저 20만 2,277달러를 5로 나

알고 있는 자료의 기간	해당기간 비용/수익		승수 (12월/자료기간)		12개월 동안의 비용/수익 A
n = 1	a	×	12	=	A
2	a	×	6	=	A
3	a	×	4	=	A
4	a	×	3	=	A
6	a	×	2	=	A

[그림 2-8] 1단계 연간환산법

주의: a = 해당기간의 비용/수익 금액
A = 12개월로 환산한 비용/수익 금액

알고 있는 자료의 기간	기간별 비용/수익		자료 기간		1개월 비용/수익		1년		1년 동안의 비용/수익 A
n = 5	a	÷	5	=	a_1	×	12	=	A
7	a	÷	7	=	a_1	×	12	=	A
8	a	÷	8	=	a_1	×	12	=	A
9	a	÷	9	=	a_1	×	12	=	A
10	a	÷	10	=	a_1	×	12	=	A
11	a	÷	11	=	a_1	×	12	=	A

[그림 2-9] 2단계 연간환산법

눔으로써(이렇게 하면 4만 455달러가 산출됨) 현재 1개월 급여비용을 도출할 필요가 있다. 두 번째 단계로, 이렇게 도출된 1개월 급여비용에 12를 곱하면 내년도 1년간 급여비용인 48만 4,460달러를 추정할 수 있게 된다. 따라서 올해 일정 기간의 급여비용에 대한 연간 환산 자료를 바탕으로 여러분이 수행하고 있는 프로그램의 내년도 1년간 총 급여비용을 추정할 수 있으며, 그것은 48만 4,460달러라는 것을 상사에게 보고할 수 있다.

9. 추정재무제표 작성

어떤 프로그램이나 조직의 수익과 비용보다 복잡한 추정을 하다 보면, 수익 비용 추정치를 종합하여 소위 추정재무제표를 작성하라는 요청을 받을 수도 있다. 추정재무제표는 본질적으로 세 가지 주요 재무제표, 즉 재무상태표, 손익계산서 및 현금흐름표에 대한 것이다. 이것은 과거 자료뿐만 아니라 어떤 미래 재무 자료 추정치에도 기초하여 작성된다. 추정재무제표를 작성하는 과정은 종종 재무제표 모형 설계로 언급되기도 하며, 재무제표 모형 설계는 그것 자체가 재무 서비스 산업 내에서 하나의 전문 직업이다. 은행이나 투자신탁회사 등에 근무하는 사람들 중에는 재무 모형 설계만을 전문적으로 취급하는 사람들도 있다. 재무 모형 설계를 위한 전문가가 되려면 그와 관련된 지식을 갖추기 위하여 상당히 많은 시간과 관심을 기울여야 한다. 그러나 이 책의 목적은 이러한 재무제표 모형 설계와 관련된 실무를 소개하는 데 있다. 사회복지경영자들도 간단한 재무제표 모형 작성방법이라도 알게 되면 도움이 되는 경우가 많다.

[그림 2-10]은 2012년 4사분기 말(6월 30일)부터 시작해서 1년 동안의 분기별 수익 비용을 추정한 분기별 추정손익계산서에 대한 간단한 예시이다. 추정손익계산서 첫 번째 열은 [그림 2-6]에 제시되었던 3개월 손익계산서(2012년 4사분기 말 자료)를 그대로 옮겨 놓은 것이다. 2012년 4사분기 말은 그 조직의 재무 자료에 대해 확인할 수 있는 마지막 분기이다. 결과적으로 손익계산서에서 음영 처리된 부분은 미래 예상되는 분기별 추정치이다. 추정재무제표를 작성할 경우에는 이미 알고 있는 자료를 먼저 제시하고 나머지 추정기간

구분	Q4-12	Q1-13	Q2-13	Q3-13	Q4-13
수익:					
보조금	575,000	592,765	592,765	592,765	592,765
기타 기부금	7,150	7,150	7,865	6,559	7,293
행사수익	1,125	0	0	0	1,181
행위당수가수익	223,550	228,021	232,581	237,233	241,977
제품매출	565	581	599	617	635
총수익	807,890	828,518	833,810	837,175	843,852
비용:					
대인서비스 비용	674,322	714,781	714,781	714,781	714,781
기타 서비스 비용	105,677	107,790	107,790	107,790	107,790
기타 운영비	12,575	12,826	13,083	13,344	13,611
총비용	792,574	835,398	835,654	835,916	836,183
순이익	15,316	−6,880	−1,844	1,258	7,669

[그림 2-10] 간단한 4사분기 추정손익계산서(단위: 달러)

의 자료를 제시하는 것이 일반적이다. 이것은 추정재무제표를 보는 사람들에게 분기별 추정치와 이미 알고 있는 과거 자료의 관계를 보여 줄 뿐만 아니라 추정 근거가 되는 기초 자료도 보여 주기 위한 것이다.

[그림 2-10]에서는 재무 모형을 설계하는 데 사용되는 논리를 이해시키기 위하여 수익과 비용 몇 가지를 대상으로 하였다. 각 추정재무제표는 해당 조직이나 프로그램에 대한 가정과 상황 자료를 바탕으로 추정한다는 것을 염두에 두기 바란다. 그럼에도 불구하고 여기서 사용된 일부 논리는 여러분이 종사하는 직장이나 현장의 여타 상황에서도 응용될 수 있다.

첫째, [그림 2-10]에서 보조금 수익 추정액은 57만 5,500달러(마지막으로 알려진 분기 자료)에서 내년 제1사분기(Q1-13)에는 59만 2,765달러로 상승하고, 나머지 추정 대상 분기에는 제1사분기 수준을 유지하는 것으로 나타나 있다. 이것은 이 조직에 대한 과거 보조금 지원 이력을 바탕으로 작성한 것이다. 보조금 지원액은 매년 제1사분기에 갱신되고 다음 회계연도까지 변경되지 않았다. 제1사분기 보조금이 59만 2,765달러로 증가한 것은 이 조직에 전달된 정보에 바탕을 두었다. 즉, 보조금 제공자로부터 내년도 보조금 지원액 수준이 올해보다 3% 증가할 것이라는 통보를 받았다면 이러한 정보를 바탕으로 추정한 보조금 수익 추정치는 신뢰성 있는 추정치가 될 수 있다.

둘째, [그림 2-10]에서는 행위당 수가수익을 다음 회계연도 동안 각 분기마다 2%씩 증가하는 것으로 추정하고 있다. 이것은 이러한 유형의 수익에 대한 과거 추세에 바탕을 두고 있다. 그러나 당사자들 간의 계약에 바탕을 둔 보조금과 달리 행위당 수가수익은 변동성이 큰 경우가 많다. 클라이언트들이 무슨 이유로 서비스를 선택하지 않거나 서비스가 뜻밖에 크게 증가한다면 각 분기마다 2%씩 증가할 것이라는 추정은 틀릴 수도 있다. 그럼에도 불구하고 추정재무제표에서 추정을 하는 것은 중요한 일이며, 과거의 추세에 의존하는 것도 하나의 실행 가능한 선택이 된다.

셋째, [그림 2-10]에서 기타 운영비도 다음 회계연도 동안 각 분기마다 2%씩 증가하는 것으로 추정하고 있다. 이용 가능한 자료로부터 이러한 추정치가 어떻게 구해진 것인지 불명확하지만, 이러한 비용은 어떤 알려진 또는 상대적으로 많이 알려진 정보에 바탕을 두고 추정되어야 한다. 행위당 수가수익에 대해서는 보통 과거 추세를 기초로 추정을 한다. 그러나 추정은 언제나 불확실하다는 점을 기억하여야 한다. 즉, 조직이나 프로그램의 미래 재무 상황이 어떻게 될 것인지를 완벽하고 확실하게 예측할 수는 없다는 것이다.

10. 비영리 자본구조의 이해

자본구조는 영리와 비영리 기업 모두에 공통적으로 적용되는 개념이고, 어떤 조직이 출자를 받거나 자금을 조달하는 방식과 관계가 있다. 많은 영리기업은 주식을 발행해서 기업활동에 필요한 자금을 대중으로부터 조달한다는 점에 있어서 독특한 자본구조를 가지고 있다. 반면, 비영리조직은 주식을 발행할 수는 없지만, 보조금을 받고 대출을 하거나 관련 또는 비관련 사업으로부터 벌어들이는 수익을 통해서 자금을 조달한다. 비영리 휴먼 서비스 조직의 일반적인 자금 조달 방식을 이해하면, 기존의 또는 새로운 프로그램을 위한 가장 실행 가능성이 높은 자금 조달방법이 무엇인지 이해하는 데 도움이 될 수 있다.

〈표 2-1〉에는 비영리 휴먼 서비스 조직의 전형적인 자본구조가 요약되어 있다. 정부와 재단의 지원을 받은 보조금이 예시된 비영리조직의 가장 일반적인 자금 조달원이라는 점을 유의할 필요가 있다. 여기서 정부 보조금에 재단 보조금을 더하면 조직에서 조달한 전체 자금의 67%에 달한다. 이것은 아주 평균적인 경우지만, 몇몇 비영리 휴먼 서비스 조직의 경우에는 전체 조달

〈표 2-1〉 비영리 휴먼 서비스 조직의 자본구조 예

자금 조달 형태	비중(%)
정부 보조금	55
재단 보조금	12
행위당 수가	9
법인 기부금	8
개인 기부금	6
행사수익	4
신용대출	3
투자수익	2
관련/비관련 사업	1

자금의 100%를 보조금에 의존하는 경우도 있다. 보조금을 통해 조달되는 자금이 아주 적은 경우는 거의 없다. 보조금 및 행위당 수가수익에 덧붙여, 비영리 휴먼 서비스 조직의 가장 일반적인 수익원, 즉 기부금, 행사수익 등도 전형적인 자금 조달원의 주요 구성요소이다.

〈표 2-1〉에서 예시하였듯이 비영리 휴먼 서비스 조직은 정부 보조금, 재단 보조금, 행위당 수가수익 외에도 통상 소액의 기부금, 행사수익, 신용대출, 투자수익, 사업수익으로 자금을 조달한다. 제1장에서 언급한 바와 같이, 정부와 재단으로부터 전통적으로 지원받던 보조금 확보 및 유지가 점점 어려워짐에 따라, 어떤 조직들에서는 이러한 수익원들의 조합에 변화가 시작되고 있다. 휴먼 서비스 조직에서의 자본구조 변화와 비영리 휴먼 서비스 조직(프로그램)의 자금 조달 방식에 있어서 변동성이 커짐에 따라 이 장에서 배운 재무제표 분석과 추정에 관한 기술은 유용하게 쓰일 것이 틀림없다.

11. 요약

이 장에서는 사회복지경영자에게 필수적인 비즈니스 기술이라고 볼 수 있는 사회복지 프로그램이나 조직의 재무관리에 대해 소개하였다. 비영리 회계등식을 간략히 살펴보는 것에서 시작하여, 자산, 부채 및 순자산의 정의와 예를 살펴보았다. 다음으로, 비영리 휴먼 서비스 조직에 종사하는 사회복지경영자를 위한 세 가지 주요 재무제표에 대한 설명을 하였다. 재무상태표 또는 대차대조표는 특정 시점의 프로그램이나 조직의 재무 상태를 보여 준다. 손익계산서는 특정 기간 동안에 발생한 기관 관련 모든 수익과 비용을 보여 준다. 마지막으로, 현금흐름표는 특정 기간에 프로그램이나 조직으로 입출금되는 현금의 유출입을 주요 활동별로 구분하여 보여 준다. 또한 이 장에서는 추정재무제표를 작성하는 방법뿐만 아니라 연간환산법을 사용하여 수익과 비용을 추정하는 방법도 소개하고 있다. 이 장의 마지막에서는 비영리 휴먼 서비스 조직의 자본구조에 대한 논의를 다루었다.

이 장에서 확실히 이해하여야 할 중요한 개념은 다음과 같다.

- 적절한 재무감독과 관리는 휴먼 서비스 프로그램이나 조직의 클라이언트들이 필요한 서비스를 적절히 받을 수 있도록 해 준다.
- 비영리조직에 사용되는 회계등식은 '자산=부채+순자산'이다.
- 재무상태표, 손익계산서, 현금흐름표는 비영리 휴먼 서비스 프로그램에 사용되는 세 가지 표준화된 재무제표이다. 사회복지경영자들은 이러한 재무제표 모두를 분석하고 해석할 수 있어야 한다.
- 수익과 비용을 추정하는 것은 주요한 기술이다. 그러나 수익과 비용을 추정하는 데는 항상 불확실성이 수반된다.

• 비영리 휴먼 서비스 조직의 자본구조는 비록 그 성격과 구성이 발전적으로 변하고는 있지만, 영리기업의 자본구조와 다른 특이성을 가지고 있다.

연습

• 여러분이 현재 일하고 있는 직장이나 현장실습을 하고 있는 조직에 존재하는 모든 자산과 부채 목록을 작성해 보라. 그런 다음 해당 조직의 재무상태표를 구해서 여러분의 자산 부채 목록과 재무상태표를 비교해 보라. 재무상태표에서 본 것 중 놀라운 것이 있는가? 재무상태표에 없는 것이 여러분의 목록에는 포함되어 있는가? 만약 그렇다면, 왜 그렇게 되었을까?
• 여러분이 현재 일하고 있는 직장이나 현장실습을 하고 있는 프로그램에 존재하는 모든 범주의 수익과 비용을 작성하라. 그런 다음 해당 프로그램의 손익계산서를 얻으라. 손익계산서에서 본 수익이나 비용 중 놀라운 부분이 있는가?
• 확보한 손익계산서를 바탕으로 합리적인 가정에 기초해서 다음 회기의 손익계산서를 작성하라([그림 2-10]에 제시된 손익계산서와 동일한 형식을 사용할 것). 어떤 범주의 수익이나 비용이 어떻게(또는 왜) 증가하거나 감소할 것인지에 대해 생각해 보고, 재무 모형에 이러한 수익 비용 추정치를 어떻게 포착할 것인지에 대해 생각해 보라.
• 조직의 자본구조를 조사해서(이에 관한 정보를 얻으려면 경리과의 누군가에게 물어보면 된다) 〈표 2-1〉에서와 같이 각 구성요소가 전제 조달자금에서 차지하는 비중을 백분율로 제시해 보라. 재무적 건전성 측면에서 여러분 조직의 자본구조는 어떠한가? 자본구조를 개선하기 위한 방법으로 여러분이 제시할 수 있는 것은 무엇인가?

인터넷 자원

비영리 회계기초(Nonprofit Accounting Basics): 워싱턴 공인회계사회(Greater Washington Society of CPA)의 프로젝트이다. 이 온라인 자원에는 비영리부문의 회계 개념을 더 깊게 탐구하는 사람들을 위한 풍부한 기술적 자료들이 포함되어 있다. www.nonprofitaccountingbasics.org

회계코치(Accounting Coach): 대중에게 무료로 일반 회계의 모든 측면에 관한 풍부한 정보를 제공하고자 하는 견실한 온라인 자원이다. www.accountingcoach.com

예산정책 우선순위 센터(The Center on Budget and Policy Priorities): 워싱턴에 있는 선도적인 정책조직이다. 이 조직은 사회복지경영자 등이 미국 연방 및 주 차원에서 공공부문 예산 현안을 이해하는 것을 지원하기 위한 연구 보고서와 기타 도구들을 발표한다. http://cbpp.org

비영리 재무 기금(Nonprofit Finance Fund): 비영리부문에 초점을 둔 금융자문 기업이다. 미국 비영리부문의 재무적 건전성 현황에 관한 조사 결과(http://nonprofitfinancefund.org /state-of-the-sector-surveys)를 매년 발행한다. www.nonprofitfinancefund.org

비영리단체를 위한 재무관리 자원(Financial Management Resources for Nonprofits): 전미비영리협의회(National Council of Nonprofits, www.councilofnonprofits.org)는 비영리 재무관리 방법, 팁에 관한 광범위한 목록과 예산 수립, 재정정책, 현금 흐름 현안 및 내부 관리 행위 등과 관련된 풍부한 기사들을 웹사이트에 올린다. www.councilofnonprofits.org/resources/

financial-management

초보자를 위한 재무제표 안내서(Beginner's Guide to Financial Statements): 미국 증권거래위원회(U.S. Securities and Exchange Commission)가 무료로 발행하는 것으로서, 재무제표(재무상태표, 손익계산서 등) 읽는 방법에 관한 기본 정보가 제공된다. 이것은 영리기업의 재무제표를 이해하기 위한 것이지만, 사용된 재무 용어를 배우면 비영리 또는 공공부문 재무와 회계 개념을 이해하는 데 도움이 될 수 있다. www.sec.gov/investor/pubs/begfinstmtguide.htm

비영리 재무관리 자원(Resources for Nonprofit Financial Management): 월러스재단(Wallace Foundation)의 웹사이트에는 기사, 템플릿, 예시된 재무정책과 재무제표 등 무료 자원들이 있다. 이 웹사이트의 목적은 비영리조직이 재무적 건전성을 유지할 수 있도록 도움을 주는 데 있다. www.wallacefoundation.org/knowledge-center/Rources-for-Financial- Management/Pages/default.aspx

제3장

인재관리

휴먼 서비스 조직의 전반적인 인재기반은 직원뿐만 아니라 자원봉사자, 학생 인턴, 이사, 전략 파트너와 조직의 미션을 수행하는 데 도움을 주는 사람이라면(때로는 클라이언트까지 포함하여) 누구나 다 포함된다. 여기서 인재(talent)라는 용어는 조직의 인적자원, 즉 조직을 위해 일하는 사람이라고 언급하는 것이 더 명확한 표현이기 때문에 진보적으로 관리 · 운영되는 영리기업에서 활용된다. 또한 인재라는 표현은 종업원들에게도 보다 멋있게 들린다. 즉, 종업원은 조직에서 이용되는 인적자원임과 동시에 조직에 가치 있는 무엇, 즉 그들의 재능을 발휘할 수 있다는 의미도 인재라는 용어에 포함되어 있기 때문이다. 사실 휴먼 서비스 조직이 제공하는 서비스 유형에 따라 클라이언트도 조직의 인재로 볼 수 있다. 이러한 예로는 조직에서 중점적으로 추진하고자 하는 내용을 전파하는 사람으로 서비스 수혜자를 활용하는 사회복지 지원조직을 들 수 있다. 따라서 인재라는 용어는 휴먼 서비스 조직의 인적자원을 묘사하는 데 광의적인 표현이기는 하지만 적절한 표현이라고 할 수 있다.

사회복지의 모든 측면이 그렇듯이 사회복지경영자가 업무를 하면서 고려해야 하는 우선순위가 있다. 즉, 어떤 프로그램이나 조직에서도 인재관리를 우선적으로 고려해야 하는 것은 적절하지만 최우선은 아니다. 일부 사회복지사에게는 놀랍게 들릴지 모르지만, 제2장에서 살펴본 것처럼 최우선적으로 고려되어야 하는 것은 재무관리이다. 재무관리 다음으로 이 장에서 다루는 인재관리, 즉 종업원, 이사, 자원봉사자, 네트워크 등의 관리를 고려해야 한다.

이러한 방식으로 우선순위를 부여하는 이유는 어떤 프로그램이나 조직의 인적 측면을 효과적으로 관리하기 위해서는 적절한 재무관리와 예산 편성이 수반되어야 하고, 비용이 수반되지 않는 인재관리는 있을 수 없기 때문이다.

예를 들면, 조직 직원의 관리가 최우선적으로 이루어져야 한다고 하거나, 클라이언트 관리가 최우선이라고 주장할 수도 있다. 이러한 방식으로 우선순위를 정하는 것에 원칙적으로는 동의하지만, 휴먼 서비스 부문에서 제일 먼저 직원들을 챙기고 클라이언트에게 양질의 서비스를 제공할 빈틈없는 재무기획을 먼저 행하는 것이 일반적이다. 이러한 방식으로 우선순위를 부여함으로써 사회복지경영자는 직원들에게 더 많은 자원과 복지후생을 제공할 수 있다.

이 장에서는 사회복지경영자가 재무관리와 인재관리의 균형을 맞추기 위해 고려해야 할 사항을 단순한 실례를 통해 설명할 것이다. 서비스 산업으로서 사회복지에 대한 논의도 이러한 실례를 기초로 이루어질 것이다. 그리고 계속해서 모든 방향의 인재관리 전략, 즉 하부 관리(managing downward), 상부 관리(managing upward), 주변 관리(managing sideways) 전략을 설명할 것이다. 여기에는 비영리 휴먼 서비스 조직 이사회의 효과적인 경영과 발전을 위해 이러한 일부 전략을 구사하고 있는 사회복지경영자의 인터뷰가 포함되어 있다.

1. 실천 사례: 재무관리와 인재관리의 균형

비영리 휴먼 서비스 조직에서도 매년 반복되는 건강보험증권 갱신기간(health insurance policy renewal season)이 도래하면 여러 가지 염려할 사항이 등장한다. 매년 건강보험 회사의 직원이 다음 해 건강보험 갱신과 관련된 서류를 들고 찾아온다. 건강보험 회사 직원의 방문이 가능한 한 늦춰졌으면 하지만 결정의 날은 오기 마련이다. 보험회사 직원의 방문을 기다리면서 마음속에서는 다음과 같은 질문이 계속해서 떠오를 것이다. 종업원에 대한 사용자 부담이 또 인상될 것인가? 포괄적으로 가입하면 할인이 될까? 종업원 보험료 중 몇 퍼센트나 회사에서 부담해야 할까? 종업원의 배우자나 부양자는 어느 정도 부담해야 할까?

보험회사 직원이 제시하는 내용은 과거와 매우 유사할 것이다. 즉, 종업원의 의료급여는 동일하거나 줄어들었는데도 비용은 증가한다는 것이다. 사실, 필자가 이곳에서 비영리 휴먼 서비스 조직의 지도자로 일하는 동안 종업원들의 건강보험료는 연평균 20%씩 인상되었다. 어떤 보험회사에서는 전년도에 비하여 30% 정도 인상된 보험료를 제시한 반면, 보험회사가 제공하는 급여는 전년도에 비하여 줄어들게 설계되어 있는 것이 보통이었다. 따라서 필자는 통상 보험료 증가분 중 일부는 조직이 부담하게 하고 일부는 종업원에 전가하기 위해 종업원 부담 보험료를 높이는 방식을 선택해야 했다.

건강보험료는 조직이 종업원을 위한 단체 건강보험을 제공하기 위해 지불해야 하는 것이다. 건강보험 제공은 조직에서 총보수에 포함되는 구성요소 중의 하나이다. 조직은 종업원 보험급여를 어떻게 처리할 것인지에 대한 선택권이 있다. 즉, 조직이 보험료 비용을 전부 부담하거나(솔직히, 필자가 소속된 조직 또는 다른 조직에서도 실행 가능성이 없음), 종업원이 보험료를 일정 비율로 부담하는 방법이 있다. 필자는 보험료 증가분을 더 높은 기여율의 형태로 종업원들에게 전가해 온 것은 확실하다. 그러나 종업원들 중 다수가 급여를 많이 받지 못하고 있었고, 일부 종업원의 경우 보험 적용 대상이 아닌 향정신성 의약품 투약과 정신과 치료를 위해 높은 비용을 직접 부담하는 경우도 있었다. 이러한 경우 종업원들에게 보험료 증가분을 높은 기여율의 형태로 전가하는 것이 과연 적절한 방법이었을까?

조직의 재무자원과 인적자원 수요가 균형을 이루도록 하려는 시도에서, 필자는 재무담당 직원과 함께 건강보험료 인상분을 흡수하기 위해 조직 전체의 예산을 분석하여 불요불급한 경비를 제거함으로써 종업원에게 보험료 증가분을 전가하지 않았다. 휴먼 서비스 조직에서 비용을 감축하고 비용의 우선순위를 정하는 것은 쉬운 일이 아니지만, 조직의 인재(여기서는 종업원)에게 가능한 한 좋은 대우를 제공하기 위해서는 필요하다. 제7장에서는 건강보험 주제를 보다 폭넓은 정책적 관점에서 더 다루고, 건강보험 문제가 오늘날 휴먼 서비스 조직을 경영하는 데 계속적으로 겪고 있는 어려운 점이라는 것을 설명할 것이다. 현재의 핵심 포인트는 기관의 인재(귀중한 직원, 이사, 자원봉사자 등)가 사회복지 서비스의 효과적인 전달에 필수적이라는 것이다. 간단히 말해, 인재를 가능한 한 최고로 대우하지 않는다면, 즉 신중한 재무관리, 재무관리와 인재관리의 균형 있는 고려가 이루어지지 않는다면, 결국에는 서비스 전달에 어려움을 겪을 것이다. 본질적으로는 종업원에게 조직의 건강보험료 증가분을 전가하면, 종업원의 불만, 사기 저하, 이직 등을 유발하고, 이는 조직에서 제공하는 서비스에 부정적인 영향을 미칠 것이다.

2. 서비스 사업으로서의 사회복지

모든 경제부문에는 두 가지 주요 사업, 즉 제품을 판매하는 사업과 서비스를 판매하는 사업이 존재한다. 일부 업체는 자신들이 파는 제품과 서비스를 생산하지만 모든 업체가 그렇게 하지는 않는다. 대부분의 사회복지 조직은 사회복지 분야에서 통상 클라이언트 또는 소비자라고 부르는 고객들에게 다양한 사회 서비스를 생산하고 판매하는 일을 한다.

서비스 사업은 제품 판매사업과 비교하여 두 가지 측면에서 독특한 면이 있다. 첫째, 서비스 소비자와 공급자 간 관계, 또는 클라이언트와 사회복지사 간 관계의 성질이 사회 서비스의 성공에 필수적이다. 둘째, 소비자의 피드백이 의사결정에 활용되는 방식이 아주 중요하다. 많은 사회복지 프로그램에서 클라이언트의 피드백은 서비스 전달 메커니즘에 통합되어 있다. 본질적으로 모든 조직의 노력이 궁극적으로 소비자의 욕구(needs)[1]를 만족시키는 데 주안점을 둔다는 점에서 효과적인 서비스 사업이란 보통 고객 지향 또는 고객 지향적 사고방식을 갖고 있다(Andreasen & Kotler, 2003). 사회복지 조직에서 일차적인 고객은 대부분 그 조직의 클라이언트, 즉 조직에 의해서 제공되는 휴먼 서비스 수혜자들이다. 따라서 사회복지는 서비스 사업의 아주 좋은 예이고, 이러한 사고방식은 사회복지사와 사회복지경영자가 행하는 모든 것에 스며들어야 한다.

1) 서비스 고객과 제공자의 관계

제품 판매사업과는 달리 서비스 사업의 첫 번째 고유한 특성은 고객과 서비스 공급자의 관계에 대한 성격이 서비스 전달에 아주 중요하다는 것이다. 우선, 거의 모든 서비스는 사람이 전달하고 소비자의 서비스 경험은 그 서비스를 제공하는 사람과의 상호작용에 달려 있다. 이러한 관계는 제품 판매사업에서 일어나는 것과는 다르다. 일반적으로 회사에서 제품을 판매할 경우 제품을 판매하는 기관(예: 슈퍼마켓)과 최종 고객이 관계가 없는 것은 아

1) 역자 주: 한국의 경우 경제학에서는 want를 욕구(慾求)로 번역하여 사용하고 있고, need는 통상적으로 필요(必要)나 요구(要求)로 번역하여 사용한다. 반면, 사회복지학 교과서들에서는 need를 욕구로 번역하여 사용하고, want는 결핍으로 번역하여 사용하는 경우가 일반적이다. 그러나 한국어의 사전적 의미로 볼 때는 want가 욕구(慾求)나 욕망(慾望)으로 번역되고, need는 필요(必要)나 요구(要求)로 번역되는 것이 적절하다. 따라서 욕구는 want와 같이 개인적 충족을 강조하며, 욕구의 해결방안은 개인의 능력에 달려 있다. 욕구의 해결정도는 개인의 효용(utility), 즉 주관적 만족도(subjective satisfaction)에 의해서 측정된다. 그러나 필요는 need와 같이 객관적, 규범적 기준(objective, normative standard)이 적용되며, 해결방안은 사회적 해결능력에 달려 있고, 이 능력은 사회적 프로그램이나 정책을 통해서 발휘된다. 필요의 해결정도는 전문가나 전문직(사회복지전문가, 경영전문가, 의료인, 법률가 등)의 객관적 판단에 의해 측정되는 개념이다. 그러나 이미 우리 사회복지학계에서는 need가 욕구로 번역되어 사용된 지 오래되었고, 욕구가 need를 대표하는 보편화된 사회복지용어로 사용되고 있다. 이러한 맥락에서 본 서에서도 need를 욕구로 번역하여 사용한다는 점을 유념하길 바란다.

니다. 많은 제품 소매업자도 고유한 방식으로 고객과 관계를 맺으려고 노력한다. 자동차 산업과 같은 일부 산업에서 영업사원은 미래의 예상 고객 또는 한 번 거래를 맺었던 기존 고객과의 관계를 유지하려고 많은 노력을 한다. 그러나 이러한 관계의 많은 부분은 피상적일 뿐이다. 여러분이 특정 영업사원과의 관계 때문에 마지막으로 제품을 구입했던 적이 있는가? 제품을 구입하게 하는 것은 제품의 특성(예: 가격) 때문이다.

반대로 사회복지는 본질적으로 서비스 사업이다. 사회복지 조직에서는 고객(클라이언트)을 포괄적으로 이해할 수 있는 직원을 필요로 한다. 따라서 직원에게는 자신의 일을 하는 데 필요한 도구와 자원을 보장해 주어야 한다. 이러한 이유로 나야르(Nayar, 2010)는 서비스 관련 조직은 인재에 대해서 세심한 주의를 기울여야 하고, 단지 고객에게 초점을 맞추기(전통적인 고객 우선주의 정신)보다 종업원을 우선하는 정신을 가져야 한다고 주장했다.

은행원, 부동산 중개업자, 식품업자, 교사 등은 모두 사람들에게 서비스를 제공한다. 마찬가지로 사회복지사도 대중에게 서비스를 제공한다. 사회복지 서비스의 질은 궁극적으로 고객이나 클라이언트를 이해하고, 고객과의 긍정적 관계를 형성하기 위한 사회복지사의 역량에 달려 있다. 앞에서 설명하였듯이 자동차 구입과는 달리 사회복지 서비스를 이용하는 클라이언트는 사실상 사회복지사와 긍정적인 관계가 형성된 기반 위에서 특정 프로그램에 참여하거나 지속적인 참여 여부를 선택한다. 중요한 것은 사회복지 프로그램을 이용하는 클라이언트들은 직원과의 부정적인 관계가 있으면 프로그램 참여를 쉽게 그만둘 가능성이 있다. 따라서 사회복지경영자는 직원과 클라이언트 간의 관계를 면밀하게 모니터하여야 한다.

휴먼 서비스 프로그램(조직)의 사회복지사나 여타 직원은 조직의 지도자들로부터 품위 있는 대우를 받고 필요한 직업훈련과 능력 개발을 받을 수 있을 때 자신들이 행하는 핵심 대상자들인 클라이언트들과 기꺼이 그리고 더 열정적으로 의미 있는 관계를 형성할 수 있다. 간단히 말해, 사람들은 일반적으로 자신이 대우받는 만큼 다른 사람을 대하게 된다. 사회복지경영자가 직원들을 존중하고 품위 있게 대우하면, 직원들도 클라이언트들을 대할 때 이와 같이 대우하게 된다는 것이다.

또한 제품과 달리 서비스는 대부분 무형이다. 예를 들어, 우리는 스마트폰처럼 손에 상담 세션을 소유할 수 없고, 스마트폰과 같은 놀라운 특성을 보유할 수도 없다. 이로 인하여 고객과 서비스 공급자 간의 관계가 사회복지에서 훨씬 더 중요하게 되는 것이며, 이것이 서비스 전달과정에서 유일하게 확인 가능한 부분이다. 고객이 서비스를 쉽게 볼 수 없다면, 공급자가 서비스의 진가를 효과적으로 전달할 수 있어야 한다. 사회복지 조직의 리더십은 조직 내 다양한 프로그램을 효과적으로 전달하고 설명함으로써 이러한 행동의 모형을 만들 수 있다. 사회복지사는 보통 서비스가 어떻게 구조화되어 있고 프로그램이 왜 존재하는지 잘 모른다. 그러므로 사회복지경영자는 직원들이 계속해서 훈련을 받고 자기계발을 하고 명확하게 의사소통을 할 수 있게 함으로써 클라이언트와의 관계를 잘 유지하도록 도와줄 수 있다.

2) 고객의 피드백을 통한 의사결정

제품 판매사업과 달리 서비스 사업의 두 번째 독특한 측면은 고객 피드백이 서비스 전달 형태를 결정하는 데 계속해서 활용되는 방식에 있다. 처음에는 고객의 서비스에 대한 반응, 특히 사회복지 서비스에 대한 반응을 판단하는 것이 어려운 경우가 많다. 예를 들어, 애플사가 신규 아이폰을 시장에 출시할 때는 특정 기간 길거리에서 출시된 아이폰 사용자를 관찰하거나 신규 아이폰 판매량을 단순히 추적함으로써 이 제품의 인기를 판단할 수 있다. 그러나 새로운 주택지원 서비스가 이전에 노숙자 클라이언트에게 인기가 있었는지 어떻게 알 수 있을까? 이와 같은 사회복지 서비스에 대해서는 즉각적인 피드백 메커니즘이 명확하지 않는 경우가 많다.

그럼에도 불구하고 사회복지경영자는 클라이언트에게 전달되고 있는 서비스에 관하여 아주 단순한 일상적인 질문을 하거나 이들 서비스 향상을 위한 제안이 있는지를 확인함으로써 휴먼 서비스의 인기나 수요를 판단할 수 있다. 사회복지경영자가 사용할 수 있는 평가기법으로는 클라이언트 만족도에 관한 설문조사, 제안상자, 클라이언트 포커스 집단 조사(FGI) 등과 같은 다양한 방법이 있다. 중요한 것은 어떤 방법을 활용해야 하는가가 아닌, 사회복지 프로그램이 장래의 서비스 제공 정보를 알리기 위해 클라이언트로부터의 피드백을 통합하기 위해 어떤 일을 하느냐에 달려 있다. 흔히 사회복지 프로그램은 서비스 사업이 성공하기 위해 꼭 필요한 클라이언트로부터의 피드백을 수집하고 분석하는 데 충분한 노력을 기울이지 않는 경향이 있다.

더욱이 휴먼 서비스 조직의 사회복지사들은 그들의 서비스 전달이 효과적이지 않고 사람들에게 별 영향을 미치지 못한다고 생각한다. 따라서 그 일을 할 동기가 떨어질 수 있다. 이것이 소비자로부터의 피드백을 활용하는 것이 서비스 사업에 아주 중요한 또 하나의 이유이다. 그러한 정보가 없다면, 더 큰 만족도를 제공하기 위하여 서비스가 어떻게 향상되어야 하는지 또는 서비스 전달자들이 그들의 행위가 어떤 차이를 만드는지를 이해할 수 있는 방법이 전혀 없다.

3. 하부 관리

이 장의 서두에서 언급하였듯이 많은 영리부문 회사들은 종업원을 인재로 언급하기를 좋아한다. 이는 회사의 제품을 만들거나 서비스를 수행하는 사람들에 내재하는 긍정적 가치가 있다는 것을 의미한다(Conaty & Charan, 2010). 그러나 휴먼 서비스 영역에서는 통상적으로 직원이나 종업원을 인재로 언급하지는 않는다. 휴먼 서비스 영역에서의 인재관리는 흔히 인적자원관리나 인사관리라고 한다. 인재관리 활동은 흔히 직무명세서 작성, 구인광고, 면접, 채용, 직원훈련, 해고 등을 어떻게 할 것인가에 초점이 맞추어져 있으며, 휴먼 서비스 영역에서 빈번하게 인재관리로 통용되는 일상적인 업무가 있다. 이러한 모든 업무가 사회복지경영자와 학생들에게 필요하고 또 그들이 배워야 하는 것이지만, 이미 휴먼 서비스 조직을 위해 일하고 있는 사람들의 재능을 키워 주고 그들이 새로운 직무를 맡게 되었을 때 필요한 재능을 개발하는 데는 힘을 기울이지 않는다. 필자는 업무 처리에 초점을 두는 것보다 인재에 초점을 두는 것이 휴먼 서비스 조직에게 혜택이 될 것이라 생각한다. 다음 절에서는 휴먼 서비스 조직에서 나타나는 몇 가지 인재관리 방식에 대해 살펴본다.

1) 인재 공급 루트 개발

인재관리의 가장 중요한 그리고 가장 달성하기 어려운 일 중의 하나는 조직에서 필요한 자리를 채울 역량 있는 인재의 공급 루트나 공급량을 충분히 확보하는 것이다. 그러나 오늘날 휴먼 서비스 산업에서 인재 공급 루트나 인재를 충분히 확보하는 것은 쉽지 않다. 지난 10년 동안에 휴먼 서비스 조직의 모든 부문이 성장하면서 동시에 관리자 은퇴 붐으로 초래된 지도자와 기타 핵심적 인재에 대한 수요 증가를 충족시켜 줄 수 있을 것인지에 대한 우려가 계속되어 왔다(Solomon & Sandahl, 2007; Tierney, 2006; Bell, Moyers, & Wolfred, 2006; Forbes Funds, 2004). 동시에 경기 후퇴 후 비영리조직 내 일자리가 대체로 많이 증가했다는 사실에서 알 수 있듯이 휴먼 서비스 부문이 반

등하고 있다(Frazier, 2011). 통상 업무를 시작한 후 해당 프로그램이나 조직의 직무에 필요한 인재를 구하려고 해도 구하기가 쉽지 않다. 기존 서비스를 계속 제공하거나 신규 서비스를 시작하기 위해 재빨리 움직일 수 있기 위해서는 이들 직무에 적임인 인재 공급 루트를 마련하는 것이 좋다.

그러면 인재 공급 루트를 개발하기 위해 무엇을 할 수 있을까? 비교적 단순한 한 가지 방식은 프로그램이나 조직 내에 사회복지 인턴십이 가능하도록 해 놓고, 지역 전문대학이나 4년제 대학의 사회복지학과와 협력체를 구성하여 조직에 현장 실습생을 보내도록 하는 것이다. 사회복지학과 학부나 대학원을 마치게 되면 실습생은 프로그램이나 조직에 가져올 가치를 매우 잘 이해하게 될 것이다. 사회복지기관은 사회복지 실습생들이 실습기간에 현장실습 교육을 받고 학점을 받을 수 있게 할 뿐만 아니라 현장실습 기간에 실습생들에게 프로그램이나 조직에 필요한 직업 훈련을 시키고 그들이 조직 문화에 성공적으로 적응할 수 있도록 정성을 기울인다. 이런 방식으로 사회복지기관은 프로그램이나 조직의 인재 공급 루트를 개발한다. 현장실습을 마치면, 이들은 기관의 프로그램이나 조직에서 필요로 하는 훌륭한 인재로 성장할 것이다. 여러분은 인턴십 프로그램을 제공하는 기관에서 사회복지 인턴으로 이미 근무하고 있기 때문에, 만약 여러분이 이 책을 읽고 있다면, 확실히 이것이 아주 좋은 제안이라고 생각할 것이다. 그렇지만 이 인턴십 프로그램이 인재 공급 루트로 간주될 것인지, 아니면 단순히 기관에서 업무 진행상 필요한 수단으로 간주될 것인지에 관하여 생각해 볼 필요가 있다. 필자의 생각엔 후자가 휴먼 서비스 조직에서 흔한 사례이다. 즉, 일반적으로는 조직의 실무에 투입할 수 있는 인재를 양성하는 경로로서 사회복지 실습생 수련을 생각하지 않는다. 이것은 엄밀히 수많은 MBA 수련과정과는 다른 방식이다. MBA 과정의 졸업생들은 일반적으로 이전에 인턴으로 근무했던 회사에 직장을 잡는다. 사회복지 분야에서도 이와 동일한 모형을 따를 수 있다고 본다.

사회복지 프로그램이나 조직의 인재 공급 루트는 지역사회와의 지속적인 관계를 유지함으로써 개발될 수 있다. 단순히 봉사 모임이나 프로그램 관련 행사에 참여하는 것을 말하는 것이 아니다. 이러한 일들이 필수적 활동이고 인재 공급 루트를 형성하는 데 도움이 될 경우, 사회복지 프로그램이나 조직을 위해 정말로 필요한 것은 친숙하지 않은 지역사회의 곳곳까지 활동 범위를 넓히는 것이다. 예를 들어, 도시에서 사회복지 프로그램이나 조직을 운영한다면 거리에서나 시장에서도 간단한 부스를 설치하여 프로그램이나 조직을 위한 홍보를 할 수도 있다. 여러분이 하는 일과 관련하여 사람들과 대화의 시간을 가져 보라. 특정한 목적 또는 제공 가능한 직무에 관한 대화만 하는 것이 아니라 잠재적으로 직원이 될 수도 있는 사람들을 만나라는 것이다. 이들은 해당 기관의 업무와 관련된 것을 주위 사람들에게 널리 알릴 것이고, 그럼으로써 더 넓은 지역사회에 여러분의 프로그램이나 조직에서 하는 일이 전파될 것이다.

2) 최적의 고용 의사결정

인재 공급 루트 개발 관련 현안과 조직에서 운영되는 일자리들을 다룬 다음에 필요한 것은 최적의 고용 의사결정 모형을 설정하는 것이다. 직원을 채용하고 나서 그 직원을 해고하는 것은 비영리조직에서 상당히 어려운 문제이다. 공공부문에서는 더욱 그러하다. 그러므로 채용된 직원으로 인해 장래에 발생할 수 있는 문제를 피하기 위해서는 고용 의사결정을 가능한 한 최적으로 해야 한다.

채용 절차가 너무 복잡하여 채용 의사결정 과정을 어렵게 만들지만 않는다면 가능한 한 많은 사람이 채용 과정에 관여토록 하는 것이 바람직하다. 필자가 근무하는 대학에서는 관례상 거의 모든 신규 채용을 위해 채용위원회를 구성하여 업무를 처리한다. 필자는 여러 가지 이유로 위원회를 활용하는 것에 찬사를 보낸다. 아마도 가장 중요한 것은, 위원회는 한 명 이상이 구직 후보들에 관한 면접, 평가, 피드백 등을 공유할 수 있게 해 준다는 것이다. 그러나 채용위원회를 구성하여 채용 절차를 진행하려면 위원들의 상황을 파악하여 채용 일정을 잡아야 하기 때문에 채용 과정을 신속하게 진행하기 어렵다는 단점이 있다. 따라서 채용 의사결정 과정에 가능한 한 많은 사람이 참여할 수 있도록 하는 것과 효율적인 채용 의사결정 사이의 균형을 유지할 필요가 있을 것이다.

3) 인력 구조화

표준적인 조직구조를 갖추지 않는 매우 진보적 문화를 가진 조직(예: 페이스북과 같은 소셜 미디어 기업)이 있다는 사실에도 불구하고, 휴먼 서비스 조직에서는 제공되는 서비스 유형과 조직의 범위를 바탕으로 인력을 적절하게 구성하는 것은 중요한 일이다. 사실 소속 산업에 관계없이 대부분의 기업은 기

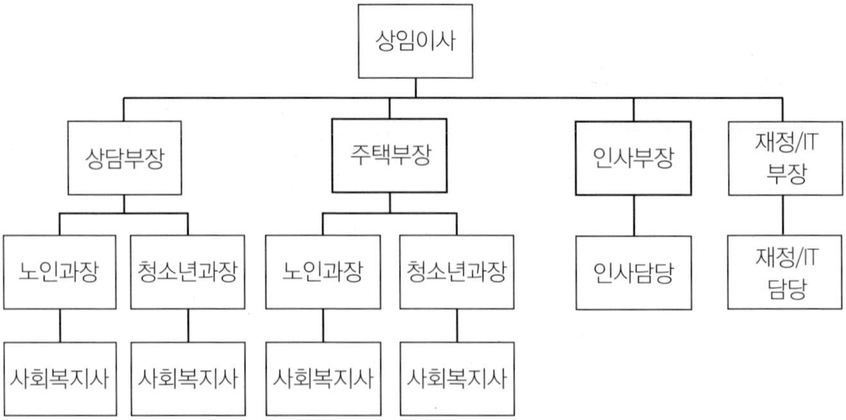

[그림 3-1] 조직도-기능별 조직구조

업 규모에 따라 다른 조직구조를 가지고 있다. 어떤 조직 또는 프로그램의 구조는 통상 조직도로 설명된다. 조직도는 마이크로소프트 파워포인트를 활용하여 아주 용이하게 만들 수 있는데, 조직도의 예는 [그림 3-1]과 [그림 3-2]에 제시되어 있다.

[그림 3-1]은 기능별 구조를 가진 조직의 예이다. 이러한 조직 유형에선 인적자원, 정보기술, 다양한 프로그램 같은 각 기능이 조직도에서 상부에 표시된다. 조직도의 상부에 표시된 각 부서는 특수한 기능을 수행한다. 예를 들어, 인사관리 부서는 조직도상 어디에 소속되어 있는지를 가리지 않고 조직의 여타 부문을 모두 지원한다. 기능별 조직은 아마도 휴먼 서비스 산업, 특히 비영리부문에서 가장 일반적인 형태의 조직구조일 것이다.

반대로 사업부 구조를 갖춘 조직은 기능별 구조를 가진 조직과 다르다. 사업부 조직에서는 조직도상 각 사업부 혹은 부서가 내부의 모든 기능적 과정에 대하여 책임을 진다. 사업부 조직은 전체 조직 내 군소 조직들의 집합체로 생각하면 이해하기 쉽다. 즉, 각 군소 조직은 대부분 독립적이고 해당 사업부 내에서 고유 기능을 수행한다. [그림 3-2]의 조직도는 사업부 조직을 나타내고 있다. 조직도에서 노인 사업부에는 인적자원, 재무, 정보기술, 다양한 프로그램 등 그 사업부를 운영하는 데 필요한 기능들이 모두 들어가 있다. 이러한 유형의 조직구조는 일반적으로 사업부 간 교류가 거의 없는 구조로서, 지리적으로 분리된 매우 큰 조직에 적합한 조직구조이다. 예컨대, 어떤 전국적인 휴먼 서비스 비영리조직은 동해안 사업부(East Coast), 중서부 사업부(Midwest), 서해안 사업부(West Coast) 등으로 구분되어 있을 수 있다. 보통 정부 부처들은 규모가 아주 크고 다양한 부서로 기능을 나눌 필요가 있기 때문에, 많은 정부 부처의 조직구조 또한 사업부 구조를 따른다.

휴먼 서비스 조직이 취할 수 있는 조직구조 형태로는 매트릭스형 또는 상향식 조직구조를 포함하여 기타 다른 유형의 조직구조들이 있다. 매트릭스

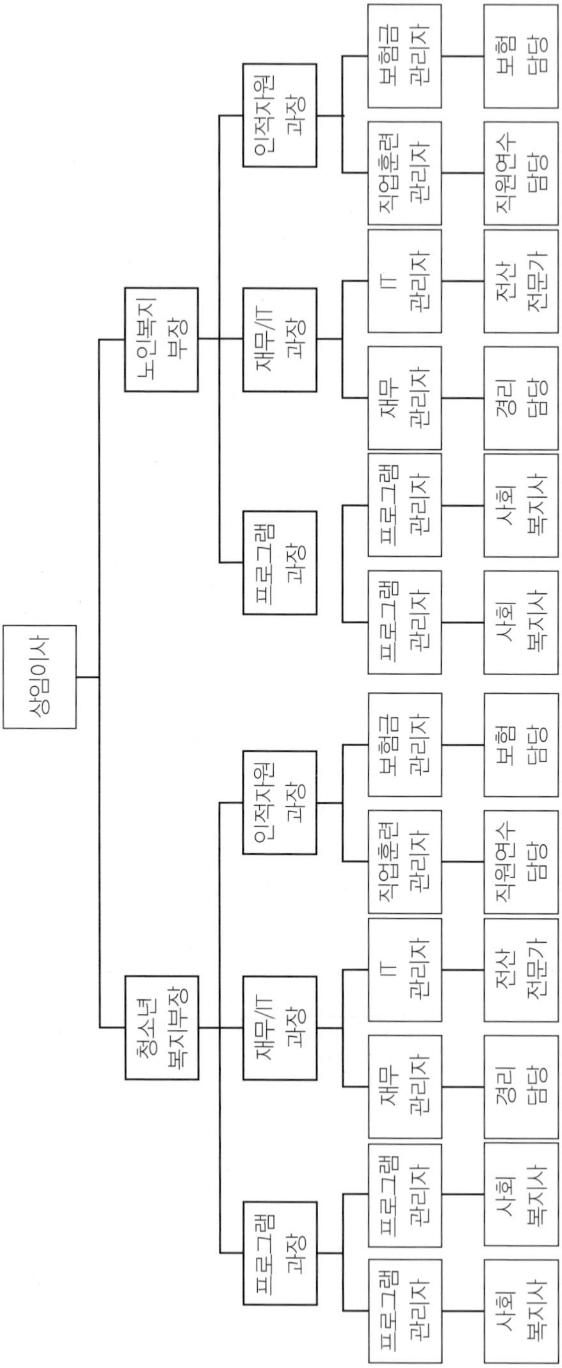

[그림 3-2] 조직도-사업부 조직구조

구조에서는 다중적인 보고관계가 존재할 수도 있고, 종업원들은 자신이 수행하는 특별 프로젝트에 따라 상사가 한 명 이상인 경우도 많다. 매트릭스 구조는 묘사하기 어렵고 이행하기는 더 어렵지만 중요한 것은 사업부 구조나 기능별 구조처럼 엄격히 계층적 행태를 취하지는 않는다는 것이다. 게다가 일부 사회복지 조직은 조직도를 뒤집어서 클라이언트를 계층의 제일 꼭대기에 올려놓기도 하는데, 그렇게 함으로써 이론적으로는 클라이언트가 조직 내에서 최고 지위를 가지고 나머지 모든 기능은 그것을 뒤따르는 것으로 표현하기도 한다. 이러한 조직구조가 휴먼 서비스 영역에서 통상적인 것은 아니지만 그것이 실제로 존재하고 있고 또 필요할 수도 있다는 것을 알고 있어야 한다.

4) 성과관리와 인재 개발

휴먼 서비스 사업에 종사하는 사람들은 흔히 고객들로부터 자신들의 업무에 관한 피드백을 거의 받지 못한다. 따라서 휴먼 서비스 사업 종사자들은 자신의 직무 성과가 어느 정도 되는지 모르는 경우가 많다. 사회복지경영자는 성과관리 제도를 개발하고 유지함으로써 이러한 정보 격차를 완화시킬 수 있는데, 이를 위해서는 반드시 직무 성과에 관하여 직원들과 정기적인 의사소통을 하는 것이 필요하다.

매티스와 잭슨(Mathis & Jackson, 2011)에 따르면 효과적인 성과 측정이 되려면 성과 표준이 직원의 직무명세서와 결부되어야 한다. 종종 성과는 성과평가 도구를 사용하여 측정하는데, 성과평가 도구는 어떤 직원이 맡고 있는 다양한 업무를 항목별로 열거하고 있고, 각 항목과 관계된 서면평가를 기술하는 것으로 되어 있다. 성과평가 도구는 사회복지경영자가 각각의 성과 범주에 대해 직원들을 평가할 수 있고, 서로 다른 업무를 맡고 있는 직원들에 대해서도 각 직무와 관련된 평가 점수 및 총점을 비교할 수 있도록 정량적 점수체계를 갖추고 있는 것이 이상적이다.

성과평가 과정이 간단해 보이지만, 와인바크와 테일러(Weinbach & Taylor, 2011)는 사회복지 조직 안에서 사회복지경영자나 부하직원인 사회복지사 모두 성과평가와 경영과정에 대하여 편치 않다는 점은 공통적이라고 기술한 바 있다. 사회복지경영자는 이러한 불편 상황을 완화하려면 직무 성과를 논의하기 위하여 부하직원과 정기적인 만남을 가져야 한다. 이상적으로는 이러한 미팅이 최소 3개월마다 있어야 한다. 여건이 된다면 더 자주, 매주 미팅을 할 수 있으면 좋다.

또한 성과관리와 인재관리 그리고 관리감독의 여타 경영관리적 측면에 덧붙여, 카두신과 하크니스(Kadushin & Harkness, 2002)는 사회복지 환경에서 교육적이고 지원적인 관리감독의 중요성을 강조하였다. 인재관리의 교육적 구성요소는 종업원이 자신의 직무를 더 잘할 수 있도록 학습하는 것을 도와주는 것을 포함한다. 직업훈련과 전문성 개발은 이를 위해 자주 쓰이는 방법이며, 직원들의 전반적인 생산성을 향상시키고 유지하는 데에도 중요하다. 브로디(Brody, 2005)가 주장하였듯이, 가장 훌륭한 직업훈련은 업무 수행 중에 진행되는 것이다. 따라서 사회복지경영자는 제한된 예산에서 많은 금액을 지출하지 않고도 현장직무 교육(on-the-job training)을 뒷받침할 수 있는 여러 가지 방법을 강구할 수 있다. 마지막으로 지원적 관리감독은 사회복지사가 직무 스트레스에 대처하는 데도 도움을 준다. 불행히도, 직무 스트레스는 휴먼 서비스 산업에서 일을 할 경우에도 피하기 어렵다. 사회복지경영자는 종업원들의 의견을 듣고 지원하기 위해 정기적으로 그들을 만날 수 있다. 뿐만 아니라 지원 프로그램이 필요하다면 집중적인 지원 서비스를 받을 수 있도록 종업원과 협력하여야 한다.

조직이 채택하는 종업원 지원 프로그램은 놀라울 정도로 아주 경제적이다.

보통은 종업원에 대한 건강 및 생명보험 지원 방식으로 종업원에게 복지후생을 제공한다. 보험대리인은 여러분에게 조직의 인재에 대한 매우 가치 있는 투자인 종업원 지원 프로그램 제공을 위한 선택사항에 대하여 알려 줄 것이다.

5) 직원에 대한 대우: 총보수 관점

〈표 3-1〉에서 예시하듯이 총보수(total compensation)의 개념은 단순히 현금 보상뿐만 아니라 종업원의 보수 패키지에 포함된 다양한 요소를 포괄하는 보상 개념이다. 메스머와 보가더스(Messmer & Bogardus, 2008)는 이러한 관점을 직간접적 보상을 아우르는 것으로서, 인재를 끌어와서 보유하는 데 사용될 수 있다고 했다. 예를 들어 〈표 3-1〉에서 금전 보상은 직접적 보상요소로서 종업원에게 제공하는 다양한 형태의 현금 지급을 포함한다. 이 표에서 기타 보상은 총보상의 간접적 요소를 나타낸다. 예를 들어, 종업원에게 보육 서비스를 제공하는 것은 직접적으로 현금을 지급하는 것은 아니지만 많은 종업

〈표 3-1〉 총보수의 구성요소

보상 범주	보상 유형
금전	• 급여 • 현금 보너스 • 초과근무 수당 • 퇴직금
보험	• 의료보험 • 치과보험 • 생명보험 • 장애보험 • 직장책임보험 • 자동차 및 주택구입 할인

시간편익	• 휴가 • 병가 • 근무 시간 자유 선택제 • 경조휴가 • 특별한 날 휴가(예: 생일) • 보상휴가 • 자원봉사활동
전문성 개발	• 유급훈련 및 지속적인 교육 • 수업료 감면 • 학술대회 참석 및 교통비 지원 • 전문출판물 구독
기타	• 보육지원 • 기관보유 자동차 사용 • 헬스클럽 회원권 • 영화표 할인, 식당 할인 등

원에게 큰 도움이 되는 복지후생이고, 종업원에게는 총보상의 범주 안에 들어가는 가치 있고 매력적인 편익이 될 것이다.

4. 상부 관리

처음에는 이상하게 들리겠지만 성공적인 사회복지경영자라면 팀을 책임지고 프로그램이나 조직의 인재를 관리하는 것과 더불어 상사도 잘 관리하여야 한다. 이것을 상부 관리(managing upward)라고 하겠다. 그렇다. 여러분의 상사들을 잘 관리하는 것은 사회복지경영자로서 성공하는 데 도움이 될 것이다. 그러나 어떻게 이러한 일이 있을 수 있을까? 다음은 사회복지경영자가 조직 내 어느 위치에 있는가에 따라 상사를 어떻게 관리하고 어디에서 관리하는지를 보여 주는 몇 가지 예시이다.

1) 이사회 관계 및 이사회 개발

일반적으로 휴먼 서비스 조직은 건실한 조직 운영을 감독하는 데 동의하는 자원봉사자 집단, 즉 이사회의 지배를 받는다. 브라더스와 서먼(Brothers & Sherman, 2012)은 이사회의 역할을 비영리조직에 아주 중요한 것으로 기술하고 있지만, 자원봉사자로 구성된 비영리조직 이사회의 이사들은 기업 지배구조에 대한 사전 지식과 훈련을 받은 적이 없다고 할지라도 그들이 효과적으로 일을 할 것이라는 기대로 인해 이사들은 실행하기 어려운 책무를 지니게 된다. 이사회는 [그림 3-1]이나 [그림 3-2]의 조직도에는 없다는 것을 주목할 필요가 있다. 이는 거의 모든 휴먼 서비스 조직에서 이사회는 유급직원으로 구성되어 있지 않고 오히려 조직의 업무를 감시하는 자원봉사자들로 이루어져 있기 때문이다. 그렇지만 이사회는 궁극적으로 휴먼 서비스 조직에서 일어나는 모든 것에 대해 책임을 진다. 이것이 이사회 구성원들에게 많은 의무를 지우는 것으로 들릴 수 있지만 그것은 틀림없는 사실이다. 더욱이 자원봉사자인 이사회의 구성원들은 휴먼 서비스 조직에 대한 사전 지식이 없거나 경영진에게 제공되는 것과 유사한 정도의 일상적인 교육만 받았을 수도 있다. 자원해서 봉사하는 이사회 이사들의 관리는 최고경영자(CEO)의 직무이지만 동시에 최고경영자 관리는 이사회의 직무이다. 본질적으로 이것은 상부 관리체계일 뿐만 아니라 하부 관리체계이기도 하다. 이것은 비영리조직에서 나타나는 다소 독특하고 흥미로운 역학관계이다. 제5절 '현장의 관점'에는 비영리 휴먼 서비스 조직 CEO와의 인터뷰 내용이 기술되어 있다. 휴먼 서비스 조직의 최고경영자와 이사회의 관계 그리고 최고경영자가 상부 조직을 어떻게 관리할 수 있을 것인지에 대해 실마리를 찾을 수 있는 내용이다.

2) 직무승계 계획

핵심 지도자나 직원이 퇴직, 사직 또는 고용 계약이 종료되었을 경우 휴먼 서비스 조직에는 어떤 일이 일어날까? 조직의 장이 사임하거나 지역에서 이사를 하는 것과 같이 이사회의 리더십이 변화를 겪을 때 어떻게 될까? 이러한 사건이 일어날 때 주요 인사에 변화가 있었음에도 불구하고 서비스 전달을 계속할 수 있는 적절한 계획과 매끄러운 조직 리더십을 구축할 수 있을까? 이러한 행동계획은 직무승계 계획(succession planning)으로 알려져 있다. 직무승계 계획은 어떤 프로그램이나 조직에 대해서도 적절히 이루어져야 한다. 이러한 계획은 핵심 직원이 떠날 경우 무엇을 해야 하는지를 이해할 수 있도록 조직 상층부에 있는 사람들을 위해 만들어지기 때문에 상부 관리방법이다.

휴먼 서비스 조직이 개발할 수 있는 직무승계 계획은 기본적으로 두 가지 유형, 즉 평상시 승계계획(non-emergency plan)과 비상시 승계계획(emergency plan)이 있다. 평상시 승계계획은 조직의 핵심 직원, 경영자 또는 리더가 예정된 퇴사를 할 경우에 세우는 것이다. 이러한 유형의 계획에서는 떠나는 인재를 대체할 신규 인재를 모집하고 교육시키기 위한 시간이 충분히 있다. 반대로 비상시 승계계획은 팀의 핵심 멤버가 예고 없이 갑자기 떠나 버릴 때 조직에서 필요한 조치를 행하기 위한 것이다. 비상시 승계계획에는 핵심 직원이 그만둔 후 그 직원의 특정 직무를 당장 맡아야 할 사람을 위한 설명서나 점검사항 등이 포함되어 있다. 비상시 승계계획에서 강조되어야 할 것은 서비스 전달에 문제가 발생하지 않도록 사람들이 재빨리 제자리를 찾게끔 하는 것이다. 즉, 비상시 승계계획에서 신규 인재를 모집하고 개발하는 것은 두 번째로 중요한 문제이다.

3) 슈퍼바이저 관계

슈퍼바이저(supervisor)[2]가 동일 프로그램에서 여러분과 함께 일하고 있든지, 아니면 조직 내 다른 위치에서 일하고 있든지 간에 슈퍼바이저와의 관계를 잘 구축할 필요가 있다. 여러분이 일선 사회복지 관리자가 되어 고객에게 서비스를 제공하는 직접적인 책임을 맡게 되면, 조직의 최고경영진으로부터는 아주 멀어질 가능성이 높다. 그러나 여러분의 슈퍼바이저는 기관 리더들로 구성된 중요한 집단에 한발 더 가까이 있는 사람이다.

신규 사회복지 관리자 또는 현장실습에 참가한 학생으로서 여러분은 슈퍼바이저 또는 슈퍼바이저를 통한 조직의 시니어 리더들과 밀접한 관계를 맺는 것이 중요한 것 같지 않아 보일 수도 있다. 그러나 밀접한 관계를 맺어야 하는 이유는 거의 모든 조직의 정책이 휴먼 서비스 조직의 시니어 수준에서 개발된다는 점이다. 슈퍼바이저와 관계가 돈독하다면 여러분의 목소리(그리고 여러분의 클라이언트 목소리)가 더 빈번하고 효과적으로 들리게 할 수 있다. 덧붙여 고위직으로 승진할 때가 되었을 때, 지휘부에 있는 고위직과 좋은 관계를 유지하면 승진 기회를 잡는 데 도움이 될 수도 있다. 필자는 시니어 지도부와 구축한 관계를 바탕으로 필자가 일했던 기관에서 상임이사직(executive director) 면접을 본 적이 있다. 그 직책을 맡지는 못했지만, 상부 관리를 통해 필자가 그 역할 수행자의 고려 대상이 되도록 했던 경험이 있다.

4) 직무 확대를 통한 가치 제고

사회복지사와 기타 전문직은 직무명세서에 규정되어 있는 직무를 성실히

2) 역자 주: 슈퍼바이저는 일반적으로 슈퍼비전(supervision)을 제공하는 관리감독자, 일선 근로자 바로 위의 낮은 지위의 관리직을 수행하는 사람, 상사 등을 나타낸다.

수행함으로써 자신들의 임무를 쉽게 수행할 수 있지만, 자기 직무 이외의 새로운 과제를 떠맡는 사회복지사도 있다. 이러한 직무를 확장하면 조직 내에서 승진 기회가 있을 때 최고의 후보자가 될 수 있다. 더욱이 신규 과제를 맡는다는 것은 여러분이 다른 조직에서 승진 기회를 찾기 위해 준비하는 데에도 도움이 될 수 있다. 이러한 것이 현 고용주에게는 직접적으로 도움이 되지 않지만, 직무 확대를 경영 실무의 효과성을 더 높이고 장래 승진 기회에 대비한 기술 향상을 위한 한 가지 방법으로 간주하여야 한다. 비즈니스계에는 다음과 같은 속담이 있다. '지금 하고 있는 일이 아닌 원하는 일을 위해 일하라.' 이것은 매일 일상적인 일을 할 때 더 높은 수준의 직무를 수행한다는 생각으로 일하라는 의미이다. 이러한 사고방식은 여러분이 하고 있는 현재의 역할에 가치를 부여해 주고, 그럼으로써 여러분의 슈퍼바이저를 기쁘게 하고, 또한 동시에 새로운 도전 기회가 왔을 때 여러분이 그다음 단계의 최고 수준에 적절히 위치 설정을 하도록 하여 상부 관리가 이루어지도록 한다.

5. 현장의 관점: 이사회와의 협력

다음은 로스앤젤레스에 위치한 포괄적인 지역사회 행동 보건조직인 (주)프로토타입스(Prototypes, Inc, www.prototypes.org)의 회장이자 최고경영자인 카산드라 로크(Cassandra Loch, LCSW, MBA)와 인터뷰한 내용의 발췌문이다. 카산드라는 2008년부터 (주)프로토타입스의 회장과 CEO로 재직했다. 그녀는 행동 보건의료 영역의 비영리부문과 영리부문에서 폭넓은 경영경험과 리더십 경험을 쌓았다. 그녀는 사회복지학 석사(MSW)와 경영학 석사(MBA) 학위를 가졌으며, 사회복지경영 네트워크의 이사회 상임이사이다. 필자는 그녀가 직접 보고하는 이사회 이사들과의 성공적인 업무관계 형성에 관한 여러

가지 질문을 하였다. 그녀의 관점은 이 장에서 다룬 일부 주제를 강조하는 데 도움을 줄 것으로 예상된다.

통상 이사회와의 관계는 어떻습니까?

저는 모든 이사와 전반적으로 아주 긍정적인 관계를 유지하고 있습니다. 이사회는 상당히 잘 돌아가고 있고, 이사회 직접미팅을 통해 그들과의 관계는 더 가까워지게 됩니다. 분기별 이사회 회의에서 어떤 화학적인 결합이 있습니다만, 회의가 없을 때에도 이러한 관계를 유지하도록 하는 것이 제가 하는 일입니다. 회장이자 CEO로 출발한 이후 한 사람을 제외하고 모든 이사를 제가 초빙했습니다. 그 한 사람은 조직 설립 이후 제가 오기 전부터 이사회에 계속 남아 있던 사람으로서, 사실 조직 설립자들과 정서적인 유대가 깊은 사람입니다. 이것은 때로 참 다루기 어려운 상황을 초래하기도 합니다. 그러나 다른 사람들은 제가 직접 이사회에 모셨기 때문에 그러한 문제는 없습니다.

평소에는 이사회를 어떻게 대합니까?

분기별 이사회 회의에 앞서서 열심히 준비하는 편입니다. 이사회가 있기 일주일 전에 이사회에서 다룰 정보를 이사들에게 제공함으로써 그들이 준비할 수 있도록 합니다. 그렇지만 모든 이사가 이러한 정보를 미리 읽어 본다고는 생각지 않습니다. 그들 중 다수는 저와 나머지 경영진을 아주 믿고 있어서 모든 것을 구체적으로 읽어 보지는 않는다고 생각합니다. 또한 이사들과 이사회 기금모집위원회와 함께 행사계획을 세우는 데 많은 시간을 씁니다. 행사계획을 세울 때 활동 관계자들과 일주일에 여러 번 이야기를 나눕니다. 그 외에도 1년에 2~3회 감사위원회와 투자위원회를 개최합니다. 장래를 위해 새로 신설한 승계계획위원회(succession planning committee)도 있습니다. 저는 이러한 모든 위원회의 구성원이고, 위원회 일과 기타 이사회의 필요한 작업이 계속 진행될 수 있도록 합니다. 프로토타입스 파트너스(Prototypes Partners)라는 지지 집단도 있습니다. 그들은 행사를 기획하고 그에 대한 우리의 의식을 일깨웁니다. 저는 그들을 매월 또는 분기별로 만납니다.

다양한 이사회 구성원과의 관계를 어떻게 달리 다룹니까?

이 문제는 하나의 현안입니다. 그들의 다양한 성향 및 조직과 관련되어 어느 부분에 흥미를 가지는지 이해하는 것이 필요합니다. 우리는 이사회 구성원의 다양화를 위하여 젊은 세대를 참여시키고, 종국적으로는 승계할 수 있는 계획도 세우고 있습니다. 젊은 사람들이 이사회에 참여하면 완전히 새롭고 다른 원동력(dynamic)이 생깁니다. 현 이사들이 그만두거나 은퇴하면 이사회를 이어받게 될 젊은 사람들로 구성된 청년이사회를 개발하는 것에 대하여도 논의하고 있습니다. 그렇지만 우리에게 여전히 중요한 것은 경험 많은 이사회 구성원입니다. 예컨대, 장기간 이사로 활동한 이사회의 한 사람은 고용법률 전문변호사인데 무료로 우리를 도와주고 있습니다. 게다가 그녀는 새로운 이사회 구성원을 위한 놀라운 역사적 관점을 제공하고 있습니다.

이사회의 인재를 개발하기 위한 전략은 무엇입니까?

우리 조직에는 총 8명의 이사가 있습니다. 제가 7년 전 이 조직에 들어왔을 때, 전 CEO가 여전히 이사회 구성원으로 되어 있었고, 그 당시 이사회는 조직 창립 이후 같은 구성원으로 계속 유지되고 있었습니다. 제가 이사들의 역할에 관하여 교육시킬 외부 전문가인 컨설턴트를 초빙하였습니다. 이사들은 사회복지와 프로그램에 대해서는 전문성을 가지고 있었고 설립자와 친구였지만, 지배구조와 관련된 전문가는 아니었습니다. 그들은 제가 일을 헤쳐 나갈 수 있다는 것을 알면 이사회를 떠날 생각을 하고 있었기 때문에 그 당시 몇몇 이사는 자진해서 그만두었습니다. 그들 중 일부는 새로운 이사회 문화가 자신들에게 맞지 않다고 느꼈던 것 같습니다. 저는 천천히 다른 세팅의 직업상 연줄을 동원했습니다. 당시 사람들이 필요했지만 그들의 특정한 전문적 기술을 많이 필요로 하지는 않았습니다. 그 시점, 이사회 개발 두 번째 단계에서 사람들을 적극적으로 모집하기 시작했습니다. 이 단계에서 우리는 이사회에서 요구되는 재무, 법률 등으로 구성된 격자형의 기술 세트(*a grid of skill sets*)를 개발했습니다. 우리는 이사들이 가진 기술을 격자형의 기술 세트에서 확인하여 이사회에서 요구되는 기술 세트 중에서 빠진 부문은 무엇인지 파악하였습니다. 또한 우리는 업무를 원칙적으로 행하는 데 열정적인 사람을 원합니다. 또한 개인적인 경험을 가지고 있는 정신건강 소비자들도 고려하여야 할 중요한 사람입니다. 우리 내규에는 총 15인의 이사회 구성원을 둘 수 있도록 되어 있습니다. 몇몇 이사는 순환근무를 하기 때문에 매년 2~3명의 신규 이사를 추가하려고 합니다. 이사들 중 많은 분은 업무 범위가 너무 넓어서 헌신할 수 있는 시간이 제한되어 있습니다. 우리는 이사 모집의 다음 단계로 나아가려고 하고 있습니다. 이사들의 업무를 약간 개편하여 기금 모금을 도울 수 있도록 하는 방안을 모색하고 있습니다.

비영리조직 이사회의 목적은 무엇이라고 생각하십니까?

저는 처음에 최고경영자로서 이 목적에 대하여 고민을 많이 하였습니다. 직감적으로는 기금 모집(*fundraising*)이라고 생각합니다. 이사회는 수입을 마련하여야 하고 조직을 의미 있는 방식으로 유지하는 데 도움을 주어야 하기 때문입니다. 분명히 협치(*governance*)와 신인의무(*fiduciary duties*)는 기술적인 관점에서 필수적입니다. 우리 이사들은 저와 여기서 일하고 있는 사람들에 대하여 놀라울 정도의 신뢰를 보내고 있습니다. 비영리조직의 이사로 일하는 것은 힘든 일이라고 생각합니다. 그들이 매일 참석할 수는 없습니다. 신뢰는 직원에게 중요합니다. 기업의 이사들은 유급이고 받는 정보도 많습니다. 특히 해당 기업이 상장법인일 경우 더욱 그렇습니다. 일부 사람은 처음에 인적 네트워킹을 위해 또는 자기 사업에 유리할 것 같아서 이력서 작성용으로 비영리조직 이사회에 참여한다고 생각합니다. 다행히 우리 이사들은 모두가 조직의 업무에 열정을 갖고 있습니다. 대부분은 자기 직무가 기관을 홍보하는 것이지 실질적인 지배를 하는 것이라고는 생각하지 않습니다. 이것은 비영리조직 이사회가 가지고 있는 흥미로운 현상입니다. 그리고 그것은 경영진과 이사회 사이의 건전한 긴장관계일 수도 있습니다.

이사회 보고는 사회복지경영자들이 경험하는 보고와는 어떻게 다릅니까?

제 경험상 일상적인 상호작용은 거의 없습니다. 상부에 보고하고 대처하는 전체적인 과정은 다른 어떤 역할보다 중요합니다. 무언가 좋지 않은 일이 서류상으로 남지 않는다면 이사회의 어느 누구로부터도 호출받지 않을 것입니다. 여러분은 그들에게 정보를 제공할 책임만 있습니다. 그들이 알아야 할 중요한 것은 무엇일까요? 그들이 알아야 할 필요가 있는 것은 무엇일까요? 일상적인 경영은 그들의 역할이 아닙니다. 만약 여러분이 중간경영자에서 최고경영자로 이동하게 된다면, 이사회에 모든 사항을 보고하지는 않기 때문에 완전한 사고의 전환을 필요로 합니다. 중요하지 않은 사소한 사항들을 이사회에 올리지 마십시오. 이사회 구성원들에게 문제점들만을 제시하는 것이 아니라 해결책을 제시해야 합니다.

그러한 '여과(filtering)' 시스템을 어떻게 개발하였습니까?

흥미로운 일이었습니다. 제가 물려받은 이사회는 정말 아무것도 알고 싶어 하지 않았습니다. 저는 의도적으로 의사소통을 과다하게 하였고 그로 인하여 이사들이 더 관여할 수밖에 없다는 것을 알게 했습니다. 그런 다음 저는 그들에게 정보를 적절하고 균형 있게 제공하여야 한다는 것을 배웠습니다. 그것은 사실, 상황에 따라 달라야 합니다. 최고경영자 위치에 처음 오른 사람의 위험은 의

사소통과 정보 흐름의 균형이 중요하다는 것을 모른다는 것입니다. 여러분은 이사회와의 과다한 의사소통을 원하지 않겠지만 너무 적은 의사소통도 원하지 않을 것입니다.

이사들과 일을 함께하는 데 있어서 사회복지경영자에게 하고 싶은 제안사항이 있습니까? 최고경영진이 될 사람은 이사들을 어떻게 대하여야 합니까?

이러한 영역에서 여러분이 할 수 있는 것은 많습니다. 비영리 이사회, 청년중역회의(*junior board*) 또는 개발위원회에서 자원봉사를 할 수 있습니다. 전체 과정이 어떻게 작동되는지 배울 곳을 찾아야 합니다. 여러분이 어떤 위원회에 자원봉사를 할 의향이 있거나 어떤 행사를 열 계획을 갖고 있다면, 이사들이 이러한 종류의 일에 관여하기 때문에 다른 사람들에게 노출될 수 있습니다. 대부분의 주요 도시에서 비영리조직의 상임이사가 되는 데 필요한 기술에 관하여 비영리조직에서 제공하는 수업을 듣는 것 또한 도움이 될 수 있습니다. 여러분은 조직의 이사들을 성가시게 하거나 이사들의 일을 더 많이 만들어 내고 싶어하지는 않을 것이지만, 비영리 휴먼 서비스 조직에서 고위 경영진에 오를 열망을 가지고 있다면 이사회 관계기술을 어느 정도 얻고 싶을 것입니다.

사회복지 전공 학생이 이사회에 관하여 알아야 할 것은 무엇입니까? 사회복지 석사(MSW) 프로그램에서 배웠으면 하는 것은 무엇입니까?

정치적으로 풍부한 경험을 갖는 것(*savvy*)이 가장 중요한 일입니다. 풍부한 정치적 경험을 가르치는 것이 가능할까요? 가능하다면 어떻게 배워야 할까요? 저는 잘 모르겠습니다. 여러분이 그것을 보았을 때 반드시 그것을 아는 것은 아니지만, 어떤 사람이 정치적으로 풍부한 경험을 갖고 있을 때 또는 여러분이 정치적으로 풍부한 경험을 갖고 있지 않을 때는 확실히 알 수 있습니다. 이러한 것을 숙달하려면 학자가 아닌 사람, 아마도 여러분이 알아야 할 것에 관하여 대화를 나눌 실천가인 멘토가 정말로 여러분에게 필요합니다. 이러한 지식은 이론적으로는 배울 수 없다고 생각합니다.

6. 주변 관리

이 장에서는 지금까지 이사회나 조직의 여타 상층부에 대한 성공적인 상부 관리를 위한 경영 전략뿐만 아니라 인재나 팀을 효과적으로 관리하는 하부 관리 방법에 대해서도 알아보았다. 인재관리 영역에서 조직적이고 전략적인 방식으로 주변 관리(managing sideways)를 할 수 있는 것 또한 중요한 기술이라고 생각한다. 주변 관리는 조직도상 공식적으로 연결되지 않은 직업 네트워크 내 사람들의 참여를 포함한다. 이것은 조직 내부뿐만 아니라 외부 사람들을 포함하며, 직업 네트워크를 복합적인 연결망으로 생각해 보라. 부하직원과 여러분이 관리하고 있는 여타의 다른 사람들과 같은 하부 조직에도 어떤 명백한 연결이 있다. 덧붙여 통상 상부, 예를 들면 여러분의 사장과 같은 명백한 상부와도 연결된다. 그러나 직업 네트워크 내 주변에는 어떠한 연결이 있을까? 관계가 진행 중에 있는 공식 또는 비공식 멘토에 관한 연결은 어떠한가? 사회복지학을 공부하는 학우들(또는 여러분이 졸업했다면 동창)은 어떠한가? 이러한 사람들은 여러분에게 직접적으로 보고하지 않는 사람들이거나 여러분의 보고대상일 수도 있지만 여러분이 사회복지경영자로서 일하는데 아주 큰 도움이 될 수 있다. 또한 여러분은 그들의 주변 또는 측면 네트워크의 일부로서 그들에게 도움이 될 수 있다.

1) 전략적 네트워크의 개발

왓킨스(Watkins, 2003)는 직업 네트워크에 속한 사람들과 연합 세력을 구축하는 것이 기업 세계에서는 새로운 경영자나 지도자에 대한 정당성을 확보하는 중요한 단계라고 설명하고 있다. 필자는 사회복지 프로그램이나 조직 내 지위와 관계없이 사회복지경영자에게도 이는 마찬가지라고 생각한다. 직업 네트워크 안에서 자신의 입지를 확실하게 구축하면 할수록 목적을 달성하는 것은 더 쉬워진다.

다른 조직과 전략적인 동반자 관계와 네트워크를 구축하는 것 또한 중요하다. 이러한 유형의 협력을 하는 것은 여러분의 조직뿐만 아니라 협력조직에도 혜택이 된다. 휴먼 서비스 조직에서 전략적 네트워크를 구축한 좋은 예는 동업자 단체(trade associations)와 권익옹호 단체(advocacy coalitions)에 가입하는 것이다. 거의 모든 휴먼 서비스 영역에 이러한 조직들이 있으며, 가능하다면 적극적인 회원이 되는 것이 좋다. 전국사회복지사협회(National Association of Social Workers)의 지부는 전략적인 협력을 할 수 있는 조직의 훌륭한 또 다른 예이다. 이러한 협력관계는 직업적으로 여러분에게 도움이 될 뿐만 아니라 프로그램이나 조직 내 다른 직원과 클라이언트에게도 혜택이 된다.

2) 내부 인맥 대 외부 인맥

사회복지경영자의 조직 내부뿐만 아니라 외부에도 중요한 네트워크가 존재한다. 통상 조직 내부 인맥(connections)이 가장 많은 도움이 된다고 생각한다. 가령 총괄적인 경영자문을 위해 또는 어떤 이유로 여러분이 부재할 수밖에 없을 경우 프로그램을 대신 맡아 줄 타 프로그램 관리자들을 찾는 경우가 많다. 특정 질문에 답할 필요가 있을 때와 조직에 대한 리더십을 발휘하기 쉽지 않을 때 원로 지도자나 고위 경영진의 보좌진 같은 직원들은 여러분에게 유용한 인맥이 될 수 있다. 이러한 인맥이 여러분이 조직의 고위 수준에 접근하는 것을 가능하게 만들기 때문에 이러한 유형의 사람들을 문지기라 부른다. 조직의 내부 인맥을 구축하는 것이 얼마나 중요한지 알려 주는 예들이 있다.

외부 인맥, 즉 여러분 직장 또는 실습 현장 사람들은 사회복지경영자에게 점점 더 중요해지고 있다. 외부 인맥이 많은 사회복지경영자는 수많은 전문가에게 부탁을 하여 프로그램이나 조직의 다양한 현안을 조정하는 것이 가능하다. 이와 같이 사회복지경영자는 지렛대 역할을 할 수 있는 외부 인맥을 활용하여 프로그램이나 조직에 많은 가치를 부가할 수 있다. 이러한 인맥을 더 많이 지렛대로 활용하면 할수록 여러분이 하고 있는 업무의 가치도 더 많이 높일 수 있다.

3) 인재관리 도구로서의 사회적 네트워킹

사회적 네트워킹은 수년 동안 개인적인 용도로, 조직적인 용도로 증가해 왔다. 제7장에서는 휴먼 서비스 조직 내 사회적 네트워킹과 언론매체 사용에 관한 구체적인 내용이 더 많이 제시될 것이다. 그러나 인재관리를 목적으로 할 때, 이제는 이러한 도구들이 내·외부 인맥을 관리하고 지렛대로 사용하는 데 필수적이라는 점을 알아야 한다. 직업 네트워크를 확인하는 데 특별히 유용한 도구는 직업 목적으로 설계된 사회적 미디어 사이트인 링크드인(LinkedIn)이다. 모든 사회복지경영자나 학생은 링크드인 프로필을 개발하고 그것을 지렛대로 사용하여야 한다. 주변 관리 능력은 링크드인 같은 도구를 사용함으로써 크게 향상될 수 있다.

7. 요약

이 장은 전통적인 인사관리 패러다임과는 반대로 휴먼 서비스 조직의 인재관리 개념을 소개하였다. 재무관리와 인재관리의 균형과 관련된 실례를 제시한 후, 영리기업에 존재하는 타 유형의 서비스업과 사회복지가 얼마나 유사한 서비스업으로 간주되어야 하는가를 설명하였다. 다음으로, 사회복지경영자가 모든 방향, 즉 하부, 상부, 주변에서 인재를 관리할 수 있는 방법을 탐구하였다. 비영리 휴먼 서비스 간부와의 인터뷰 또한 이 장에서의 핵심 사항을 밝히기 위하여 포함하였다.

이 장에서 확실히 이해하고 넘어가야 할 중요한 개념은 다음과 같다.

- 사회복지 조직의 인적자원 또는 직원은 인재로 간주되어야 하고 이러한 자원을 관리하는 과정은 인재관리로 불러야 한다.
- 사회복지 조직에서 인재관리와 재무관리는 제한된 자원과 사회복지경영자가 직면하는 상충관계로 인하여 균형을 이루어야 한다.
- 클라이언트와 사회복지사의 관계가 프로그램 성공의 핵심 동인이라는 점에서 사회복지는 실질적으로 서비스업이다.
- 효과적인 인재관리를 위해서는 사회복지경영자가 모든 방향, 즉 하부, 상부, 주변을 관리하는 방법을 알아야 한다.

연습

- 여러분의 직장이나 실습 현장의 프로그램 또는 기관의 조직도를 그려 보라(힌트: 조직도를 그리기 위해 마이크로소프트 파워포인트를 사용할 수 있다. 템플릿 하나로 시작해서 필요한 대로 수정하면 된다). 프로그램 또는 기관의 공식적 구조를 검토하고 조직도에 포함되지 않은 종업원들 간의 비공식적 관계를 메모해 보라. 여러분의 프로그램이나 기관이 어떤 유형의 구조인가? 기능적 유형, 사업부 유형, 아니면 어떤 다른 유형인가? 여러분의 조직도 안에 클라이언트와 자원봉사자는 어떻게 포함시킬 수 있는가? 더 효과적으로 운영하기 위해 여러분은 프로그램이나 조직구조를 어떻게 향상시킬 수 있는가? 조직구조가 주어져 있다면 여러분은 주변을 어떻게 관리할 수 있을까?
- 여러분 조직과 다른 직장에서 일하거나 현장실습을 하는 파트너와 함께 두 조직의 총보수를 비교하고 대조해 보라. 각 조직에서 급여에 더하여 종업원에게 제공하는 여타 수당은 무엇이 있는가? 총보수를 구성하는 각각이 장래 종업원에게 얼마나 매력적일 것이라고 생각하는가? 왜 그렇게 생각하는가? 직접적인 경비를 크게 증가시키지 않고 여러분의 조직에서 총보수를 어떻게 향상시킬 수 있을까? 조직에서 제공하는 세부사항에 대해서 알고 싶으면, 조직과 인력사무소(human resource offices)의 웹사이트를 찾아보면 된다.
- 경력 신장을 위한 전략적인 네트워크를 개발할 수 있도록 최소한 세 가지 확장된 직무(stretch assignment) 목록을 만들어 보라. 확장된 각 직무에 대해 그것이 여러분의 기술을 어떻게 향상시킬 수 있는지, 또한 그것이 현 프로그램이나 조직의 가치를 어떻게 높일 수 있을 것인지에 관해 논의해 보라(현재 직업이 없다면 현장실습과 관련하여 생각해 볼 것). 학급 친구와 함께, 확장된 직무를 맡고 싶다는 여러분의 소망을 논의하는 가상적인 슈퍼바이저와의 미팅 연습을 해 보라. 무슨 말을 하고 어떻게 답해야 할지 실습해 보라.

- 일주일 동안 링크드인 프로필을 만들어서 하루에 최소 5명의 새로운 인맥을 추가해 보라. 각각의 새로운 인맥 요청에 대하여, 인맥이 되기를 원하는 사람에게 개인적인 이메일을 작성해서 보내라. 덧붙어 그 주 중에 최소한 두 집단에 가입하고 이들 각 집단에 대하여 두 개의 새로운 글이나 논평을 달으라. 마지막으로 일주일 동안의 과정에서 최소한 5개의 항목에 '좋아요'라고 표시하라. 일주일 동안의 성과, 즉 추가된 총 인맥 수, 갱신 자료에서 '좋아요'라고 표시한 수 등의 성과에 대하여 급우와 논의해 보라. 직업 네트워크를 더 확대시키기 위하여 링크드인 전략을 어떻게 향상시킬 것인지 급우와 논의해 보라. 정말로 열망이 있다면, 링크드인 네트워크가 얼마나 발전할 수 있는지를 알기 위하여 여러 주 동안 반복해서 이러한 연습을 하라. 급우와 인맥을 쌓는 것을 잊지 말고, 교수와도 인맥을 쌓는 것을 잊지 말라. 원한다면 필자와도 인맥을 쌓으라.

인터넷 자원

인적자원관리협회(Society for Human Resource Management): 인재 및 인적자원관리에 헌신하는 세계에서 가장 큰 조직이다. 협회 웹사이트에는 거의 모든 인재 및 인적자원 관리에 대한 정보와 기사들이 풍부하게 담겨 있다. www.shrm.org

아이디얼리스트(Idealist): 비영리부문에서 구인광고 인재 찾기를 하는 데 가장 인기 있는 웹사이트 중의 하나이다. 이 사이트 또한 비영리조직의 인재관리와 관련하여 적극적으로 활동하는 블로거들의 커뮤니티와 여타 도움이 되는 다양한 자원을 포함하고 있다. www.idealist.org

보드소스(BoardSource): 비영리 이사회와 경영진 팀의 능력을 발전시키는 데 도움을 주는 조직이다. 보드소스에서 제공하는 것은 대부분 유료이지만, 웹사이트에서 무료로 이용할 수 있는 유용한 정보도 많다. www.boardsource.org

브리지스타(Bridgestar): 인기가 높은 비영리 자문회사인 브리지스팬 그룹(Bridgespan Group)이 만들었다. 비영리부문에서의 인재 확보, 관리 및 유지와 관련된 기사와 도구들을 제공하고 있다. www.bridgespan.org/About/Bridgestar.aspx

링크드인(LinkedIn): 전략적 네트워크를 구축하는 데 필수적인 사회적 미디어 도구이다. 모든 사회복지경영을 전공하는 학생과 전문가들은 적극적으로 링크드인 프로필을 유지 · 관리할 필요가 있다. 설정하는 것은 무료이고 쉽다. www.linkedin.com

가이드스타(GuideStar): 다운로드할 수 있는 국세청 서식 990 및 인사관리 및 다양한 비영리조직 관리와 관련된 다양한 무료 기사가 포함되어 있는 미국 비영리부문 관련 정보 센터이다. 계정을 만들면 무료로 보고 다운로드할 수 있다. www.guidestar.org

팀피디아닷넷(TeamPedia.net): 사용자가 직장에서 팀 생산성을 높이기 위하여 긴장 해소, 팀 구축활동, 여타 방법을 알리고 읽을 수 있는 웹기반 백과사전이다. 위키피디아 모델을 바탕으로 만들어졌다. www.teampedia.net

전미 직원개발 및 직업훈련협회(National Staff Development and Training Association): 조직 개발, 직원 개발 및 훈련과 관련된 아이디어와 자원 공유를 통하여 휴먼 서비스 부분의 전문적 능력과 조직능력을 높이는 데 공헌해 온 미국의 회원제 조직이다. 조직은 연례 콘퍼런스를 지원하고 전문 저널을 출판하며 다채로운 유익한 자원을 가진 웹사이트를 보유하고 있다. http://nsdta.aphsa.org/default.htm

승계기획(Succession Planning): 비영리 자문회사 컴패스포인트(CompassPoint)에서는 비영리조직 승계계획에 도움이 되는 다양한 도구(승계계획 템플릿 등)를 웹사이트에 올리고 있다. 이들 도구는 무료로 다운로드할 수 있다. www.compasspoint.org/et

제4장

마케팅, 영업과 의사소통

여러분이 프로그램이나 조직의 재무관리(제2장의 주제), 인재관리(제3장의 주제)를 잘 이해하고 관리할 수 있다면, 마케팅, 영업과 의사소통 과정에 초점을 두어야 한다. 고급 수준에 있는 이러한 과정은 프로그램이나 조직에서 제공하는 서비스에 대한 시장 수요를 이해하고, 프로그램이나 조직에서 수행하고 있는 현재의 과업을 홍보하며, 새로운 사업 기회를 개발하는 것을 포함한다. 예를 들면, 비영리 휴먼 서비스 조직에서 수행하고 있는 현행 과업을 홍보하는 이유는 더 많은 기금을 모으기 위한 노력의 일환으로서 프로그램의 인지도를 증가시키기 위한 것이다. 기금 모금에 참여하고자 하는 미래의 후원자들은 일반적으로 어떤 조직에 기금을 출연하기 전에 그 조직에서 어떤 프로그램을 수행하고 있는지 그리고 지금까지 어떠한 결과를 얻어 왔는지를 알고 싶어 한다.

공공 휴먼 서비스 조직 또는 영리 휴먼 서비스 조직을 불문하고 이들 조직은 전통적인 방식으로 기금 모금을 하지는 않는다 할지라도 자신들이 수행하고 있는 일을 홍보하고 새로운 사업을 개발할 필요가 있다. 이러한 형태의 조직들은 보조금 지원을 받기 위해 유사한 노력을 기울이거나 자신들의 성공 사례를 알리려 하고(공공부문), 투자자나 전략적 협력자에게 호소할(영리부문) 것이다. 마케팅, 영업과 의사소통 활동을 하는 것에 대한 특별한 이유가 무엇이든지 간에 모든 휴먼 서비스 조직은 그들이 제공하는 휴먼 서비스에 대한 마케팅 체계, 영업방법, 새로운 고객이나 클라이언트 개발방법, 조직이 수행하고 있는 일에 관한 내 · 외부적인 의사소통 방법 등을 이해할 필요가 있다.

이 장은 휴먼 서비스 조직의 마케팅 과정을 전체적으로 살펴보는 것으로 시작한다. 여기에는 휴먼 서비스를 효과적으로 판매하기 위하여 사용되는 일반적인 마케팅 체계에 관한 논의가 포함되어 있다. 그런 다음 영업 개념을 도입해서, 휴먼 서비스 조직의 안과 밖으로 아이디어 판매의 중요성에 관해 논의할 것이다. 이 장의 마지막 절에서는 휴먼 서비스 프로그램 또는 조직을 관리할 때 사회복지경영자가 실행할 수 있는 유용한 의사소통 방법을 언급하려고 한다.

1. 단순 광고 이상의 마케팅

필자는 사회복지경영자들이 다음과 같이 말하는 것을 많이 들었다. "우리는 이 새로운 서비스를 클라이언트에게 마케팅해야(market) 한다!" 이 말이 진정 의미하는 것은 무엇일까? 휴먼 서비스 환경에서 통상 사람들이 마케팅(marketing)이라는 말을 사용할 때, 필자에게는 그것이 광고(advertising)를 의미하는 것으로 들린다. 휴먼 서비스를 마케팅한다는 것은 해당 서비스를 미래의 고객에게 단순히 광고하거나 특정 집단을 대상으로 판매촉진 활동을 하는 것 이상의 의미를 가지고 있다. 즉, 마케팅은 전체 시장과 각 세부 시장을 포괄적으로 이해하고, 시장점유율을 최적화하기 위해 여러분이 제공하는 휴먼 서비스의 목표시장을 적절하게 설정하고(targeting), 그 시장의 요구에 맞게 제공하는 서비스의 위치를 설정하는 것(positioning) 등을 포함하는 훨씬 더 폭넓은 과정이다.

1) 일반적인 마케팅 체계: 4P와 STP

가장 기본적이지만 중요한 마케팅 체계의 하나는 4P이다. 4P는 제품(Product), 가격(Price), 유통(Place), 판매촉진(Promotion)으로 정의된다. 이 체계는 기억하기 위해 단순하게 표현한 것이지만, 그 개념을 명확히 하면 휴먼 서비스 프로그램이나 조직의 마케팅 전략과 관련된 중요한 정보를 많이 얻을 수 있다. 〈표 4-1〉에는 새로운 서비스, 프로그램 또는 전체 조직을 마케팅할 때 4P 체계 내 각 영역과 관련된 중요 질문들이 나열되어 있다. 4P 각각에 대하여 간략하게 기술하면 다음과 같다.

첫째는 **제품**(Product)이다. 대부분의 경우 휴먼 서비스 조직은 제품이 아닌

〈표 4-1〉 4P 마케팅 체계

4P	핵심 질문과 답변
Product(service) 제품	• 판매 제품 또는 서비스가 무엇인가? • 차별화되는 주요 특성은 무엇인가? • 고객들이 해당 제품이나 서비스를 다른 제품 대신 선택하는 이유는 무엇인가? • 소속기관의 제품이나 서비스를 선택하는가? 그 이유는?
Price 가격	• 제공하는 서비스에 대하여 요금을 얼마로 책정하는가? • 고객들이 제품이나 서비스에 대하여 지불할 의사가 있는 금액은 얼마인가? 여러분이 설정한 가격과 고객들의 지불 의사는 부합하는가? • 유사 제품이나 서비스에 대한 경쟁기관의 가격을 비교했을 때 가격은 어떠한가?
Place 유통	• 제품이나 서비스의 제공 장소는 어디인가? • 제공하여야 하는 서비스에 대하여 어떤 방식으로 클라이언트들과 의사소통하는가? • 조직의 제품이나 서비스의 배치가 유사한 제품이나 서비스에 비하여 특별한 점은 무엇인가? • 조직의 입지가 표적으로 삼는 고객의 요구에 부합하는가?
Promotion 판매촉진	• 고객들이 제품이나 서비스에 관하여 얼마나 알고 있는가? • 활용하는 광고 유형은 무엇이고 그 이유는 무엇인가? • 판매촉진 계획은 무엇인가? • 판매촉진 노력의 결과는 무엇인가?

서비스를 파는 일을 한다. 그러므로 여기서는 서비스 마케팅에 초점을 맞출 것이다. 4P 체계의 첫 번째 'P'인 제품은 휴먼 서비스 분야에서의 서비스를 의미한다. 여러분이 일을 하거나 현장실습을 하는 곳에서 어떤 서비스가 프로그램에서 제공되고 있는지를 깊이 생각해 보는 것이 제일 중요하다. 시장에서 타 비교 대상 프로그램들과 구별되는 해당 프로그램의 특징은 무엇인가? 이 질문에 대답함으로써 무엇이 해당 서비스를 다른 서비스들과 차별화하는 것인지를 알게 된다. 차별화는 여러분이 제공하는 프로그램을 서비스 시장에서 경쟁 프로그램들로부터 눈에 띄게 만들어 주는 긍정적인 특성이다. 제품과 관련하여 중요하게 고려해야 하는 것은 제공하고 있는 휴먼 서비스(또는 제품)의 모든 측면을 완전히 이해하는 데 초점을 맞춰야 한다는 것이다. 여러분 자신이 제공하고 있는 서비스를 이해할 수 없다면, 클라이언트, 미래의 기부자 등도 그 서비스를 이해할 수 없을 것이다.

둘째는 **가격**(Price)이다. 가격은 성공적인 마케팅을 하는 데 있어서 필요한 또 하나의 중요한 요소이다. 제공하는 서비스에 대한 대가로 클라이언트에게 얼마를 요구할 것인가? 많은 경우, 사회복지 프로그램을 이용하는 클라이언트에게 제공되는 서비스는 무료이다. 그러나 이것이 가격이 존재하지 않는다는 의미는 아니다. 클라이언트가 지불하지 않거나 아주 적은 금액을 지불할 수도 있지만 이러한 서비스를 전달하기 위한 가격이나 비용은 있다. 여러분이 클라이언트에게 가격을 알리지는 않을지 몰라도, 이 가격은 프로그램이나 조직에 대한 미래 기금 제공자와 의사소통을 하기 위해서 여러분에게 매우 유용한 정보가 될 것이다. 기금 제공자 대부분은 특정 서비스를 전달하는 데 어느 정도의 비용이 드는지 정확히 알고 싶어 한다. 서비스의 실질 가격을 이해하면 필요할 때 이러한 정보에 대하여 의사소통을 하는 데 도움이 된다. 알다시피, 여러분이 마케팅을 하려는 대상자(뒤의 목표시장 부분 참조)에 따라 대응하는 가격을 설정하는 근거가 있을 것이다. 근본적으로 미래의 클라이언트들은 전혀 지불하지 않으려고 할 수 있는 반면, 미래의 기금 제공자는 해당 서비스의 가격을 기꺼이 감당하려고 할 것이다.

셋째는 **유통**(Place)이다. 휴먼 서비스 프로그램이나 조직의 입지 또한 시장에서 성공하는 데 영향을 미칠 수 있다. 어떤 프로그램들은 지역사회를 기반으로 하지만 다른 프로그램들은 지역사회와 약간 떨어져 입지하는 경우도 있다. 입지와 관련하여 중요한 점은 어떤 프로그램이 클라이언트와 가까이 또는 멀리 떨어져 있느냐가 아니라 어디에 위치하든 그 이유가 타당하냐는 것이다. 프로그램이 도심에서 살짝 벗어나서 위치하는 것도 나름 이유가 있을 수 있다. 예를 들어, 대도시 중심에서 프로그램을 운영하기 위해서는 엄두를 낼 수 없을 정도의 임대료를 부담해야 할 경우도 있다. 대도시의 중심이 아니라 최종 고객으로부터 멀리 떨어진 곳에 서비스 장소가 위치하게 되면 임대료가 적게 발생한다. 따라서 프로그램 경비를 서비스 제공에 더 많이 사용할 수 있어서 보다 풍부하고 포괄적인 서비스를 제공할 수도 있으므로, 서비스 장소는 최종 고객으로부터 멀리 떨어진 곳이 최적일 수도 있다. 이것은 서비스 입지를 합리화하기 위한 방법의 한 가지 예에 지나지 않는다. 제품을 만들어 파는 회사는 그것을 제품 배치의 의미로 고려한다. 즉, 고객들이 제품을 구매하도록 유혹하기 위한 가장 좋은 상점 진열대 위치는 어디일까? 동일한 논리가 사회복지 서비스에도 통한다. 프로그램의 위치를 어떻게 설정하면 클라이언트를 가장 잘 유혹할 수 있을 것인가? 그리고 클라이언트에게 가장 매력적인 위치의 속성은 무엇일까?

넷째는 **판매촉진**(Promotion)이다. 이것은 대부분의 사람에게 익숙한 개념이다. 사실 대부분의 사회복지 관리자는 마케팅이라는 용어를 판매촉진의 의미로 사용한다. 판매촉진은 단순히 광고에 대한 또 다른 단어일 뿐이다. 중요한 것은 4P 체계를 활용하는 사회복지 관리자가 판매촉진을 고려할 경우, 특정 서비스에 관해 미래의 클라이언트와 효과적으로 소통하기 위해서는 어떤 단계를 밟아 가야 할 것인지 깊이 생각해 보아야 한다는 것이다. 판매촉진은 우연히 되는 대로 이루어져서는 안 된다. 특정 휴먼 서비스 프로그램이나 조직의 제약 조건 내에서 재치 있게 광고하려면 상세한 판매촉진 계획을 마련하여야 한다.

마케팅 과정을 이해하기 위한 4P 체계에 더하여, 마케팅 활동을 효과적으로 행하기 위한 **세분화–표적화–위치화**(Segment-Target-Position: STP) 틀이 많이 사용되고 있고 효과적이다. 처음으로 새로운 마케팅 계획을 착수할 경우 STP는 4P와 함께 사용되어야 한다. [그림 4–1]에는 STP 틀이 예시되어 있다.

세분화(Segment)는 시장을 세분하거나 시장을 관리 가능하고 의미 있는 집단으로 구분하는 것을 말한다. 이러한 집단 또는 시장의 세분화는 세분된 시장의 특성에 관하여 일반화할 수 있도록 가능한 한 동질적이어야 한다. 예를 들어, 특정 서비스에 대하여 연령 집단별(15~17세, 18~21세, 22~29세 등)로 시장을 세분화할 수 있다. 연령 집단이 여러분이 제공하는 서비스와 관련이 있다면 그것은 시장을 세분화하는 데 의미 있는 방법일 수 있다. 이러한 생각은 어떤 연령 집단에 속한 사람들은 비슷한 방식으로 행동하고, 여러분이 제공하는 서비스에 대해서도 유사한 방식으로 반응할 것이라는 것에 기초한다. 서로 다른 서비스들은 서비스별로 의미 있는 다른 세분화 경계가 있다는 것을 명심해야 한다. 별개의 두 가지 서비스에 대하여 똑같은 방식으로 시장을 세분화하는 것은 흔치 않은 일이다.

어떤 의미 있는 방식으로 해당 서비스 시장을 세분화한 후, 다음 단계는 마케팅 노력에 집중해야 하는 어떤 **표적**(Target 또는 어떤 경우엔 다중 표적)을 설정하는 것이다. 앞의 연령 집단 관련 예를 사용할 경우, 여러분이 제공할 새 서비스의 목표시장은 18~21세 연령 집단으로 선택하는 것이 가장 적절할 수도 있다. 그럴 경우 모든 마케팅 활동은 이 연령 집단에 집중되어야 하며, 적

세분화(Segment): 관리 가능하고 비교적 동질적인 집단을 산출하기 위하여 인구통계학적 특성별(연령, 성별, 장애 등) 또는 기타 수단별로 시장을 세분화한다.

표적화(Target): 조직이나 프로그램이 제품이나 서비스를 판매하기 위하여 접근하고자 하는 집단을 표적화(세분화가 적을수록 더 우수)한다.

위치화(Position): 모든 촉진활동과 메시지 전달의 간소화를 통해 선택한 표적화로 성공한 조직이나 프로그램의 위치를 설정한다. 목적은 표적이 제공하는 제품이나 서비스를 구할 때 여러분의 조직을 먼저 고려하도록 하는 것이다.

[그림 4-1] 세분화-표적화-위치화(STP) 틀

어도 당분간은 마케팅 활동을 하는 데 다른 연령 집단은 고려 대상에서 제외되어야 한다. 이들 다른 세분화 연령 집단은 다른 공급자들에게 좋은 배합이 되어 목표시장으로 선택될 수 있지만, 여러분은 제공하는 특정 서비스를 가장 의미 있게 만드는 시장 영역에 집중하고 싶을 것이다.

특정 서비스를 위한 어떤 목표시장(또는 어떤 경우엔 다중 목표)을 선택했다면, 다음으로 여러분은 목표시장에서 가능한 한 높은 시장점유율을 얻기 위하여 시장에서 여러분의 서비스가 가장 훌륭한 위치(Position)를 차지하는 방식을 찾는 데 노력을 집중할 것이다. 통상 이 과정을 시장점유율 획득이라고 한다. 앞선 예에 따르면, 본질적으로 여러분은 18~21세 연령 집단에 속하는 사람들에게 서비스를 제공하고자 한다. 위치 설정(positioning)은 전략적 가격 설정, 서비스 입지의 최적화, 판매촉진과 광고 등의 다양한 활동을 포함한다. 위치 설정을 할 때 기억해야 할 핵심 사항은 선택한 목표시장 구역에 초점을 맞추어야 하고, 그 구역에 속한 대상자들의 눈에 최적의 위치를 차지하도록 할 수 있는 일을 모두 하여야 한다는 것이다. 위치 설정을 개념화하기 위한 훌륭한 방법은 사람들이 이러한 유형의 서비스를 찾아 시장에 왔을 때 여러분이 제공하는 특정 서비스가 생각날 수 있도록 하는 것이며, 여러분 또한 그 서비스가 모든 미래 고객의 마음속에서 제일 먼저 떠올려지기를 원할

것이다.[1)]

2) 시장조사 실행

4P와 STP 체계를 활용한 마케팅 활동 분석과 더불어 마케팅 활동에서 또 하나의 매우 중요한 일은 표적화 대상 구역에 대한 시장조사를 하는 것이다. 사실 대부분의 영리회사는 시장조사만 전담하는 부서를 두며 광고 또는 판매 촉진이 아닌 연구조사에 전념한다. 통상 사회복지 조직들에서 자격을 제대로 갖춘 시장조사 부서를 보유하고 있는 경우는 거의 없다. 그러나 퍼먼과 기블먼(Furman & Gibelman, 2013)은 소비시장의 수요가 서비스의 전달과정에 크게 영향을 미친다고 하는 서비스 제공에 대한 소비자주의적 접근 방식을 휴먼 서비스 조직에서도 택할 수밖에 없다고 단정하였다. 제1장에서 논의하였듯이, 특정 휴먼 서비스에 대한 시장 수요를 이해하는 것은 시장에 서비스를 적절하게 공급하는 것을 확인하고 제공하는 데 아주 중요하다.

시장조사는 사회복지사가 휴먼 서비스 조직 내에서 익숙하게 수행하는 욕구사정[2)]과 아주 유사한 방식으로 행해진다. 일반적으로 설문지를 개발하고, STP 분석에서 파악한 시장조사 구역 표본에 설문지를 배포한다. 전형적인 욕구사정을 넘어서 시장조사 설문지에서는 서비스에 대하여 지불할 의사, 바

---

1) 필자에게 이러한 체계와 마케팅 과정의 중요성을 가르친 뉴욕 대학교 스턴 경영대학원 마케팅 교수인 존 지피엘(John Cziepiel)에게 많은 신세를 졌다. 필자의 기억에 지피엘 교수는 세분화-표적화-위치화라는 기본 체계가 어떠하며 우리가 경력을 쌓는 다양한 수많은 상황에서 우리(그의 MBA 학생들)에게 얼마나 이로운지를 강조하였다. 사실, 필자는 NYU에서 이러한 교육과정을 이수하였기 때문에 이러한 체계(frameworks)를 이용하여 다양한 휴먼 서비스 관련 환경에서 마케팅적인 사고를 이끌어 가는 데 도움을 받고 있다.

2) 역자 주: 욕구사정(needs assessments)은 지역사회 주민이나 특정 집단을 위한 새로운 정책 대안이나 프로그램을 개발하기 위해 또는 기존 정책의 대안이나 프로그램을 보완하기 위해 대상 집단의 욕구의 종류와 수준을 파악하는 수준이다.

람직한 서비스의 위치, 이상적인 서비스 형태 등에 관한 질문을 한다. 목표시장 표본에 대한 조사와 함께 포커스 집단(focus groups)에 대한 조사를 통하여 유사한 자료를 얻을 수 있다. 시장조사를 하게 되면, 여러분은 시장으로부터 4P와 STP 체계를 알려 주는 (단지 추정치가 아닌) 실질적인 자료를 수집하게 된다. 그러한 자료는 마케팅 활동을 실행하기 전에 수립할 필요가 있는 마케팅 계획을 기획하는 데 도움이 될 것이다.

3) 마케팅 계획 개발

마케팅 계획은 전체 마케팅 활동 또는 캠페인에 대한 로드맵 역할을 하는 문서이다. 마케팅 계획은 4P와 STP 체계에 따라 이미 분석한 모든 정보를 반영하여 만들어지며, 마케팅 조사를 수행하는 것으로부터도 만들어진다. 마케팅 계획은 제품이나 서비스가 제공되는 산업과 마케팅 계획의 전반적인 목적에 따라 형식과 길이가 달라진다. 예를 들어, 내부 목적으로 사용될 마케팅 계획은 기본적인 내용으로 만들어지겠지만, 외부 이해관계자들을 대상으로 하는 공식적인 프레젠테이션의 일환으로 사용될 마케팅 계획은 더 견고하고 짜임새 있게 만들어지게 될 것이다. 레빈슨(Levinson, 1998)은 아주 극단적인 관점에서 다음과 같은 주장을 하였다. 가장 필수적인 요소만 전달하려고 한다면 마케팅 계획은 3개 절(paragraph) 정도의 짧은 글로도 가능하다고 주장했다. 즉, 여러분의 조직이나 프로그램이 고객으로부터 최우선적으로 선택(the first choice) 받으려면 위치 설정을 어떻게 해야 할까? 그러나 모든 것을 감안하여 볼 때 휴먼 서비스 프로그램이나 조직에 대한 독립된 마케팅 계획은 아래에 열거된 구성요소들이 포함되어야 하고, 길이는 5~6페이지를 초과하지 않는 것이 이상적이다. (유의점: 이러한 지침은 사업계획이 아닌 마케팅 계획을 위한 것이다. 제5장에서는 사업계획의 하나의 절에 해당하는 마케팅 계획 유형에 대해 논의할 예정이다.)

- **경영종합보고**: 한 페이지 내 작성. 마케팅 계획의 전반적인 목적 기술과 독자의 관심 유도
- **마케팅 목적**: 반 페이지 내 작성. 마케팅 계획을 이행함으로써 달성하고자 하는 주요 목적 약술. 특히 도달하고자 하는 구체적인 이정표와 이정표에 도달할 시간체계 약술
- **제품/서비스 기술**: 한 페이지 내 작성. 시장에 내놓을 제품이나 서비스를 축약하여 설명. 뚜렷한 특징과 비교 대상 서비스보다 얼마나 더 효과적인지 또는 가치가 있는지에 대한 설명 등(이것이 경쟁력을 나타냄)
- **표적 세분화**: 약 반 페이지 내 작성. 서비스를 위치화한 구체적인 목표시장 영역과 이들 목적이 선택된 논리를 강조한 세분화-표적화-위치화 틀 기술
- **가격책정 전략**: 약 반 페이지 내 작성. 서비스의 설정 가격과 특정 가격의 논리적 근거 기술. 서비스가 클라이언트에게는 무료일지라도 서비스 가격이나 비용이 있음을 기억해야 함
- **입지 전략(유통)**: 한 페이지 내 작성. 고객이나 클라이언트가 서비스에 접근하는 방식, 특정한 입지를 선택하는 이유 등을 가능하면 독자가 입지 전략을 이해하는 데 도움이 되도록 지도와 같은 시각적 자료로 기술
- **판매촉진 계획**: 한 페이지 내 작성. 계획의 다양한 구성요소를 이행할 경우의 시각표와 이들 각 구성요소의 책임 당사자가 누구인지를 포함하여 서비스의 판매촉진과 광고를 위한 구체적인 계획 약술
- **평가과정**: 반 페이지 내 작성. 마케팅 계획이 효과적이고 목적을 충족시키는지를 판단하는 방법 기술
- **예산**: [그림 2-2]에 제시된 예산표를 활용하거나 여러분이 직접 설계한

기타 다른 예산 스프레드시트를 활용해서 마케팅 계획을 수행하는 데 드는 비용 추정

2. 내부 영업

우선, 영업은 마케팅과 동일한 의미가 아니다. 사실 두 가지 활동이 관계가 있는 것은 확실하지만 영업활동은 마케팅과 뚜렷이 구분되는 과정이다. 대부분의 영리회사는 영업부서와 마케팅부서를 모두 두고 있고, 심지어 두 부서가 서로 접촉하지 않는 경우도 있다. 그 차이를 쉽게 설명하면, 마케팅은 영업보다 연구조사 기능을 훨씬 더 많이 가지고 있다는 것이다. 팔려고 하는 것이 무엇인지를 영업직원(혹은 여기서는 사회복지 관리자)이 이해하기 전에, 시장조사 담당자는 왜, 어떻게, 어디서, 언제, 누구에게 특정 서비스를 판매할 것인가에 관하여 이미 많은 작업과 분석을 수행했을 수 있다. 그러나 휴먼서비스 조직에서도 영업과 마케팅 기능을 동시에 보유한다는 것은 무리라고 생각하지만, 이들 기능이 영리환경에서 어떻게 나타나는지는 알아야 한다. 영업활동과 마케팅이 뚜렷이 구분되는 과정이지만, 둘 다 제품과 서비스를 성공적으로 진출시키는 데 아주 중요하다.

사회복지에서 영업과정은 기본적으로 내부 영업(internal selling)과 외부 영업(external selling)이라는 두 가지의 형태를 취하고 있다. 내부 영업은 사내 영업(inside sales)이라고도 하는데, 이것은 사회복지 관리자가 제품과 서비스에 대한 새로운 아이디어를 조직 내 직원들에게 납득시키는 정도를 말한다. 조직 내에서 지위가 올라감에 따라 사회복지 관리자는 핵심적인 역할을 하는 조직 내 직장 동료나 타인에게 이런저런 방식으로 자신의 아이디어를 영업하는 데 많은 시간을 쏟는다.

1) 미션과 아이디어의 공유

어떤 프로그램이나 프로젝트에 대한 새로운 아이디어를 실행하는 데 있어서 가장 어려운 부분은 그 아이디어가 다루어 볼 만한 가치가 있고, 현장에 존재하는 모든 상충적인 요구에도 불구하고 조직 내부 사람들이 그것을 지원할 수 있도록 설득하는 일이다. 사회복지 조직에서는 완벽하게 발전된 마케팅 기능을 이용할 기회가 없는 경우가 많다. 따라서 일반적인 미션(mission) 또는 착수하고자 하는 특별 프로젝트의 미션을 위하여 사회복지 관리자가 프로그램이나 조직 내부의 사람들을 불러 모을 수 있는 개인적인 능력을 가지는 것이 무엇보다 중요하다. 이러한 능력이 중요한 이유는 사회복지 관리자가 새로운 사업 아이디어를 실행하기 위해서는 많은 내부 직원이나 자원봉사자의 도움을 받아야 하기 때문이다. 이와 같이 필자는 새로운 아이디어를 전달하고 지원을 요청하기 위하여 프로그램 내 또는 조직 내 직원들과의 모임을 정기적으로 해 오고 있다. 여러분이 생각하고 있는 일에 대해 조직 내 사회복지사 및 기타 직원들과 공개적으로 의사소통하고 그들을 그 일에 참여시키게 되면, 휴먼 서비스 조직에서 일하는 사회복지사와 기타 직원들은 여러분의 새로운 아이디어에 대해 훨씬 더 많은 지지를 보내게 될 것이다. 그리고 피드백도 요청해 보라. 피드백을 자주 받을 수는 없겠지만, 사람들은 여러분에게 피드백할 기회가 주어지는 것에 대해 감사하게 생각할 것이다.

2) 새로운 사업 개발과 실행을 위한 팀 동기부여

조직 내 사람들이 프로그램이나 프로젝트에 대한 새로운 아이디어를 가치 있는 것으로 납득하게 되었다면, 그들에게 동기부여를 함으로써 해당 과정에 남아서 이 새 아이디어가 결실을 맺을 수 있도록 할 필요가 있다. 사람들이 프로그램이나 조직 내에서 아이디어를 실행하고 새로운 사업을 개발하게 하는 최선의 방법은 그들이 실패에 대한 두려움 없이 실험을 할 수 있도록 분위기를 만들어 주는 것이다. 프로그램이나 조직에서의 혁신과 새로운 아이디어 개발을 장려하려고 한다면 직원들을 면밀히 모니터하거나 세세한 점까지 관리해서는 안 된다. 직장에서 일하는 사람들은 통상 다양한 아이디어를 탐구하고 자신의 일에 대해 스스로 결정할 수 있는 자율을 갖게 되면 동기부여가 된다고 한다. 이러한 방식이 가끔 프로젝트의 실패를 초래하기도 하지만, 적어도 가끔씩은 직원들에게 자기 아이디어를 추진할 수 있도록 해 줄 때 성공적인 프로젝트를 개발하려는 직원들의 성향은 더 커지게 될 것이다.

3) 현재의 고객과 조직 직원 등에 대한 아이디어 홍보

여러분이 한 배를 타고 있는 사람들과 같이 일하면서 새로운 아이디어를 지지하도록 조직 내 사람들에게 동기부여를 하는 한편 새로운 프로젝트로부터 수혜를 받을 수 있는 고객이나 클라이언트에게 여러분의 새로운 아이디어를 홍보하려고 할 것이다. 또한 밀접한 관계가 없는 직원, 그리고 새로운 아이디어에 관하여 알아야 하는 자원봉사자와 여타 내부 인사에게도 여러분의 새로운 아이디어를 홍보하려고 할 것이다. 어떤 의미에서 보면 이러한 유형의 영업은 다음 절에서 논의할 외부 영업과 관련이 있다. 그러나 여전히 프로그램이나 조직의 범위 안의 사람들에 관하여 이야기하고 있기 때문에 이러한 과정은 사내 영업과 관계가 있다. 즉, 여러분은 이미 이러한 사람들과 일종의 관계를 맺고 있다는 것이다. 여러분은 고객이나 클라이언트, 타 프로그램, 타 부서의 직원, 여러분의 특정 프로그램을 접한 사람들과 함께 아이디어에 관하여 극히 개방적이고 긍정적인 관점에서 논의하고 싶을 것이다. 이러한 사람들은 여러분의 특정 프로그램에 친숙하지 않을 수도 있다는 점을 고려해야 한다. 그러므로 여러분은 부가적인 세부사항을 사람들에게 제공해야 하고, 행하는 일에 관한 사람들의 질문에 대하여 확실한 답변을 해야 한다. 개방적이고 투명하면 할수록 내부 집단으로부터 더 많은 지지와 동의를 받을 수 있다.

3. 외부 영업

판매산업 또는 영리회사의 영업부서에서 이러한 유형의 영업은 외부 영업으로 알려져 있다. 즉, 해당 서비스나 제품에 대하여 거의 모르거나 전혀 모르는 사람들에게 여러분이 제공하는 서비스나 제품을 구매하도록 어떻게 설득할 것인가? 이러한 형식의 영업은 앞 절에서 다룬 내부 영업과는 상당히 다른 부분이 있다. 내부 영업에서는 흔히 제품이나 서비스의 미래 구매자와 이미 형성되어 있는 관계로부터 혜택을 누리고 있거나, 여러분의 아이디어가 가치가 있다는 사실을 설득해야 할 대상자들과 이미 형성되어 있는 관계로부터 혜택을 누릴 수 있다. 반면에, 외부 영업에서 성공적이려면 사람들이 여러분의 제품이나 서비스를 구입할 것이라는 것을 기대하기 전에 먼저 영업관계를 맺어야 한다고 전문가들은 제안하고 있다. 제품이나 서비스를 영업하는 동안 강력한 영업관계를 맺는 것을 종종 상담영업(consultive selling)이라고도 한다. 이것은 제품이나 서비스에 대하여 영업을 한다는 것은 단순히 개인이나 집단에게 그것들을 판매하는 것일 뿐만 아니라, 문제점이나 질문을 가지고 있는 사람들과 상담하거나 그들을 돕는다는 의미도 가지고 있기 때문이다. 여러분의 욕구 또는 조직의 수요보다는 궁극적으로 미래의 고객이 필요로 하는 모든 것, 즉 고객의 욕구가 중요하다는 것을 기억하여야 한다.

1) 미래 고객

사회복지 관리에서 대부분의 미래 고객은 여러분이 일하고 있는 혹은 현장실습을 하고 있는 휴먼 서비스 조직의 서비스에 참여하기를 원하는 잠재적 클라이언트들이다. 본질적으로 이 미래 고객은 휴먼 서비스 조직에 가장 중요한 외부 지지층이며, 휴먼 서비스 조직의 사람들이 일을 하는 궁극적인 이유이기도 하다. 그러나 역설적으로 사회복지사들이 미래 고객이나 클라이언트와 영업관계를 형성하는 데 쏟는 노력은 미미한 것 같다. 휴먼 서비스 조직에서 일하는 사회복지사들은 흔히 지역사회 봉사활동을 통하여 잠재적 클라이언트의 관심을 끌어들이는 경우가 많다. 이런 봉사활동이 때로는 아주 의미 있는 경우도 있지만, 외부 영업활동으로서 봉사활동 또는 이와 유사한 활동을 하는 것에 대해서는 숙고할 필요가 있다고 생각한다. 아주 경쟁적인 시장에서 프로그램이나 조직이 제공하는 서비스를 운영하고 있다고 상상해 보자. 여러분은 최선을 다하여 미래 클라이언트와의 영업관계를 개발하는 데 노력하여야 한다. 사회복지 실천에서 이러한 유형의 영업은 지역사회 봉사활동 전문가나 프로그램 접수 직원에 의해서 주로 이루어진다. 여러분이 관리직에 종사한다면, 이들 전문직 종사자가 강력한 영업관계를 개발하는 데 도움을 줄 수 있는 훌륭한 조언(mentorship)이나 직무교육 제공 등을 고려할 필요가 있다. 이러한 일이 처음에는 영업사원과 같이 생각하는 데 익숙하지 않은 휴먼 서비스 전문직 종사자들에게는 이상하게 보일 수도 있다. 그러나 이러한 활동은 지역사회 봉사활동 세미나를 개최하고 접수 서식을 처리할 수 있는 전문가들뿐만 아니라 미래의 클라이언트들과 의미 있는 관계를 수립하고 실제로 상담판매 기법을 실행할 수 있는 전문직 종사자를 보유한 프로그램이나 조직에게 궁극적으로 혜택이 된다. 미래의 투자수익을 위해 대가를 청구할 수는 없지만, 이런 활동은 제공되어야 한다.

2) 이사회

상임이사(executive director)나 최고경영자(CEO) 또는 이사회와 일을 하는 자리에 있는 사람들은 모든 이사가 새로운 프로그램이나 프로젝트를 알고 있고, 이상적으로는 이러한 아이디어를 지지해 주기를 바랄 것이다. 외부 영업 과정은 이사회에 중요하다. 제3장의 '현장의 관점'에서 카산드라 로크가 이야기하였듯이, 이사회는 통상 조직에서 분리되어 있고, 예정된 이사회 기간에 또는 집행부가 이사회와 의견을 나누어야 하거나 이사회에 참여하게 될 경우에만 연결된다. 자원봉사 이사회에 계속해서 참여하는 것은 근본적으로 외부 영업의 과정이다. 즉, 집행부는 이사회에 새로운 아이디어에 대하여 영업을 할 필요가 있을 뿐만 아니라 이사회 이사들이 조직에서 일어난 중요한 사건들을 이해하도록 해야 한다는 것이다. 따라서 이사회와 함께 일하는 경영진 업무의 많은 부분은 외부 영업에 초점을 두게 된다.

3) 기금 제공자

새로운 프로그램이나 프로젝트에 대한 아이디어가 가치 있다는 것이 명백하여도 미래의 기금 제공자를 납득시키지 못한다면, 기타 내부 및 외부 영업을 아무리 많이 한다고 할지라도 그것이 중요하지는 않을 것이다. 기금 제공자들은 운영하고자 하는 곳에 재원을 조달하기 때문에 외부 영업 전략의 핵심 구성요소이다. 따라서 기금 제공자에게 프로그램이나 프로젝트의 아이디어가 투자할 만한 가치가 있다는 사실을 설득시켜야 한다. 휴먼 서비스 조직 최고경영자에게 미래 기금 제공자와 좋은 영업관계를 수립하는 것이 주요한 책임이다. 그러나 재단 직원, 기부자, 투자자 등과 모든 수준의 모든 직원이 긍정적인 관계를 형성하는 것이 중요하다는 것을 이해할 수 있도록 전체 프로그램이나 조직 문화가 구축되어야 한다. 미래의 기금 제공자가 언제 어디서 나타날지 결코 알 수 없다. 그러므로 외부 영업을 위하여 모든 직원을 잘 준비시키는 것이 훌륭한 실천 방안이다.

4) 미디어

사회복지 관리자가 자신의 아이디어를 계속해서 영업해야 하는 또 하나의 외부 단체는 매스컴(media outlets)이다. 매스컴은 사회복지 관리자로부터 메시지를 받아서 폭넓은 시청자들에 그 메시지를 전파함으로써 사회복지 프로그램이나 조직을 널리 알리는 역할을 한다. 따라서 매스컴에 종사하는 사람들과 강력한 영업관계를 형성하는 것은 어떤 프로그램이나 조직에 지속적인

〈표 4-2〉 논설 글의 예

논설 주제 및 장소	대상 독자 및 취지
• 보건의료개혁의 고용주 권한과 비영리조직 고용주에게 미치는 영향 • 월스트리트 저널에 보낸 편지 • http://on.wsj.com/ZTR1hk(Germak, 2013. 3. 4.)	• 널리 보도되지 않은 이슈에 관한 광범위한 전국 독자층. 비영리조직과 그 구성원들이 자원제약의 증가가 미치는 영향을 느끼게 하자는 취지
• 중독과 행동건강 질병과 싸우고 있는 법인 종업원을 위한 자존감과 존경 • 파이낸셜 타임즈에 보낸 편지 • http://on.ft.com/13NqhB7(Germak, 2013. 5. 8.)	• 이러한 병을 가진 종업원을 일부 회사가 어떻게 다루고 있는지를 사람들에게 알리고, 직장에서 더 자존감과 경의를 지켜줄 것을 호소함
• 비영리 휴먼 서비스 조직 자선기부 세금공제 유지 • 스타-레저(Star-Ledger)의 기명 논평 페이지 • http://bit.ly/16ckavs(Germak, 2013. 4. 27.)	• 오바마 행정부의 자선기부에 대한 세금공제를 제한하려는 반복된 시도에 대한 주차원의 대응을 촉구함
• 미국과 중국의 전문직 종사자 간 협력 장려 • 글로벌 타임즈의 기명 논평 페이지 • http://globaltimes.cn/content/791912.shtml (Germak, 2013. 6. 27.)	• 새로운 사회 프로그램의 이행 책임을 맡고 있는 중국 독자층을 대상으로 하고, 이러한 노력에 대한 미국측의 협력을 옹호하기 위함

영향을 미칠 수 있다. 필자의 경험으로는 인쇄매체가 가장 성공적이었다. 편집자에게 수많은 편지를 쓰고 지방 신문, 중앙지 및 국제 신문 등에 논설을 썼다. 항상 그럴 수는 없었지만 가능하면 편지나 편집과 관련된 내용을 보낼 신문사 편집자와 좋은 관계를 구축하려고 노력하였다. 소규모 시장과 도시에서는 이렇게 하는 것이 아주 쉽다. 그러나 전국적인 매체와 국제적인 매체의 경우 편집자에게 자신을 알리는 것이 아주 어렵다. 인쇄매체건 다른 포맷의 매체건 간에 사회복지 관리자가 언론매체와 관계를 맺는 것은 중요하다. 〈표 4-2〉는 필자가 갖가지 신문에 쓴 글의 일부가 예시되어 있다. 이를 통해 다양한 외부 매체에 여러분의 프로그램이나 조직을 영업할 때 필요한 아이디어를 구할 수도 있을 것이다.

5) 기타 이해관계자

정치인, 비영리단체 또는 정부기관, 같은 업종의 다른 조직 경영자, 대학재직 학자들은 사회복지 관리자가 개방적이고 빈번한 의사소통을 함으로써 자신들의 아이디어를 팔아야 하는 핵심적인 청중이 될 수 있다. 사회복지사가 전혀 없는 곳이나 프로그램이나 조직을 위하여 필요한 사회복지 이슈에 대하여 아는 사람이 없는 곳에서 필자는 청중을 만나는 경우가 많다. 이러한 상황에서 유사한 프로그램이나 조직으로부터 경쟁이 많지 않다면 자신의 생각에 관심을 가지고 있는 사람들과의 관계를 발전시킬 수 있다는 것을 알고 있다. 가능한 한 편안한 지역으로부터 멀리 떨어진 곳에서 열리는 회의나 네트워킹 이벤트에 참석할 것을 권한다. 이러한 일은 처음 행하기는 매우 어렵다. 그러나 이러한 방식을 취하면 사람들이 여러분과 관계가 없을 뿐만 아니라 여러분의 업무에 대한 사전 지식이 많지 않기 때문에 외부 영업과정에 진심으로 초점을 맞출 수 있게 될 것이다.

4. 의사소통의 필수요소

이 장에서는 의사소통(communication)이 마케팅과 영업과정에서 행하는 역할에 대해 언급하였다. 사실 의사소통이 없다면 마케팅이나 영업이 존재하지 않는다. 의사소통은 그만큼 중요한 문제이다. 이 책의 하나의 작은 절에서 의사소통 문제를 다루는 것이 충분하지는 않겠지만 필자의 의도는 프로그램이나 조직의 안팎에서 여러분이 마케팅과 영업 활동을 수행할 때 도움이 되는 의사소통 전략과 관련된 다음의 몇 가지 생각을 제시하려고 하는 데 있다.

1) 30초 엘리베이터 스피치

엘리베이터 스피치(elevator pitch)라는 이름은 영향력 있는 인물과 함께 엘리베이터에 타고 있을 때 엘리베이터 문이 열려 각자가 가고자 하는 길을 가기 전 자신과 자신의 비즈니스에 관하여 간단히 대화할 시간이 약 30초 정도가 있다는 의미에서 그 이름을 땄다. 사회복지 관리의 맥락에서 이러한 엘리베이터 스피치는 엘리베이터에 타는 것과 관계없이 필수적인 도구이다. 사회복지 관리자로서 거의 매일 이러한 스피치를 자주 하면 매우 이로울 수 있는 사람을 우연히 잠깐 만나는 기회를 잡을 수 있다.

최소한 30초 엘리베이터 스피치는 여러분의 프로그램, 프로젝트 또는 조직의 미션에 대한 간결한 진술로 구성된다. 공식적인 미션을 언급하는 데 30초 이상 걸린다면 그 내용을 줄여서 언급해야 할 필요가 있다. 자신을 소개하는 것을 잊지 말고, 여러분의 미션을 언급한 후, 그 사람이 여러분의 대의(cause)를 위해 무엇을 도와줄 수 있는지에 대한 일종의 요청사항을 포함하여야 한다. 그것이 반드시 돈에 대한 요청일 필요는 없다. 사실 30초 스피치 동안에 기금 후원을 명쾌하게 요청하기는 어렵다. 대신 그 사람에게 명함을 달라고 하거나 가까운 미래에 언젠가 만날 수 있는지 물어봄으로써 스피치를 끝낼 수 있다. 그런 다음 사무실에 돌아와서 연락을 하고 초청할 뿐만 아니라 초청하여 프로그램이나 조직에 더 많이 참여하도록 한다. 엘리베이터 스피치 내용의 많은 부분은 여러분이 상호작용하는 상황에 따라 다르지만, 최소한 여러분의 이름과 직위, 여러분의 임무 및 요청사항 등을 포함하여야 한다.

2) 2분 스피치

2분 스피치는 제1장에서 소개하였는데, 상공회의소 네트워킹 조찬에서 약 90초 동안 우리 조직에 관하여 연설하도록 부탁받은 초청연설에 관한 것이었다. 사실, 그날 아침 필자의 연설은 2분이 채 안 되었는데, 30초 엘리베이터 스피치에 포함시켜야 할 것을 모두 포함하였고, 또한 우리 프로그램 하나에 참여한 클라이언트의 아주 짧은 성공 스토리도 시간을 할애하여 포함시켰다. 그러므로 2분 스피치는 다음과 같이 구조화될 것이다. 즉, 자신의 이름과 직위, 임무, 간단한 성공 스토리, 요청사항 등, 아마도 2분 스피치에서 그 밖의 다른 것을 포함시키기 위해 시간적인 여유가 있을지 모르지만 진행하면서 새로운 옵션을 시도해 보면 도움이 될 것이다. 이에 관하여 명확한 규칙은 없다. 단지 2분 안에 마쳐야 하고, 최소한 필자가 기술한 요소들은 포함시켜야 한다는 것이다.

3) 능률적인 회의 주재

인정하고 싶지 않다고 할지라도, 회의는 거의 모든 비즈니스, 가령 비영리, 영리, 정부기관 등의 비즈니스에서도 존재한다. 회의가 아주 생산적인 경우도 있지만 때로는 아주 쓸모없는 비생산적인 경우도 있다. 회의가 생산적일 수 있는가 하는 것은 회의 주재자에 달려 있는 경우도 있고, 회의 주재자의 주재 방식에 달려 있는 경우도 있다.

사회복지 관리자로서 여러분은 회의를 맡아서 능률적으로 이끌어 갈 수 있다. 회의 운영방법에 대해서는 서로 다른 많은 관점이 있지만, 트롭먼(Tropman, 2006)에 따르면 회의는 종(bell) 모양에 따라 진행하는 것이 좋다고 한다. 즉, 집중력이 가장 강한 회의의 중간 시기에 가장 어려운 아이템을 다루고, 회의의 시작과 끝 부분에서는 중요하지는 않은 사안들을 다루도록 하

회의 목적: 경영팀 월례 회의
일자: 2010년 12월 7일
시작: 9:00 a.m.
마침: 10:30 a.m.
위치: 메인가 1번지, 2층, 회의실 102

논의 주제	논의 주재자	시간 할당
경영정보	앤디	10분
프로그램 정보	재클린	20분
인적 자원정책: 검토, 논의, 승인	그웬	20분
회의기획 정보	존과 빅토리아	10분
재무보고	타냐	10분
새로운 건물개조 보고	브라이언과 엘레나	5분
기금모집 및 개발 정보	제럴드	10분
기타	모든 직원	5분

[그림 4-2] 회의 의제 예시

는 것이다. 덧붙여 모든 회의에는 의제(agenda)가 있어야 한다. 의제는 모든 참석자(주재자 포함)가 과업에 집중할 수 있도록 하는 데 도움을 준다. 회의 의제에 대한 예시는 [그림 4-2]에 제시되어 있다. 이것은 생산적인 회의가 되려면 어떻게 구조화되어야 하는지에 대한 감(sense)을 제공해 준다. 항목 목록, 각 항목의 논의 주재자, 각 항목에 대한 제한시간이 표시되어 있다. [그림 4-2]에 예시된 모든 회의요소는 회의를 보다 생산적이고 능률적인 방식으로 운영할 수 있도록 해 준다.

4) 이메일 에티켓

이메일은 사회복지 관리자에게 굉장한 도구이다. 제7장에서 휴먼 서비스 기술로서 이메일에 관하여 더 많은 논의를 할 것이다. 그러나 여기서는 이메일의 전문적인 이용의 중요성을 강조하고자 한다. 첫째, 메시지는 가능한 한 짧아야 한다. 이메일로 보내야 하는 메시지가 짧지 않으면 직접 전화를 하는 편이 낫다. 또한 이메일을 받은 후, 특히 직원에게 받은 이메일일 경우, 하루 이상 응답을 하지 않는 일이 발생하지 않아야 한다. 그럼으로써 특정한 날에 받은 메일에 대해서는 모두 당일에 답변하는 것으로 끝을 맺어야 한다. 필자는 종종 밤늦은 시간에 이러한 일을 끝내는데, 사람들은 이메일 메시지를 보낸 당일에 여러분이 답장을 해 준 것에 대하여 감사하게 생각할 것이다. 필자 의견으로는 이메일을 보내고 그에 대한 답장을 오랫동안 기다리는 것만큼 나쁜 것은 없다고 생각한다. 때로는 답장이 끝내 오지 않는 경우도 있다. 마지막으로, 이메일은 다소 영구적인 기록이기 때문에, [그림 4-3]에 제시된 것처럼 공식적 메시지를 전달하는 데 사용될 수 있다. 필자는 사회복지 관리자가 공식적으로 다양한 사람에게 직원과 관련된 여러 가지 일을 인지시키기 위해 이메일을 사용할 것을 권장한다. 그렇게 하는 것은 쉽고, 전하고자 하는 메시

발신: 앤디 저맥
날자: 2011년 4월 14일 화요일 4:32PM
수신: mjs@socialworkservices.org; hr@socialworkservices.org
주제: 최근 업적에 대한 찬사

친애하는 마르셀라 씨에게

금번 클라이언트에게 주택배분의 안정성을 확보하는 데 공헌한 당신의 뛰어난 업적을 칭찬하고 싶습니다. 당신의 근면성, 프로그램의 미션에 대한 헌신, 이 특별한 클라이언트에 대한 헌신적인 공헌은 이루 말할 수 없군요. 우리 프로그램의 가치를 계속해서 높여 준 데 대하여 진심으로 감사드리고 계속해서 성공적인 업무를 수행해 주셨으면 합니다.

저의 진심을 담아서,

프로그램 책임자
앤디 저맥

[그림 4-3] 칭찬 이메일 예시

지는 [그림 4-3]에서처럼 상급자뿐만 아니라 인적자원부에서도 복사해서 편리하게 전달될 수 있다. 그럼으로써 조직의 다양한 부서에 직원들과 관련된 일을 즉각적으로 인지시킬 수 있게 된다.

5) 인정과 감사

간단히 주안점을 두어야 할 의사소통의 마지막 영역은 인정하고 감사를 표시하는 것의 중요성이다. 여기서 직원을 인정하는 것을 넘어서, 칭찬을 자주 받지 못할 수도 있는 사람들을 인정하고 그들에게 감사해야 하는 것의 중요성을 말하려고 한다. 자원봉사자 이사회의 위원을 포함하여 프로그램이나 조직의 자원봉사자들은 관심을 받을 자격이 있다. 기금 제공자는 말할 것도 없고 판매자와 기타 전략적 협력자들에게 일상적으로 감사를 표시하여야 한다. 예를 들면, 특별히 할인된 가격을 제시해 준 일부 판매자나 능력껏 프로그램이나 조직을 지원해 준 기금 제공자나 전략적 협력자들에게도 감사 표시를 하여야 한다. 프로그램 관리자와 휴먼 서비스 경영진으로서 필자는 매주 시간을 내어서 감사와 인정을 받을 자격이 있는 다양한 당사자에게 상시로 감사 메일, 편지, 수기 엽서 등을 쓴다. 그렇다. 수기 엽서와 간단한 메모 편지가 때로는 노력 이상의 가치를 가질 때도 있다. 사람들은 이러한 행동에 아주 좋은 반응을 보인다. 또한 때로는 전화가 적절할 수도 있다. 사회복지 분야에서 우리는 서로 인정해 주고 감사하는 일을 소홀이 하는 경우도 있다. 필자는 인정받을 자격이 있는 사람들을 인정한다는 사실을 널리 알리는 것이 사회복지 관리자로서 그리고 지도자로서 우리가 해야 할 의무라고 생각한다.

5. 요약

이 장에서는 마케팅이 무엇이고 무엇이 아닌지를 소개하는 것으로 시작하여, 마케팅 과정에 포함된 공통적인 체계, 즉 4P와 STP를 논의하였다. 그다음에는 시장조사 과정과 기초적인 마케팅 계획을 수립하는 방법에 대하여 설명하였으며, 마케팅 과정과는 다르지만 이와 관련이 있는 영업과정에 주안점을 두고 논의하였다. 그리고 내부 영업 전략과 외부 영업 전략을 휴먼 서비스 조직과 관련시켜 소개하였다. 마지막으로, 이 장에서는 의사소통 분야를 소개하고 사회복지 관리자에게 도움이 될 만한 몇 가지 의사소통 전략의 예를 소개하였다.

이 장에서 확실히 이해하여야 할 중요한 개념은 다음과 같다.

• 마케팅은 광고 이상의 것이다. 광고는 특정 제품이나 서비스를 시장에

내놓는 데 필요한 모든 것을 포함하는 과정이다.

- 가장 공통적인 마케팅 체계는 4P(제품, 가격, 유통 및 판매촉진)과 STP(세분화–표적화–위치화)이다.
- 영업은 마케팅과 기능이 별개이지만, 그 두 과정의 관련성은 아주 높다.
- 영업과정은 내부(조직 내)와 외부(조직 밖) 구성원들에 대한 영업을 수반한다.
- 의사소통 과정은 마케팅뿐만 아니라 영업과 상호 관련성이 아주 높고, 사회복지 관리자가 마케팅과 영업에 성공하도록 돕는 다양한 의사소통 전략이 존재한다.

연습

- 여러분의 직장이나 실습 현장의 프로그램에서 제공되는 주요 서비스(또는 제품)에 관하여 생각해 보라. 그리고 주요 프로그램 서비스(또는 제품)에 대한 4P를 확인하기 위한 표를 〈표 4-1〉과 유사하게 작성하라. 여러분 프로그램의 주요 서비스에 대하여 표를 만들었으면, 표에 열거된 질문 각각에 대하여 답변을 하라.
- 위의 연습과 유사한 형태로, 여러분 프로그램의 주요 서비스에 대해 존재하는 시장의 세분화(segments), 여러분의 프로그램이 초점을 두고 있는 전체 시장 내의 표적 세분화(target segments), 그리고 여러분 프로그램의 주요 서비스가 신규 고객을 끌어들이기 위하여 시장에 어떻게 위치 설정(positioning)을 하였는지를 기술하는 표를 [그림 4-1]과 유사하게 작성하라. 미래의 고객이 여러분이 제공하고 있는 유형의 서비스를 찾고 있을 때 여러분의 프로그램을 최우선적으로 생각할까? 왜 그럴까 혹은 왜 아닐까? 프로그램의 주요 서비스와 관계된 세분화-표적화-위치화 체계를 개선하기 위하여 조직의 고위 경영진에게 제안을 한다면 무엇을 하겠는가?
- 현재 세인의 주목을 받고 있고 여러분의 직장이나 실습 현장 프로그램에서 제공하는 서비스와 관련된 이슈를 선택하라. 이 이슈에 관하여 중요한 관점을 제공하는 지방 신문의 편집자에게 보낼 편지의 초안을 작성해 보라. 편집자에게 보내는 편지는 간결하여야 하는데, 대략 150단어 이내로 작성하여야 한다. 여러분의 슈퍼바이저 및 현장 교육자와 초안 편지에 대하여 논의하고, 여러분이 그 편지를 제출해도 되는지를 조직에 알아보라. 조직의 허가를 얻지 않고 편지를 보내지는 말라.
- 여러분 직장이나 현장실습에서 해당 프로그램을 위한 30초 엘리베이터 스피치나 2분 스피치를 개발해 보라. 여러분은 제1장을 읽은 후 이미 이러한 일을 부분적으로 해 보았을 것이다. 이제 여러분의 2분 스피치를 더 개선하고,

관련된 30초 엘리베이터 스피치를 개발해 보라. 덧붙여 가능하다면 이러한 홍보를 하는 것을 기록해 보라. 비디오가 따라다니는 방식을 좋아하지 않는다면, 여러분의 홍보를 돌아가서 다시 작업하고 재녹음해 보라. 교육자가 수용적이라면, 수업시간 일부를 학급 동료 앞에 서서 30초 홍보나 2분 홍보를 행할 시간으로 할애해 줄 것을 요청해 보라. 핵심은 가능한 한 많이 이러한 홍보를 실천하는 것이다.

인터넷 자원

비영리 마케팅 블로그(NonProfit Marketing Blog): 선을 위한 네트워크(Network for Good, www.networkforgood.org)가 후원하는 인기 블로그 사이트이다. 이 사이트에는 조직의 마케팅 전략을 향상시키는 데 도움이 되는 다양한 주제에 관한 포스팅이 거의 매일 이루어지고 있다. www.nonprofitmarketingblog.com

미국소기업청(U.S. Small Business Administration): 연방정부 웹사이트이다. 비영리 및 공공조직 경영과 관계된 마케팅과 판매에 관한 풍부한 정보를 포함하고 있다. 이 링크를 따라 왼쪽 메뉴에 열거된 대상 주제를 클릭하라. www.sba.gov/category/navigation-structure/starting-managing-business/managing-business/running-business

사설 프로젝트(The Op-Ed Project): 사설이 있는 언론매체에서 목소리의 범위와 다양성을 증가시키고 아이디어의 질을 높이는 데 공헌한 계획이다. 이 웹사이트는 사설을 작성하고 홍보하는 방법에 대한 유용한 자료를 포함하고 있다. www.theopedproject.org

커뮤니케이션 컨소시엄 미디어센터(Communication Consortium Media Center): 비영리조직이 언론매체와 신기술을 효과적으로 사용할 수 있도록 돕는 공익집단이다. 웹사이트에는 미국의 상위 100개 신문에 대한 사설과 편지제출에 대한 제출 기준뿐만 아니라 사설을 쓰는 것과 편집자에게 편지를 보내는 것에 관한 정보들이 포함되어 있다(www.ccmc.org/node/16171). 여타 유용한 정보는 이 조직의 일반 웹사이트에서 구할 수 있다. www.ccmc.org

더 레터반(The Letterbarn): 폭넓고 다양한 주제에 관한 편지들을 예로 제시하고 있는 인기 블로그 사이트이다. 여기서 추천서, 여타 형식의 편지나 이메일을 직원이나 기타 이해관계자들에게 작성해서 보내는 방법에 관한 아이디어들을 점검해 볼 수 있다. www.letter barn.blogspot.com

이메일리플라이즈닷컴(Emailreplies.com): 이메일 에티켓과 이메일 답변 관리에 관한 유용한 정보를 제공하는 단순한 웹기반 자원이다. 이메일 에티켓과 이메일 답변관리는 오늘날 빨리 진행되는 사회복지경영환경에서 중요하게 고려해야 한다. 이 웹사이트는 조직의 전자우편 정책을 개발하는 방법에 관한 정보도 담고 있다. www.emailreplies.com

지역사회 프레젠테이션(Making Community Presentations): 미국 캔자스대학교 커뮤니티 툴박스(Community Tool Box, http://ctb.ku.edu)의 웹 출판물이다. 이 웹사이트에서는 지역사회 집단, 모든 사회복지경영자에게 자주 발생하는 일에 대하여 계획하는 방법과 공식 프레젠테이션 방법에 대한 유용한 팁을 제공한다. http://ctb.ku.edu/en/tablecontents/sub_section_main_1029.aspx

제5장

사업계획

사업계획의 핵심 요소인 마케팅 계획, 획기적인 사업 내용(milestones), 그리고 추정재무제표(pro forma financial statements) 등은 더 이상 영리 기업가들에게만 필요한 것이 아니다. 오늘날 휴먼 서비스 부문의 많은 기금 제공자는 보조금과 기타 재원 조달 메커니즘을 투자로 간주한다. 이러한 새로운 방식의 생각에서는 사회복지 관리자가 휴먼 서비스 프로그램을 위한 포괄적인 사업계획을 개발해서 프로그램들이 어떻게 투자수익을 창출할 것인지를 보여 줄 것을 요구한다는 것이다. 심지어 예산 압력이 상당하고 대중의 관심이 높아지면서 서비스 수혜자를 위한 성과 달성에 지속적인 주안점을 둘 필요성이 있다. 이러한 것을 고려하여 심지어 공공부문 정부기관에서조차 사업계획을 최선의 실천 방안으로 수용하고 있다. 사업계획은 전통적인 보조금 제안서와는 다소 다르다. 여기서는 이러한 차이를 설명하려고 한다.

특히 이 장에서는 우선 사회복지경영에서 사업계획을 수립하는 것이 중요한 이유와 어떤 유형의 시나리오가 사업계획을 수립하는 데 도움이 되는지에 대한 간단한 논거를 제공할 것이다. 그다음에 사회적 영향뿐만 아니라 재무적 지속 가능성이라는 '이중의 최저선(double-bottom line)'을 고려하는 사업계획을 세우는 방법을 설명할 것이다. 여러분의 프로젝트 아이디어나 출범시키고자 하는 새로운 프로그램의 성공적인 사업계획을 작성할 수 있도록 기본적인 사업계획의 핵심 구성요소를 제시하고 논의할 것이다. 마지막으로, 이 장에서는 어떤 사회복지사가 설립한 사회적 기업의 개요, 몇 가지 논의 문제 및 해당 기업의 사업계획 사례를 제시할 것이다. 이들 항목은 이 책의 부록에서 확인할 수 있다.

1. 사업계획 수립의 원리

2009년에 공식적으로 끝난 최근의 불황기 동안 기부자들은 자신의 재량으로 사용할 수 있는 제한된 자금에 대한 최선의 투자처를 찾고 있었기 때문에 재단과 개인 자선기부가 2008년에서 2009년 사이에 현저히 감소하였다(Banjo, 2010). 불황이 끝난 후 2010년도에는 자선기부가 약간 증가하였고(*Chicago Sun-Times*, 2010), 2011년과 2012년에도 조금씩 더 증가하였지만(Linn, 2013), 자선기부 수준은 불황기 이전보다 낮게 유지되었다. 따라서 기금 조달 경쟁은 지속적으로 대단히 강해졌으며, 이것은 불황기 이후 휴먼 서비스 조직에서 필수적인 휴먼 서비스를 지속하는 데 있어서 엄청난 압박으로 작용하고 있다(Thomson, 2011).

사실 사회복지 프로그램을 위한 재원 조달방법이 크게 바뀌었다. 앞서 언급하였듯이 경제적 불황 때문에 개인 기부자들이 기부를 줄임에 따라 정부가 휴먼 서비스 조직에 전통적으로 진행해 왔던 지원을 많이 감축하였다(Nonprofit Finance Fund, 2013; The Center for Nonprofits, 2013). 또한 자선단체 기부금에 대한 세액공제 상한선을 정함으로써 기부자들의 자선기부를 더 침체시킬 수 있는 있는 제안들이 미국 의회에서 논의되고 있다(Germak, 2012, 2013). 이러한 새로운 경제 상황에 비추어 보면, 사회부문에서 기금을 조달하기 위해서는 새로운 사업적 접근방법이 필요하다는 것은 명확하다(Wei-Skillern, Austin, Leonard, & Stevenson, 2007). 이러한 사업계획을 적절히 수행하면, 사회적 기업적 방법은 사회적 정의를 증진하고, 서비스 접근성을 향상시키며, 사회 서비스 수혜자 집단에 대한 공평성을 증가시킬 수도 있을 것이다.

사업계획은 본질적으로 사회복지 관리자의 지속 가능한 프로그램 관리능력, 즉 프로그램의 재무적 건전성과 프로그램의 사회적 성과 달성 정도 등을 보여 줄 수 있으며, 따라서 사회적 투자 성향의 기금 제공자로부터 기금을 모집할 수 있는 도구이다. 게다가 사업계획은 사회복지 관리자가 새로운 사회 프로그램을 출시하고, 그 구성요소를 관리하며, 이정표나 기준점을 중심으로 프로그램의 성공적인 항해를 위한 지도 역할을 할 수 있다(Score Foundation, 2010). 따라서 사업계획은 외부뿐만 아니라 내부용으로도 사용될 수 있다.

사회복지 관리에서 사업계획 수립이 필요하다는 것을 보여 주는 몇 가지 예의 이해를 위하여 다음과 같은 가상 사례를 제시한다. 이들 사례에는 휴먼서비스 조직에서 프로그램의 표적 달성을 위해서는 사업계획이 필수도구라는 것을 보여 주는 현실적 상황들이 예시되어 있다.

(주)노숙자를 위한 서비스(Services for the Homeless, Inc.)

1970년에 설립. 집 없는 개인과 가족들이 안정적인 주택에 정착하여 새로운 삶을 사는 데 도움을 주는 시카고의 다중 서비스 비영리조직이다. 이 기관은 250명을 고용하고 연간 예산인 1,500만 달러로, 5,000명에게 서비스를 제공한다. 연방과 주의 자금 지원이 최근 삭감되었기 때문에 기관의 CEO는 조직의 새로운 수익원으로서 도심에 대규모 중고상품 할인점 개장을 모색하기로 했다. 그 중고상품 할인점은 대중에게 상품을 팔고 기관의 클라이언트를 고용한다. CEO는 그 상점이 얼마나 재무적으로 지속 가능하고 또한 얼마나 기관의 미션에 가치를 더할 수 있는 지를 보여 주기 위해 이사회에 제시할 수 있는 사업계획을 필요로 하고 있다.

(주)ABC 카운슬링(ABC Counseling, Inc.)

1990년에 설립. 보스턴 지역 저소득자에게 외래로 정신건강 카운슬링을 제공하는 비영리조직이다. ABC의 클라이언트들은 정상적인 근무시간 동안 진행되는 카운슬링 세션에 참가하고 대부분은 메디케이드를 활용하여 서비스 비용을 충당한다. 기관은 도심의 현대적이고 널찍한 사무실을 가진 건물에 위치하고 있다. *ABC*의 이사회는 최근 사무실 임차료가 인상되었기 때문에 기금 조달의 원천을 다양화하고 기관의 전반적인 수익을 증가시키고 싶어 한다. 이를 위하여 이사회에서는 경영진에게 저녁시간과 주말 카운슬링 프로그램을 설계할 것을 요청하였다. 이런 프로그램은 더 많은 본인 부담금(*self-pay*)을 지불하는 클라이언트를 늘리게 될 것이다. 이러한 노력으로 창출된 수익은 *ABC*의 핵심 카운슬링 서비스 부문의 비용 증가를 상쇄하는 데 도움이 될 것이다. 경영진은 확장된 프로그램이 얼마나 많은 새로운 유료 고객을 끌어들이고 유지하며 또한 조직의 핵심 서비스를 지원하는 데 도움이 되는지 보여 주기 위하여 새로운 계획에 대한 사업계획을 세울 필요가 있을 것이다.

(주)사회서비스 연합(Social Services United, Inc., SSU)

마이애미에서 노인, 아동, 가족에게 모든 유형의 사회 서비스를 제공하고 있는 다목적 비영리조직이다. 이 조직에서는 매우 유능한 정보기술(*IT*)팀을 가지고 있는데, *IT*팀에서는 최근 조직 내부용의 새로운 웹기반 사례관리 소프트웨어 시스템을 설계하였다. 이 시스템은 기관의 모든 서류 작업을 대체하게 되어서, *SSU*는 완전히 서류 없는 시스템을 갖추게 되었다. 현재 *SSU*의 사례관리자는 모두 이 시스템을 사용하여야 하는데, 그들의 시스템에 대한 평가는 아주 좋다. *SSU*의 상임이사(*executive director*)는 이러한 혁신이 그 질적 수준을 높게 유지할 수만 있다면 잠재력이 많다는 것을 인식하고 있다. 이 상임이사는 *SSU*의 새로운 수익원을 개발하기 위하여 *IT*팀에서 타 사회 서비스 기관에 이 시스템을 복제해서 판매할 방안을 마련해 주기를 원했다. *IT*팀은 이 새로운 프로젝트를 위한 사업계획을 세워야 하는데, 이 계획에서는 새로운 프로젝트가 얼마나 수익 창출에 기여할 것인지, 그리고 동시에 조직의 기존 하부 구조(*infrastructure*)에 대하여 새로운 프로젝트가 지나치게 부담을 지우지는 않는지를 보여 주게 될 것이다.

(주)미래의 청년(Youth of Tomorrow, Inc.)

로스앤젤레스에 소재한 18~24세 도시 청년의 고용 성과를 향상시키는 데 헌신하는 비영리조직이다. 조직의 핵심 서비스는 청년들에게 다양한 분야의 직업훈련을 시켜 지방 소재 기업에서 직장을 찾을 수 있도록 도와주는 것이다. 지난해 이 기관은 100명의 청년을 전일제로 취업시키는 데 성공하였다. 현재 이 기관은 청년 직업훈련을 위해 지원하는 재단 보조금으로 자금 지원을 받고 있지만, 직업 개발이나 직무 배치를 위한 자금 지원은 없는 실정이다. 그러므로 미래의 청년 CEO는 직무 배치 활동을 전문화하고, 회사가 필요로 하는 직무에 청년들을 배치하는 일종의 임시 인재파견 사회사(*staffing firm*)를 만들고자 한다. 이렇게 하여 회사는 타 인재파견 회사에게 임시직 근로자에 대한 대가를 지불하는 방법과 유사하게, 청년들의 직무 배치에 대한 대가를 미래의 청년에 지불하게 될 것이다. 이러한 방식으로 청년들의 직무 배치와 관련된 소득을 기관에 제공하게 된다. CEO는 이 새로운 프로젝트를 착수하기 전에, 기관이 자신의 핵심적인 사회적 미션을 벗어나지 않으면서, 어떻게 하면 현재의 직무배치 서비스를 시장에 내어서 상당한 수익을 확보할 수 있을 정도로 확대할 것인지 이해하려면 사업계획을 설계할 필요가 있다.

이 모든 시나리오에서 특정 조직이 새로운 서비스에 대하여 시장, 경쟁, 가격 설정 등을 적절히 분석할 수 있도록 해 주는 것은 사업계획이다. 적어도 이론상으로는 모든 프로그램 아이디어가 장래 기금 제공자에게 투자할 만한 가치가 있을 수 있지만, 사업계획을 통해 그들을 납득시킬 필요가 있다. 또한 이들 조직은 사업계획을 새로운 서비스 개발의 지침이 되는 내부 로드맵으로 사용하기도 한다. 기본적인 사업계획 작성을 위한 방법을 간략히 살펴보자. 이러한 사업계획은 앞서 언급한 것과 같은 조직 목표를 추진하기 위해서도 사용될 수 있다.

2. 사업계획의 기본 구성요소

다음 절에서는 사회복지경영자에게 필요한 기본적인 사업계획의 구성요소를 기술하고 있는데, 이것은 영리기업에서 사용하는 사업계획과 아주 유사하다. 사회복지 조직의 사업계획은 영리기업의 사업계획과 달리 재무적 성과뿐만 아니라 사회적 성과도 강조하고 있다는 것이다.

사업계획의 구성 방식은 투자자의 요구, 사회복지 기업가가 주안점을 두고자 하는 것 또는 여러 가지 다른 이유로 큰 차이를 보일 수 있지만, 사회복지경영을 위한 기본적인 사업계획은 다음에 기술하는 8개의 절로 구성되어 있다.

① 개요
② 프로그램 개념
③ 시장과 경쟁분석
④ 마케팅 계획
⑤ 운영계획
⑥ 재무계획
⑦ 경영진 정보
⑧ 부록

최종 계획서는 여기서 기술한 모든 구성요소를 포함하여 약 30페이지 정도의 분량이 되어야 한다. 계획서의 본문은 통상 행간 여백 없이(single-spaced) 작성한다. 그림과 표, 특히 재무적 스프레드시트는 보통 계획서의 말미에 붙이지 않고 계획서 본문에 포함하여 작성한다. 이들은 기본적인 사업계획을 작성하는 데 도움이 되는 지침이다. 구성 방식은 다양하다. 장래의 투자자 또는 기금 제공자는 사업계획의 특정 부문을 추가하고 변경하거나 수정할 것을 요구할 수도 있다. 사업계획의 길이 또한 상황에 따라 다를 수 있다.

1) 개요

개요는 특정 사회복지 프로그램 아이디어에 대한 홍보를 최초로 할 수 있는 부분이다. 제1장과 제4장에서 논의한 홍보를 할 때 초점을 두어야 하는 것들에 대해 상기해 보라. 이것은 또한 사업계획을 수립하는 데 있어서 중요한 기술이기도 하다.

개요의 길이는 약 한 페이지 정도가 이상적이다. 필요한 정보 모두를 포함하기 위하여 조금 더 길게 쓸 필요가 있다고 하더라도 최대 두 페이지를 넘지는 않아야 한다. 기본적인 경험 법칙상 5분 이내로 프로그램 아이디어를 요약할 수 없다면, 그것은 너무 길다는 것이다. 투자자나 기금 제공자가 여러분 프로그램의 사업계획을 살펴볼 때 첫 번째로 살펴볼 가능성이 가장 큰 부분이 사업 개요이다. 개요가 어떤 흥미를 촉발시킨다면 나머지 부분도 더 읽게 될 것이다. 그렇지 못하다면 다른 모든 노력이 허사가 될 것이다. 통상 사업계획의 기타 모든 구성요소가 완성되어 이해된 후 개요 부분을 마지막에 쓰는 것이 가장 쉽다. 그럼에도 불구하고 개요에는 독자의 관심을 끌기 위하여 간결하고 매력적인 스타일로 된 다음과 같은 구성요소가 포함되어야 한다.

- 기본적인 프로그램 개념에 관한 간명한 설명
- 시장 규모에 대한 개관 및 시장점유율 확보 가능성 제시
- 예상되는 주요 경쟁 상황 논의
- 수익 확보와 사회적 영향력 성취를 위한 총괄계획

- 신규 프로그램이 미칠 사회적 영향에 대한 구체적 기술(예: 상업적인 사업과 얼마나 다른가?)
- 핵심 지도자의 간략한 주요 경영 이력

2) 프로그램 개념

프로그램 개념 절에서는 프로그램 개념에 관한 세부적인 내용을 깊이 있게 탐구한다. 서비스 대신 제품을 출시하는 데 관심이 있는 사람들을 위해서도, 프로그램이나 서비스 아이디어 대신 제품 개념을 기술하는 데 이 절의 내용이 아주 유사하게 사용될 수 있다. 해당 유형의 프로그램이 존재하는 전체 시장의 맥락에서 특정 프로그램의 개념을 이해하는 것은 중요하다. 즉, 해당 프로그램의 역사 및 성공이나 실패에 대한 지식, 성공하거나 성공하지 못한 이유뿐만 아니라, 특정 프로그램이 소속된 산업에 대한 입증되고 강력한 이해가 있어야 한다. 이 절에는 다음과 같은 구성요소가 포함되어야 하며, 총 길이는 2~4페이지 이내여야 한다. 이들 항목을 설명하기 위해 도표를 사용해도 좋다.

- 프로그램 서비스(또는 일부의 경우 제품)에 대한 기술
- 프로그램이 속한 산업에 대한 기술
- 신규 프로그램 출시 조직의 개관 및 그 역량
- 산업 전체 프로그램 서비스(또는 제품)의 이력
- 시장 기회와 시장점유율에 대한 기술
- 프로그램 일정 설명. 추정에 기초하여, 언제 또는 어떻게 사업이나 프로그램이 재무적으로뿐만 아니라 사회적 영향 측면에서도 성공하게 될 것인가? 사회적 영향은 어떻게 정의하고 있는가?(제6장에서 자세히 다룰 것임)

3) 시장과 경쟁분석

시장과 경쟁분석 절의 내용은 일부 사회복지경영자가 전통적인 지원금 제안서를 작성하여 그것의 필요성에 대한 욕구사정(needs assessments)을 받는 것과는 상당히 다르다. 여기서 핵심적인 것은 사업계획은 반드시 고객들의 욕구(need)가 아닌 고객들의 수요(demand)에 바탕을 두게 된다. 즉, 사업계획은 특정 서비스에 대한 잠재적 시장을 검토하고 프로그램 서비스에 대한 수요를 추정함으로써 만들어진다는 것이다. 사람들은 새로운 서비스를 원할까? 그리고 신규 서비스에 대하여 사람들은 얼마나 지불할 용의가 있을까? 이러한 수요 추정은 욕구사정과는 다르다. 욕구사정은 전문가들이 한다. 즉, 사람들이 필요로 하는 것이 무엇인지를 전문가들이 결정하는 것을 욕구사정이라고 하는데, 이러한 전문가들의 결정이 반드시 사람들이 원하거나 요구하는 것과 일치하지는 않는다는 것이다. 여기서 강조되어야 할 것은 고객이 원하고 기꺼이 지불할 용의가 있는 것이 무엇이냐는 것이다. 그것은 고객이 필요로 하는 것(지불할 용의가 없을 수도 있음)과 반드시 일치하지는 않을 수도 있다. 통상 이 절에서는 고객에 대한 시장조사와 장래 시장으로부터 수집한 일차 자료에 바탕을 둔다. 따라서 사업계획서에 이 절과 관련된 내용을 작성하기 전에 적절한 자료를 활용할 수 없다면 예비조사를 수행할 필요가 있을 것이다.

또한 이 절에서는 다음과 같은 사항을 포함시키는 것도 중요하다. 서비스나 제품 시장에 존재하는 경쟁 상황을 간략하게 분석하고, 시장에서 최고 및 최대의 이용 프로그램이 되기 위한 경쟁의 이점을 얻기 위한 전략을 기술하는 것이다. 신규 프로그램을 위한 적절한 전략을 결정할 때 포터(Porter, 1980)의 포괄 전략을 참고하면 많은 도움이 될 것이다. 포터의 포괄 전략은 원가우위(cost leadership) 전략, 차별화(differentiation) 전략, 집중화(focus) 전략이다. 원가우위 전략은 본질적으로 가격 경쟁을 하고 비슷한 품질에 대하여 고객이 이용할 수 있는 최적의 가격을 제시하는 전략이다. 차별화 전략은 고객이 선택하여야 하는 시장에서 아주 독창적이고 비할 데 없는 제품 또는 서비스를 제공하는 전략이다. 집중화 전략은 앞의 두 전략을 조합한 것이지만, 아주 특별한 시장 세분화(market segment)를 강조하는 전략이다. 시장 세분화에 초점을 맞춤으로써, 여러분의 프로그램은 특정 세분화된 시장의 수요를 면밀하게 이해한 덕분에 높은 시장점유율을 확보할 수 있다. 그러므로 다음 항목들이 이 절에서 추가적으로 제공되어야 한다.

- 이용 가능한 자료에 기초한 신규 프로그램의 시장 수요 입증
- 목표 대상이 되는 고객, 클라이언트, 기부자 등은 누구인가?
- 시장점유율, 규모 및 추세
- 이용 가능한 자료에 기초한 고객(또는 기금 제공자)의 지불 의향 추정
- 신규 프로그램으로 인한 부가가치, 고객의 편익 및 문제 해결
- 프로그램의 경쟁적 분석. 가장 밀접한 경쟁자는 누구인가? 경쟁업자가 제공하는 비슷한 유형은 무엇인가? 여러분의 프로그램을 차별화하는 것은 무엇인가?
- 경쟁상 이점 진술. 고객을 더 많이 확보한다는 의미에서, 신규 프로그램이 이미 시장에 나와 있는 유사 프로그램에 비하여 얼마나 우수하고 또 우수한 이유는 무엇인가?

4) 마케팅 계획

마케팅 계획이나 로드맵은 프로그램 아이디어가 어떻게 시장으로 출현하고 실제로 고객, 클라이언트, 기부자 등에게 판매되는지에 관한 것이다. 다른 말로 하면, 지금까지의 사업계획은 프로그램 개념을 성공적으로 제시하

고 특정 프로그램에 대한 시장 수요를 설명하는 것이었다. 이제 사업계획에서는 해당 프로그램이 실행 가능하고 투자 가치가 있다는 것을 보여 주기 위하여, 프로그램 아이디어가 어떻게 시장과 결부되고, 시장 수요를 채울 수 있으며, 시장점유율을 상당히 차지할 수 있을 것인가를 효과적으로 설명하여야 한다. 사업계획서 내의 마케팅 계획은 다양한 형태를 취할 수 있다. 일부 마케팅 계획은 그것 자체로 전체 시장의 매우 복잡한 제품에 대하여 설명해야 하므로 수십 페이지가 될 수 있다. 제4장에서 기술하였듯이, 휴먼 서비스 프로그램이나 조직의 독립적인 마케팅 계획은 5~6페이지 정도가 이상적이다. 그러나 단순하게 하면, 사업계획서 내의 특정 사회 프로그램 아이디어에 대한 간결한 마케팅 계획은 다음의 체계를 2~3페이지로 논의하면 된다(이러한 내용은 제4장에서 자세히 소개되었다). 그림과 표를 이용하면 다음 항목들의 일부를 기술하는 데 도움이 된다.

세분화–표적화–위치화(STP) 체계

- 세분화: 신규 프로그램의 잠재적인 시장을 다양하게 세분화하여 기술함.
- 표적화: 신규 프로그램이 초점을 두고 있는 세분화된 시장을 선택하고, 세분화된 시장 선택의 근거를 기술함.
- 위치화: 신규 프로그램이 표적 세분화된 시장에서 최적으로 위치하는 방법을 기술함.

4P 체계

- 제품(또는 서비스): 시장에 나오는 제품은 무엇인가?
- 가격: 비용은 얼마인가?
- 유통: 어디에서 제공되는가?
- 판매촉진: 고객이 서비스를 알게 하는 방법은 무엇일까?

5) 운영계획

지금까지 사업계획에서는 사회복지경영자나 조직이 프로그램 개념을 실질적으로 수행하는 방법에 초점을 맞추지 않았다. 현재까지 문헌상으로는 프로그램 개념의 의미가 무엇인지, 시장이 프로그램 개념의 도입에 대하여 기대하는 바가 무엇인지, 신규 프로그램이 시장에 얼마나 효과적으로 판매될 것인지 등에 관하여 많은 논의가 있었다. 그러나 제안된 프로그램의 실질적인 메커니즘은 무엇일까? 그러한 프로그램들은 어떻게 작동할까? 그 프로그램을 대규모 기관의 프로젝트로 출시한다면 어떻게 전체 조직이 프로그램을 운영할까? 이러한 질문들은 사업계획의 운영계획 절에서 간단하게 답할 필요가 있다. 이 절은 약 2~3페이지 정도가 될 것이고, 다음과 같은 내용을 포함하여야 한다.

- 프로그램의 작동방법에 대한 설명. 신규 프로그램의 모든 측면을 수행하는 데 필요한 메커니즘은 무엇인가?
- 프로그램의 운영 사이클(시각표 및 일정). 주 단위로 할 수도 있고, 월 단위로도 가능. 때로는 제안된 프로그램의 설계에 바탕을 둔 일정 수립
- 물류: 서비스 입지, 제품이나 서비스 전달의 세부사항, 제조과정 등
- 인재(talent)를 확보하고 유지하기 위한 인적자원 전략과 계획
- 필요한 규제와 법적 현안에 대한 논의

6) 재무계획

사업계획서에서 재무계획은 명백하고 현실적으로 그려 내는 것이 가장 중요하다. 개요와 더불어 재무계획은 프로그램 아이디어에 관심을 가진 투자

자와 기금 제공자가 자신의 의사결정을 할 때 아주 중요하게 고려하는 부분이다. 관심을 가진 투자자가 개요 이외의 무언가를 읽기 전에 사업계획을 훑어보고 제시된 아이디어의 재무적 실행 가능성을 살펴보는 것은 드문 일이 아니다. 재무계획에는 스프레드시트의 형태로 된 재무적 추정(제2장의 [그림 2-10]에서 제시한 추정손익계산서 참조)뿐만 아니라 스프레드시트에 있는 수치들에 대한 서술적 설명 및 그러한 수치들의 도출 근거가 제시되어야 한다. 전체적으로 이 부분은 사업계획서에서 2~3페이지 정도의 분량으로 포함되어야 한다. 일부 투자자와 기금 제공자는 프로젝트에 어느 정도 관심을 가지고 있다면 더 세부적인 재무제표를 요구할 수도 있을 것이다. 그러나 최초의 사업계획에는 다음과 같은 핵심 구성요소가 포함되어야 한다는 것을 명심해야 한다.

- 필요한 스타트업 기금과 이용계획. 서술적 형식으로 설명 가능
- 과거 5년간의 재무제표(가능할 경우)
- 신규 프로그램의 향후 5년간 추정계획. 가능하다면 다음과 같은 추정재무제표 작성
  - –손익계산서
  - –현금흐름표
  - –재무상태표

7) 경영진 정보

대개 기금 제공자와 투자자는 금융 투자의 관리인이 될 핵심 관리자와 직원에 관한 정보를 많이 알고 싶어 한다. 투자자가 경영진이 기업가 정신에 투철하고 혁신적일 뿐만 아니라 투자 자금을 잘 관리할 수 있다는 사실을 이해

하는 것은 중요하다. 대개 투자 자금은 많은 금액을 다루기 때문에 적절히 관리되어야 할 필요가 있기 때문이다. 그러므로 사업계획에는 핵심 직원 모두에 대한 인물 소개가 포함되어야 하며, 핵심 직원에는 당연히 이사진과 최고경영진이 포함된다(인물 소개를 작성하는 데 도움이 될 만한 인터넷 자료는 이 장 말미에 첨부되어 있으며, 이 책에서 필자에 대한 소개 부분을 참조하기 바란다. 도움이 될 것이다). 덧붙여 기관구조 안에서 앞으로 사업계획을 실행하는 데 중요한 역할을 맡은 프로그램 직원이 있다면 그 직원도 포함시켜야 한다. 투자자는 경영진에게 제시할 총보수(봉급, 수당 등)가 어떻게 구성되어 있는지에 관심을 가진다. 이것은 투자자들에게 요청된 자금이 그 사업을 하는 데 필요한 인재를 뒷받침할 만큼 충분한지를 투자자들이 이해하는 데 도움을 준다. 마지막으로 조직도는 보다 복잡한 조직에서 보고관계를 그림으로 설명하는 데 도움이 될 수 있다. 다음은 경영진 정보부문에 포함되어야 하는 목록이며, 그 길이는 5페이지를 넘기지 않아야 한다.

- 핵심 경영진의 약력
- 이사진 명단 및 약력 소개
- 경영진 및 핵심 직원의 보수(그리고 영리회사라면 소유구조)
- 조직도

8) 부록

마지막으로 어떤 상황에서는 다양한 문서를 사업계획서의 뒤쪽에 첨부할 것을 요구하기도 한다. 전체 사업계획을 약 30페이지 이하로 작성하기 위하여 가능하다면 부록 절은 5페이지 이내로 제한하는 것이 좋다. 부록에 포함시키는 것이 중요한 항목으로는 다음과 같은 것이 있다. 이것은 구체적인 프로그램 아이디어에 따라 다를 것이다.

- 사업계획에서 인용하거나 활용한 참고문헌
- 핵심 경영진 구성원의 이력서
- 조직이나 경영능력에 대한 관련 언론 기사
- 제품명세서
- 지리 · 공간적 지도: 지역사회 내에서 서비스의 입지를 보여 주는 데 유용
- 필요에 따라 다채로운 차트와 표

간단히 말해, 기본적인 사업계획은 상위 절과 하위 절로 이루어진다. 이 장에서 제시된 실제 절과 그에 딸린 절을 여러분 사업계획서 내의 장/절로 이용하여 사업계획서를 구성하면 된다. 〈표 5-1〉에는 전반적인 사업계획서 내에서 각 장/절의 전반적 목적 및 권고되는 길이 등에 대하여 간략히 정리되어 있다.

〈표 5-1〉 사업계획 양식 요약

계획서의 장/절	전반적 목적	길이 권고안
개요	프로젝트 아이디어 홍보(sales pitch)	1~2페이지
사업/프로그램 개념	제품/서비스 기술과 배경	2~4페이지
시장분석	시장, 고객 수요, 지불의사, 경쟁 등	2~3페이지
마케팅 계획	제품/서비스 시장 진출 방법에 대한 로드맵 STP와 4P 틀	2~3페이지
운영계획	사업계획의 모든 사항의 실행 방법	2~3페이지
재무계획	(가능한 경우) 5년간 추정재무제표, 손익계산서, 재무상태표, 현금흐름표	2~3페이지
경영진	이사진과 경영진 구성 및 조직구조	최대 5페이지
부록	참고문헌, 이력서, 언론기사 등	최대 5페이지

3. 현장의 관점: 사회복지 환경 내 사업계획 수립

필자는 새로운 사회사업(social venture)의 사업계획을 수립하고 개정하기 위하여 약 1년 동안 럿거스 대학교 사회복지대학원(MSW)을 최근 졸업한 패티 모지타(Patty Mojta)와 일한 바 있다. 그녀가 개발한 이 사업은 '부모의 세계(Parent Universe)'라고 불리는 사업인데, 뉴저지주 아동의 권익 옹호 및 예방 서비스에 헌신하고 있는 비영리 휴먼 서비스 조직인 뉴저지 아동학대예방단체(Prevent Child Abuse New Jersey, Inc.)의 영리적인 보조사업이다. 패티가 세운 기관의 상임이사와 이사진은 이 사회사업에 대해서 그녀가 생각하는 것과 시장에 진출하는 것을 적극적으로 지원하고 있었다. 그 밖에도 2012년에 패티는 럿거스 경영대학원 뉴저지 사회혁신연구소(New Jersey Social Innovation Institute)의 펠로(fellow)로 선정되었다. 여기서 그녀는 6개월 동안 다양한 사업계획 수립 관련 공부를 하였고, 그녀의 새 사업에 대한 기술 지원도 받았다.

여러분에게 부모의 세계 사업의 개요, 논의를 위한 질문, 이 사업의 완성된 사업계획을 소개하고 싶다. 이 내용은 모두 이 책 마지막의 부록에 수록되어 있다.

4. 요약

이 장의 일차적인 목적은 사회복지경영자에게 사업계획 수립과 관련된 내용을 소개하는 것이었다. 특히 이 장에서는 오늘날의 경쟁적인 휴먼 서비스 환경에서 사업계획 수립의 필요성을 검토하였다. 다음으로, 사회 프로그램 개념을 위한 기본적인 사업계획 작성체계를 제공하고, 기본적인 사업계획서의 각 절에 필요한 내용들을 검토하였다. 또한 이 장에서는 사회복지경영자가 설립한 기업적인 프로그램의 개요를 소개하였고, 여러분의 연구와 참고를 위해 이러한 프로그램의 사업계획도 제공하였다(이러한 항목들은 이 책의 부록에 포함되어 있다). 결론적으로 오늘날의 사회 문제는 제약된 경제적 환경에서 새로운 경영 해법을 요구하고 있는데, 이러한 점에서 사업계획을 수립하는 것이 문제에 대처하는 핵심적인 수단이라는 것이다.

이 장에서의 내용 이해를 확실히 하기 위해 중요한 몇 가지 개념은 다음과 같다.

- 한때 영리조직에만 알려졌던 과정인 사업계획 수립이 이제는 휴먼 서비스 조직에서도 아주 통상적인 것이 되고 있다. 사실 사회복지경영자들은 보조금 조달(grant funding)을 위한 보다 전통적인 방식과는 달리 기금 제공자로부터 프로그램과 조직에 대한 사업계획 작성을 요구받고 있다.
- 사회복지 분야의 사업계획과 상업적인 사업계획의 주요한 차이는 사회복지 분야의 사업계획에서는 재무적 능력(financial viability)뿐만 아니라 사회적 영향, 즉 제기된 사회 문제를 해결할 정도로 해당 프로그램이 미치는 사회적 영향에 초점을 맞추고 있다는 점이다.
- 사회복지 프로그램 또는 조직의 사업계획은 길이가 약 30페이지 정도 되는 것이 좋으며, ① 개요, ② 프로그램 콘셉트, ③ 시장 및 경쟁력 분석, ④ 마케팅계획, ⑤ 운영계획, ⑥ 재무계획, ⑦ 경영진 정보, ⑧ 부록의 9개 요소를 포함하여야 한다(사업계획 예시는 부록 3 참조).

연습

- 이 장의 앞부분에 4개 가상 조직 (주)노숙자를 위한 서비스(Services for the Homeless), (주)ABC 카운슬링(ABC Counseling), 사회서비스 연합(Social Services United), 미래의 청년(Youth of Tomorrow)에 대한 사례가 제시되어 있다. 2~5인으로 팀을 구성하여 이들 사례 중 하나를 선택하여 세부사항을 검토하여 보라. 명백히 언급되지 않은 정보에 대해서는 필요하면 가정을 해 보라. 그런 다음 사례에서 제시된 사업 아이디어에 대한 중요 항목의 개요를 작성해 보라. 팀에서 발표자를 한 명 선정한 후 선정된 발표자는 2분 이내에 학급의 나머지 학생에게 준비한 개요를 설명해 보라.
- 전통적인 기금 모금 및 보조금 조달 방식과 사업계획을 구분하는 가장 중요한 개념들 중의 하나는 경쟁력 분석이다. 여러분의 직장이나 현장실습 기관에서 운영하는 프로그램을 생각해 보고, 그 프로그램의 잠재적인 사업계획상의 시장분석 및 경쟁력 분석을 해 보라. 그 프로그램 서비스 시장에는 어떤 경쟁이 존재하고 있는가, 그리고 그 시장에서 경쟁상의 이점을 확보하기 위해서는 어떻게 해야 할 것인지를 생각해 보라.
- 사업계획에 포함하거나 기타 전문적인 용도로 사용하기 위하여 생생하게 스케치해 보라. 이를 하는 데 참고하거나 도움을 받으려면 뒤에 나오는 웹사이트('전문가적인 경력 작성 7단계')를 방문해 보라. 이 웹사이트에서는 전문가적 생생 스케치를 개발하는 방법을 알려 줄 것이다. 여러분의 살아 있는 스케치를 개발한 후, 링크드인(LinkedIn) 프로필(제3장 연습 참조)에 개요를 게시할 수 있다.
- 여러분의 직장이나 현장실습처에서 운영하는 프로그램이나 기관의 분기별 손익계산서를 수집하라. 여러분이 수집한 손익계산서에 기초하여 5년간 추정손익계산서를 작성해 보라(제2장의 [그림 2-10] 참조). 분기 손익계산서를 연차 손익계산서로 전환하기 위해 1년 단위로 전환하는 과정을 적용하라

(제2장의 수익 비용의 1년 단위 전환에 관한 부분 참조). 또한 분기별 손익계산서를 수집할 수 없다면, 합리적인 가정을 바탕으로 필요한 수치를 추정해서 작성해도 좋다. 수익의 원천은 무엇인가? 발생할 것으로 추정되는 비용은 무엇인가? 이러한 연습의 가장 중요한 부분은 분기별 손익계산서를 수집하는 데 있는 것이 아니고, 현재의 분기별 손익계산서에 기초하여 향후 5년간의 추정손익계산서 작성방법을 실습하는 데 있다.

인터넷 자원

로버츠 기업 개발기금(The Roberts Enterprise Development Fund): 자금을 조달하고 사회적 기업을 개발하는 데 도움을 제공하는 자선형 중개기관이다. 이 웹사이트에서는 사업계획 수립과 기타 필요한 유익한 툴(tools)을 제공하고 있다. 등록은 무료이지만 툴에 접근하기 위해서는 승인을 받아야 한다. www.redf.org

기업가정신과 혁신을 위한 버클리 센터(Berkley Center for Entrepreneurship and Innovation): 미국 뉴욕 대학교 스턴 경영대학원 내 설치된 선도적 학술 센터이다. 버클리 센터에서는 기업활동을 하는 공동체에 많은 프로그램과 서비스를 제공하는데, 여기에는 사회적 기업 아이디어 공모전을 개최해서 당선작에 대해서는 상금을 지급하기도 하고, 사회적 기업가들을 위한 연례 콘퍼런스를 개최하는 것 등이 포함된다. www.stern.nyu.edu/experience-stern/about/departments-centers-initiatives/centers-of-research/berkley-center/index.htm

스코어(SCORE): 미국 전역의 중소기업 발전을 위해 미국 중소기업청에서 지원하는 조직이다. 무료 다운로드가 가능한 많은 유용한 툴 중에, 이 웹사이트에서 제공하는 툴키트(toolkits)에는 비영리조직의 사업계획 수립에 유용한 툴키트도 포함되어 있다(www.score.org/resources/business-planning-tools-nonprofit-organizations). 기타 정보, 기사, 툴들도 여기서 이용할 수 있다. www.score.org

전문가적인 경력 작성 7단계(The Seven Steps to Writing a Professional Bio): 사업계획서(또는 다른 이유로 경력 작성 시)에 여러분 자신에 관한 경력을 간명하고 전문가적으로 작성하는 데 아주 유용한 템플릿이다. http://umassalumni.com/career-blog/2011/10/the-seven-steps-to-writing-a-professional-bio/

이력서(Resumes and Vitas): 퍼듀 대학교의 온라인 글쓰기 교실에서는 사업계획서 작성 용도의 또는 일반적인 구직 목적을 위한 이력서 작성방법에 관한 좋은 정보를 제공하고 있다. http://owl.english.purdue.edu/owl/section/6/23/

비영리조직을 위한 보상자문(Compensation Advice for Nonprofits): 세계적인 인적자원 컨설팅 기업인 왓슨 와이어트 월드와이드[Watson Wyatt Worldwide, 지금은 타워스 왓슨(Towers Watson)으로 알려져 있음]의 전 회장, CEO 그리고 의장인 피트 스미스(Pete Smith)가 운영하는 웹사이트이다. 이 웹사이트에서는 전문상담소(boutique consultancy) 및 비영리조직을 위한 블로그를 운영하고 있는데, 사업계획 등에 필요한 보상 관련 결정을 위한 좋은 자원이 많이 제공되고 있다. www.nonprofitmusings.com

제6장

영향, 지속 가능성 및 효과성/성과 측정

“우리가 측정이 가능할 것 같은 무언가를 측정하려 하고 있거나 휴먼 서비스 또는 사회적 프로그램의 영향과 지속 가능성에 대한 표준적인 측정치와 유의미한 성과 측정방법을 찾으려고 무의미하게 시간을 보내고 있는 것은 아닙니까?” 이것은 필자가 참석했던 비영리조직 및 자원봉사활동 연구협회(Association for Research on Nonprofit Organizations and Voluntary Action: ARNOVA)의 2011 연례 콘퍼런스에서 ‘평가: 현재의 추세와 도전’이라는 주제를 다루었던 한 패널의 청중이 던진 당혹스러운 질문이다. 확실히, 최근에 모든 유형의 휴먼 서비스 프로그램에서 책임성(accountability)이 높아진 이후 휴먼 서비스 경영을 연구하는 학자, 사회복지경영 실천가 및 기금 제공자들은 사회적 영향과 지속 가능성의 정의에 대하여 토론을 벌여 왔고, 프로그램과 조직의 성과나 효과성 측정을 비영리와 공적 휴먼 서비스 부문에서는 어떻게 해야 하는가에 대해서도 논의를 해 왔다(Maas & Liket, 2011; Brown, 2010; Carman, 2011). 불행히도, 영리 또는 기업 부문에서 재무적 수익률 지표가 종종 회사의 성과 또는 효과성 척도로 사용되는 것과 같이, 비영리 또는 휴먼 서비스 부문에서의 전체적인 효과성을 측정할 수 있는 ‘확실한 표준(gold standard)’ 척도가 확립되어 있지 않다. 최근 ARNOVA 콘퍼런스에서 제기된 질문이 나타내는 바와 같이, 이들 이슈가 연구뿐만 아니라 실무에서도 어떻게 다루어져야 하는지에 대하여 전반적으로 의견 불일치나 혼란이 어느 정도 존재한다.

몇몇 사회복지경영자와 학자들은 프로그램이나 조직의 성과 측정이 휴먼 서비스 부문, 특히 비영리 휴먼 서비스 조직에서 중요한 것인지 의구심을 갖고 있는 것도 사실이다. 결국 이러한 조직들은 필요로 하는 사람들에게 최우선적으로 서비스를 제공하기 위해 설계된 자선조직이라는 말이다. 맞는 말이지 않은가? 필요로 하는 사람들에게 서비스를 제공하는 것이 가장 중요한 목표일 텐데, 그렇다면 왜 다른 것, 중심적인 목표도 아닌 것에 초점을 맞추어야 한다는 말인가? 극단적인 관점에서 보면, 팔로타(Pallotta, 2008)가 말했듯이 재무적 지표만으로 성과를 측정하면(이것이 우리가 잘 할 수 있는 모든 것이라 가정할 때) 그것은 자선조직이 얼마나 사회를 뒷받침하고 자선적 미션(charitable mission)을 수행하고, 사회적 영향을 창출하는지와는 거의 관계가 없다. 그러면 도대체 우리는 왜 성과 측정 문제로 힘들어해야 하는가?

그렇지만 성과 측정이 비판을 받고 있고 결코 완벽하지는 않다고 할지라도, 휴먼 서비스 조직(공공조직과 비영리조직 모두)이 재무적으로 지속 가능하고, 자선적 미션을 효과적으로 수행하며, 사회적 영향을 측정하고 보고하라는 압력이 지금보다 더 크게 가해진 적은 없다(Lynch-Cerullo & Cooney, 2011; Carman, 2009). 그런 의미에서 이 책에서 작게라도 할애해서 이러한 개념들을 이해시키고 우리의 생각을 진전시키려고 노력하는 것은 정말로 중요하다 하겠다. 이 장에서는 사회복지 분야에서 일어나는 성과 측정의 혼란을 완벽하게 해결하려는 것이 아니라, 궁극적으로는 이러한 이슈들에 관한 관심을 증가시키고 또 지속적인 관심을 두는 것이 어떻게 사회복지 프로그램 및 조직의 영향을 측정하기 위한 표준적인 측정지표 개발로 이어질 것인지를 강조하려는 것이다.

따라서 이 장에서는 사회적 영향과 재무적 지속성이 통상적으로 어떻게 정의되고 있는지에 대한 논의를 간략히 하는 것으로 시작할 것이다. 그런 다음 서로 다른 유형의 조직들에서 전형적으로 사용하고 있는 프로그램이나 전체 조직의 성과 또는 효과성 측정방법에 관하여 논의할 것이다. 이어서 사회적 영향 차원에서의 성과를 측정하려는 중요한 도구로서 논리 모형(logic model)을 설명할 것이다. 마지막으로, 이미 안정적으로 정착된 사회적 기업 형태의 휴먼 서비스 조직을 이끄는 한 사회복지경영자와의 인터뷰를 발췌해서 인용하는 것으로 마무리를 할 것이다. 여기에서는 해당 조직이 행하는 여러 프로그램들의 영향과 지속 가능성 측정방법에 초점을 맞출 것이다.

1. 영향, 지속 가능성, 효과성 또는 성과의 정의

휴먼 서비스 프로그램이나 조직의 건전성을 다룬 문헌들에서는 효과성 또는 성과, 즉 휴먼 서비스 프로그램이나 조직이 그들의 핵심적인 미션을 통해 해결하고자 하는 사회 문제나 문제점들을 어떻게 적절히 다룰 것인지에 대한 주요 개념들을 설명하기 위해 다양한 용어를 사용하고 있다. 사회적 영향(social impact)이란 본질적으로 프로그램이나 조직이 비금전적인 방식으로 클라이언트, 클라이언트 집단, 가족 단위, 지역사회, 사회 등에 미치는 변화로 간주될 수 있다. 반면, 재무적 지속 가능성은 프로그램이나 조직이 자신들의 서비스를 중단 없이 제공하는 데 충분할 정도로 어떻게 수익을 창출할 수 있는지와 관련이 있다. 그러므로 사회적 영향은 프로그램이나 조직의 건전성 스펙트럼 측면에서 보면, 소위 재무적 성과로부터는 반대 편 끝에 위치한다. 재무적 지속 가능성이 금전적 부가가치를 언급하고 있다면, 사회적 영향은 어떤 의미에서 비금전적 부가가치와 관련이 있다. 지속 가능성은 또한 환경적 차원, 즉 어떤 프로그램이나 조직이 물리적 환경을 얼마나 잘 유지할 수 있는지(또는 적어도 파괴하지는 않는지)에 따라 개념화할 수 있다는 것을 주목하여야 한다. 이러한 생각이 사실 중요하고 또한 주목받을 만한 가치가 있다고 할지라도, 이 장에서 필자가 지속 가능성을 논의할 때에는 특별히 재무적 지속 가능성에 대해 언급하려고 한다. 이는 현재 휴먼 서비스 조직에서 환경적 지속 가능성보다 재무적 지속 가능성에 더 많은 관심을 두고 있기 때문이다. 아마도 이 분야의 재무적 지속 가능성 문제를 정복하게 되면, 우리의 관심사를 환경적 차원으로 옮길 수 있을 것이다.

효과성으로도 알려져 있는 성과 개념에 대한 정의를 잘하려면 다음과 같은 용어를 먼저 검토하고 이해할 필요가 있다. 우선, 기업 성과(firm performance)라는 말은 휴먼 서비스나 사회복지 문헌에서, 특히 공공부문 조직을 언급할 때에는 거의 사용된 적이 없다. 비영리조직이 실제로 법인화되어 표면적으로는 영리기업처럼 보인다고 하더라도 사회복지 분야의 기업은 조직이나 자선단체로 언급된다(Patti, 2009). 더욱이 이러한 주제를 다룬 문헌들에서 성과(performance)라는 용어는 효과성(effectiveness)이라는 단어로 대체되는 경우가 많고, 가끔은 영향(impact)이라는 단어로 대체되기도 한다. 따라서 이러한 용어들이 사용될 때 어떤 학자나 실천가가 실제로 무엇에 관하여 이야기하는지를 이해하려고 하는 것은 매우 중요하다.

일반적으로 말하면, 사회복지 분야에서 프로그램 또는 조직 효과성이라는 용어는 전략적 경영 관련 문헌과 영리기업 경영 실무 분야에서 통상적으로 사용되는 기업 성과(firm performance)와 거의 같은 개념으로 보면 된다. 이러한 모든 개념은 적어도 휴먼 서비스 영역에서는 프로그램이나 조직이 긍정적인 사회적 성과를 거둔다는 것에 초점을 두지 않고서는 효과적일 수도 없고 업무를 잘 수행할 수 없다는 의미에서 사회적 영향이라는 용어와 관련이 있다. 실제로 사회복지 조직에서 다양한 프로그램 또는 조직 전체의 재무적 지속 가능성이 있다는 것은 중요한 문제이다. 그러므로 영향과 지속 가능성은 모두 휴먼 서비스 부문의 성과 또는 효과성을 나타내게 된다. 마지막으로, 프로그램 평가(evaluation) 개념은 비영리나 공공관리 문헌에서 자주 논의되고 있다. 여기서 언급한 모든 것에도 불구하고, 적어도 학문적인 관점(Herman & Renz, 2008; Wang, 2002)에서 휴먼 서비스 조직들 사이의 조직 성과 또는 프로그램 수준에서의 프로그램 효과성에 대한 개념 그리고 그것을 어떻게 측정할 것인가 하는 것은 문헌에서 지속적으로 활발히 논의되어야 한다고 생각한다.

이 장에서는 앞서 언급한 모든 개념을 설명하는 데 초점을 두었다. 이들 관련 개념에 대하여 설명을 하면 얼핏 혼란스러울 수도 있다. 그러나 이 주제에 관한 많은 문헌에서도 유사한 혼란이 있다. 따라서 이 주제와 관련된 내용을 더 명확히 하기 위하여 더 많은 학문적 연구가 필요하다는 점은 아무리 강조해도 지나치지 않는다고 생각한다. 이 장의 목적과 여러분의 학습을 위해 다시 한 번 강조한다. 영향, 지속 가능성, 효과성 및 성과에 대한 정확한 의미는 상황에 따라 다를 수 있고, 이러한 개념들은 총체적인 조직 건전성, 개별 프로그램이나 프로젝트의 건전성, 휴먼 서비스 조직의 미션이 측정되는 어떤 다른 기준(benchmark)일 수도 있다는 것을 이해하는 것이 중요하다. 또한 사회적 영향과 재무적 지속 가능성은 뚜렷이 구별되는 개념이라는 것을 명심해야 한다. 프로그램이나 조직의 효과성과 관련하여 작동하는 이러한 두 가지 요소는 휴먼 서비스 효과성을 측정하기 위한 궁극적인 척도이다. 이것은 아직 간명하게 정의되지 못했다.

2. 프로그램 또는 조직의 효과성/성과 측정

프로그램이나 조직의 효과성을 정의하는 것이 이론적으로는 어려울지라도, 사회복지경영자가 그것을 측정하는 것은 여전히 필요한 일이다. 측정의 첫 번째 단계는 프로그램을 수행하거나 조직을 운영하면서 여러분이 성취하고자 하는 것을 가능한 한 가장 적합하게 정의하는 것이다. 키컬과 라이언스(Kickul & Lyons, 2012)가 기술하였듯이, 이것은 여러분이 제안하는 사회적 가치이거나 프로그램 및 조직이 지역사회 또는 전체 사회를 대상으로 하고자 하는 공헌의 본질이다. 이는 본질적으로 여러분이 다른 유형의 사업이 아닌 사회복지 사업을 하고 있는 이유이다.

여러분이 큰 조직 안에서 프로그램을 운영하고 있다면, 제시된 사회적 가치가 조직의 핵심 미션과 동등할 수도 있고 그렇지 않을 수도 있다. 예컨대, 어떤 휴먼 서비스 조직이 시카고에서 노숙자(homeless)가 없는 도시를 만들려는 미션을 가졌다면 시카고 전역에서 다양한 프로그램을 운영하게 될 것이다. 기관 전체의 효과성이나 성과 측정은 프로그램별로 사용된 측정과는 다르다는 것이 아주 당연하다. 이 기관의 프로그램들 중 하나의 주목적이 시카고 어떤 지역의 가족들에게 매일 아침, 점심, 저녁을 제공하는 무료급식소를 운영하는 것이라고 잠시 상상해 보자. 이 프로그램에서는 프로그램 운영 성과물(outcomes)을 특정 주나 월에 제공한 식사 건수로 측정하려고 할 수 있다. 나아가 아침, 점심, 저녁으로 총 식사 건수를 구분하여 측정할 수도 있다. 또한 특정 지역의 무료급식소를 자주 이용하는 클라이언트들의 영양건강 증진을 성과로 측정할 수도 있다. 산출물(outputs)과 성과물(outcomes)의 차이에 대해서는 다음 절에서 더 자세하게 논의할 것이지만, 이 예의 목적을 위해서는 무료급식 프로그램의 성과 측정 접근법이 어떠하였는지를 이해하는 것으로 충분하다(산출물과 성과물의 비교에 대해서는 뒤의 〈표 6-1〉 참조). 여기서 예시한 대형 기관은 노숙자 감소 등과 같은 광범위한 성과물을 측정하려고 했던 것 같다. 프로그램의 성과 측정은 전체 조직의 성과 측정과 관련되어야 하지만 동일한 것은 아니다. 특히 큰 조직들에서는 더욱 그렇다.

1) 산출물 대 성과물

앞에서 언급하였듯이 기금 제공자와 여타 중요한 이해관계자들은 사회복지경영자에게 그들이 지켜보고 있는 프로그램 또는 조직의 산출물과 성과물을 일상적으로 측정할 것을 요구한다. 프로그램과 조직의 지도자로서 필자는 공식적으로 또는 비공식적으로 기금 제공자들로부터 여러 번 프로그램 또는 조직의 산출물과 성과물 측정 통계치를 제공해 달라는 요청을 받기도 하였고, 관리하고 있는 프로그램에 대한 그들의 자료 제출 요구에 응하기도 하였다. 그런데 이러한 일을 하고 있는 동안에 클라이언트들의 실질적인 안녕에 대해서는 거의 관심을 두지 못했던 것 같다. 특히 기금 제공자는 통상적으로 단지 자료(즉, 수치)를 찾는다. 이렇게 찾는 자료들은 해당 업무를 통해서 어떠한 사회적 영향을 미치는지에 관한 내용을 담은 것이다. 그럼에도 불구하고 대부분의 기금 제공자와 이해관계자들은 클라이언트들에게 얼마나 이익을 주었나에 관심이 있다는 것을 이해하여야 하며, 사회복지사로서는 이러한 일차적인 현안에 주안점을 두는 것이 중요하다. 만약 측정과정이 클라이언트의 성과물 측정과 주안점이 너무 동떨어져 있다면, 사회복지사가 당연히 이해관계자와 이러한 현안을 함께 다루어야 한다.

길(Gill, 2010)에 따르면, 비영리조직에서는 종종 성과물과 조직이 의도하고 있는 미션을 고려하지 않는 경우가 많은데, 특히 이해관계자로부터의 외부 압력을 느낄 때 그런 경우가 많다. 그리고 이것은 과정에 대한 일관성 있는 측정과 피드백이 조직의 효과성 측정에 왜 중요한지를 말해 준다. 예를 들어, 조직에서는 정기적으로 영향력 있는 회의를 활성화하고, 그 회의에서 지도층과 직원들이 함께 조직 전체적으로 다양한 성과물이 측정되고 있는 방법에 대해서 논의를 할 수 있다. 여러분이 조직 문화의 필수요소를 측정하고 그 성과를 개선해 나간다면, 이러한 과정들은 조직의 일상적인 비즈니스 과정으로 통합될 것이다.

실제로 어떤 유형의 조직들에서는 종종 뿌리 깊게 제도화된 조직의 측면을 측정하는 것을 최고로 삼는다. 브룩스(Brooks, 2009)는 사회적 기업가들(필자는 이 범주에 비즈니스 감각이 있는 사회복지경영자를 포함시킴)이 성과물 측정이 자신들이 행하고 있는 일에 정당성을 부여하기 때문에 성과물을 엄밀하게 측정하려고 한다고 주장하였다. 사회적 기업 프로그램과 조직은 상업적인 기업들과 혼동되기 쉽다. 이들이 사회적 영향뿐만 아니라 재무적 성과 또는 지속 가능성에도 초점을 두기 때문이다. 더구나 사회적 기업의 기금 제공자, 기부자 및 투자자는 이 영역에서 신비하거나 모호한 것 또는 단순히 어떤 재무적인 수익성만을 보여 주는 것이 아니라 오히려 사회적 가치를 입증할 만한 해법이 있는 곳에 자금을 더 많이 제공하려고 한다. 사회적 기업가들에게는 모든 관련 이해관계자에게 그들의 사회적 영향을 알리기 위해 의사소통을 하는 것이 당연한 일이다.

사회복지경영자가 성과 측정을 할 때 겪는 어려운 문제는 종종 산출물과 성과물을 구분하는 것이다(Lynch-Cerullo & Cooney, 2011). 샌드퍼트(Sandfort, 2010)에 따르면, 휴먼 서비스 조직은 전형적으로 클라이언트들에게 서비스를 제공하고 그것을 통해 산출물, 결과적으로는 성과물을 산출한다. 산출물은 본질적으로 과정 지향적이고 거래 지향적이며, 통상 이용 가능한 자료를 검토해서 측정된다. 예를 들면, 얼마나 많은 클라이언트가 이 특별 프로그램을 이수했는가? 이 프로그램을 이수하는 데 클라이언트 1인당 비용은 얼마인가? 클라이언트가 프로그램을 이수하는 데 걸리는 시간은 얼마인가? 특정 기간에 프로그램을 통해 달성한 서비스 수준은 어떠한가? 이용 가능한 클라이언트 자료를 검토함으로써 이러한 질문에 대한 답을 구하는 것은 일반적으로 쉬운 일이다. 본질적으로 이러한 질문은 휴먼 서비스 조직이 자선사업(또는 영리 휴먼 서비스 조직의 경우 사회적 영향을 미치는 일)을 수행하는 과정에 바탕을 둔 질문들이다.

그러나 이러한 질문들은 클라이언트가 조직의 프로그램 이수를 통해 더 좋아졌는지, 또는 프로그램이 다루고자 했던 사회 문제를 완화시켰는지에 대해서는 다루고 있지 않다. 이러한 이슈들은 영향 또는 성과물 측정으로 언급되는데, 이것은 조작적 정의가 더 쉬운 과정 또는 산출물 측정과는 아주 다른 구성개념이다(Murray, 2010). 그럼에도 불구하고 프로그램 또는 조직 성과에 대한 과정 측정(산출물)은 중요하며 전체적인 성과 측정의 일부분이다(Martin & Kettner, 1997). 더욱이 이러한 측정치는 자주 보고되고 있으며, 유사한 형태의 프로그램이나 조직을 비교하는 하나의 방법으로서 도움이 된다. <표 6-1> 에는 사회복지 분야에서 보통 볼 수 있는 다섯 가지 상이한 프로그램 유형(직업훈련, 카운슬링, 부모교육, 아동보호 및 정책옹호)의 산출물과 성과물이 예시되어 있다. 여러분 직장이나 현장실습지의 프로그램을 표에서 예시한 프로그램 유형들 중의 하나와 맞추어 보라. 그러면 여러분의 프로그램 또는 조직이 산출물, 성과물 또는 둘의 어떤 조합에 초점을 맞추고 있는지를 파악할 수 있을 것이다.

요약하면, 휴먼 서비스 프로그램 또는 조직의 성과를 더 포괄적으로 이해하기 위해서는 과정 성과(또는 산출물)를 클라이언트 성과물과 결합하려는 이론적인 작업이 더 필요하다. 현재 어떤 분야에서 클라이언트 성과물을 위해 개발된 그저 그런 측정치와 과정 산출물의 괜찮은 측정치가 있는 것 같다. 그러나 산출물과 성과물이 함께 고려하여 훌륭하게 결합된 측정도구는 거의 없

<표 6-1> 산출물 대 성과물

프로그램 유형	산출물의 예	성과물의 예
직업훈련	지역사회 고용주들의 직업훈련 프로그램 인지상태	고용주들이 일자리를 제공하기 위하여 지속적인 기관과의 공식적 협력
상담	클라이언트(또는 가족)가 예정된 상담 세션에 정시에 참석하고 적극적으로 참여	클라이언트(또는 가족)가 세션 참석 후 기능적인 측면 또는 안녕 등이 향상됨
부모교육	신규 부모교육 과정의 신규 부모 등록건수가 최대	이 교육과정이 제공된 이후 지역사회 부모의 양육행동이 개선됨
아동보호	할당된 지역의 요청된 주간 가정방문 건수	사례관리 복지사가 맡은 지역에서 아동학대와 방임 발생건수 감소
정책옹호	옹호 캠페인 기간 동안 지방의회 의원에 대한 수백 건의 전화	옹호집단이 바라는 바대로 목표법안이 통과(또는 저지)

다. 더욱이 사회적 영향과 재무적 지속 가능성을 하나의 전체적인 측정 기준으로 결합하려고 하는 것은 훨씬 더 어려운 것으로 알려져 있다. 그러나 이러한 것은 사회복지 분야가 크게 발전하는 데 기여할 것이고 더 많은 연구와 주의가 기울여질 필요가 있는 매우 가치 있는 일일 것이다.

2) 영리조직의 효과성과 성과의 측정방법

효과성과 성과의 측정이 확실하고 널리 표준화되어 있는 어떤 부문을 잠시 검토해 보는 것은 유익한 일이라고 생각한다. 알다시피 척도의 조작적 정의를 내리는 것이 더 단순하고 쉬울지라도, 영리부문의 회사들은 이러한 일에 많은 정력을 쏟는다. 제1장을 회상해 보면, 영리조직은 궁극적으로 조직의 소유주 또는 주주의 이익을 위해 설계되어 있다. 따라서 고전적 의미에서 영리조직들은 개인이나 집단이 조직 성과의 금전적 보상을 얻을 수 있도록 하기 위해 이익을 극대화하는 데 관심이 있다. 이러한 시나리오에서 영리조직들은 그들의 성과 또는 효과성(통상 기업 성과라고 부른다)을 재무적 지표로 측정하곤 한다. 예를 들면, 자산수익률(Return On Asset: ROA)은 영리회사에서 전반적인 회사 성과를 측정하기 위해 통상적으로 사용되는 지표이다. 이러한 측정치는 보통 백분율로 보고되고, 유사한 조직들 사이의 성과를 비교하기 위해 사용될 수 있다. 제2장을 회상해 보면, 자산은 어떤 의미에서 조직이 보유하고 있는 여러 가지 품목이다. 그러므로 자산수익률은 조직이 보유하고 있는 자산과 관련하여 조직이 벌어들인 금액을 나타낸다. 이를 다른 방식으로 살펴보면, 소위 이익은 회사의 자산으로부터 유래한다는 것이다. 보유하고 있는 자산 단위당 벌어들이는 금액이 많으면 많을수록, 순수하게 재무적 또는 투자적 관점에서 볼 때 조직의 가치는 더 높아진다. 바꾸어 말해, 그러한 조직은 외부로부터의 투자를 더 쉽게 끌어들일 수 있다. 영리조직에서 통상적으로 많이 사용되는 기타 성과 지표로는 자기자본이익률(return on equity), 매출액이익률(return on sales), 단위면적당 영업실적(sales per square foot) 등이 있다. 이러한 지표들은 모두 기업의 재무적 성과에 초점을 맞추고 있는 것이다.

이것이 영리조직들이 비재무적 성과 지표를 완전히 피한다는 의미는 아니다. 예컨대, 영리조직들도 고객 또는 종업원 만족도, 에너지 절감, 혁신 수준, 평판 등을 보고하는 것이 일반적이다. 그러나 영리조직에서 사용되는 모든 성과 측정치(명백히 재무적이든 그렇지 않든)는 어떤 방식이건 조직의 재무적 건전성과 관계가 있다고 본다. 이러한 추세의 예외로는, 법적으로 재무적인 지속 가능성뿐만 아니라 사회적 영향을 측정 · 보고하도록 되어 있는 베네피트 법인(benefit corporations)[1] 같은 신종 기업을 들 수 있다. 그러나 이러한 신종 기업들이 여전히 나타나고는 있지만, 그들이 영리조직의 다수를 차지하는 것도 아니고 그들의 성과 측정도 영리부문에서 전형적으로 사용되는 방법을 따르는 것도 아니다.

3) 사회복지 프로그램과 조직 효과성(또는 성과) 측정 가능성

휴먼 서비스 부문에서의 성과 측정에 대해 비판이 없는 것은 아니다. 리들리-더프와 불(Ridley-Duff & Bull, 2011)은 휴먼 서비스 부문의 상업화가 이러한 유형의 서비스에 의해 창출되는 측정하기 어려운 사회적 가치를 부정한다

1) 역자 주: 베네피트 법인이란 이윤을 추구하는 일반 기업과 공익적 목적을 갖는 사회적 기업의 중간에 위치하는 기업으로, 이윤 창출과 사회적 책임 모두를 적극적으로 행한다. 베네피트 법인은 정관에 이윤의 창출과 사회적 기여를 동시에 추구해야 함이 명시되어야 하고, 백서를 통해 사회적 기여활동을 외부에 발표해야 하며, 독립된 인증기관으로부터 백서의 내용을 인증받아야 한다. 미국 메릴랜드 주에서 2010년 4월에 도입된 제도로 현재 캘리포니아, 하와이, 버지니아 등 미국의 19개 주가 도입해 시행하고 있다(http://100.daum.net/encyclopedia/view/31XXXXX21314 참조).

고 주장하면서 휴먼 서비스 부문의 효과성 측정에 대하여 비판적인 견해를 가졌다. 이러한 학자들이 종종 주장하듯이, 휴먼 서비스 프로그램의 일부 성과물은 쉽게 측정할 수 없다. 예를 들어, 이 장의 앞에서 제시한 예에 대한 논의를 확장하기 위하여, 노숙자의 감소로 지역사회가 얻는 부가가치를 어떻게 측정할 것인가? 해당 지역의 부동산 가치 증가를 어떻게 볼 것인가? 대신 이웃 거주자의 행복, 안녕 또는 전반적인 건강 수준을 어떻게 검토할 수 있을까? 프로그램 성공의 어떤 다른 측정치를 어떻게 고려할 수 있을까? 이러한 질문은 쉽게 답하기 어렵지만, 이러한 방식으로 생각해 보면 프로그램과 조직의 성과를 측정하는 것이 얼마나 복잡한 일인지 알 수 있다.

사회복지 영역에서 측정에 대한 몇몇 비판적 시각은 상당히 많이 발표되었다. 비영리 활동가이자 컨설턴트로 잘 알려진 팔로타는 재무적 지표만을 검토하면 휴먼 서비스 조직의 효과성을 측정할 수 없으며, 단지 어떤 조직이나 프로그램의 효율성에 관한 것만 알려 줄 뿐이라고 단언하였다(Pallotta, 2008, 2012).

그럼에도 불구하고 다른 사람들은 미국 국세청(IRS) 자료 또는 몇몇 조직이 공개하는 감사를 받은 재무제표로 관찰할 수 있는 재무적 측정치가 어떤 조직의 성과에 대한 좋은 대리지표(proxies) 역할을 한다고 주장한다(Ritchie & Kolodinsky, 2003; Tekula, 2010). 재무적 효율성은 어떤 조직의 프로그램이나 서비스를 수행하기 위한 가용 자원을 효율적으로 이용하는 조직 건전성을 나타낸다고 주장한다. 이러한 유형의 측정기법은 영리적인 사고방식을 비영리 조직이나 공공부문 서비스 환경에 덮어씌우려고 하는 시도이다.

그러나 단지 재무적 효율성만을 전체적인 조직 성과에 대한 대리지표로 사용하는 것은 사회복지 부문에서의 성과 측정 시 핵심 요소(즉, 어떤 조직이 자신의 자선적인 미션을 수행했는지 여부를 어떻게 실질적으로 측정할 것인가?)를 빠뜨리는 것과 같다. 오스터(Oster, 1995)는 휴먼 서비스 조직의 전체적인 가치에 관한 충분한 정보를 알려 줄 수 있는 시장이 존재하지 않기 때문에, 프로그램이나 조직의 성과 측정은 어떤 조직의 재무제표에 보고되는 재무 지표 같은 산출물 수준의 자료를 넘어서는 것이어야 한다고 주장했다. 궁극적으로 훌륭한 성과 측정을 위해서는 사회적 영향과 재무적 지속 가능성이 측정 지표로 결합되어 있어야 한다.

브라운(Brown, 2010)은 성과 측정의 현안을 더욱 복잡하게 만드는 것은 휴먼 서비스 조직 내외의 집단들이 성과 측정과정에 저항하거나 암묵적으로 통제할 수 있기 때문이라고 주장했다. 예를 들어, 일부 민간재단에서는 어떤 비영리 휴먼 서비스 조직의 행정 간접경비에 대한 기금 지원을 반대한다. 따라서 그 조직이 기금 제공자에게 자신의 성과를 보고할 경우, 간접경비를 거의 사용하지 않았다는 것을 보여 줘야 하지만, 이는 아주 비현실적인 일이다. 사실 조직은 자신의 자선적인 미션을 달성하기 위해 상당히 많은 간접경비를 사용하여야 한다(Pallotta, 2008). 더욱이 머레이(Murray, 2010)는 비영리부문의 성과 측정은 본래 정치적이어서 조직이 자신들의 프로그램이나 조직 성과를 평가하여 보고할 때 이해관계자들의 정치적 힘에 영향을 받는다고 주장함으로써 이러한 주장을 뒷받침했다.

본질적으로 휴먼 서비스 부문에서 프로그램 또는 조직의 성과 측정과정은 현재 객관적이기보다는 주관적이어서, 여러 조직으로부터 이용 가능한 성과 자료에서 많은 차이를 낳는다. 덧붙여 휴먼 서비스 조직들은 어떤 압력이나 정치적 힘에 영향을 받아 성과 자료를 보고하는 경우가 많기 때문에, 성과 자료가 조직의 실질적인 효과성이나 성과에 대한 신뢰할 만한 지표일지는 명확하지 않다.

3. 논리 모형을 활용한 측정과정 안내

휴먼 서비스 부문의 프로그램 및 조직의 성과 측정과정이 불완전하다는 사실에도 불구하고, 프로그램이나 조직의 산출물과 성과물을 잘 나타낼 수 있는 중요한 도구가 논리 모형(logic model)이다. 신규 프로그램이나 기존 프로그램에 대한 자금 지원 요청을 할 경우, 기금 제공자는 종종 논리 모형을 요구한다.

논리 모형에서는 반드시 프로그램이나 조직의 논리나 흐름을 도표 형식으로 기술한다. 모형의 좌측에는 프로그램이나 조직 시스템의 투입요소를 기술하고, 모형의 중간에는 프로그램이나 조직 내에서 발생하는 여러 활동을 기술한다. 마지막으로, 프로그램이나 조직의 기대 산출물과 성과물은 모형의 우측에 기술한다.

[그림 6-1]에는 단순한 논리 모형이 예시되어 있다. 시스템의 투입요소에는 프로그램이나 조직을 운영하는 데 필요한 모든 것, 즉 클라이언트, 직원, 자원봉사자 등이 포함된다. 이 프로그램이나 조직의 운영기간에 이러한 투입요소들은 논리 모형의 활동부문을 거쳐 이동한다. 예를 들면, 어떤 클라이

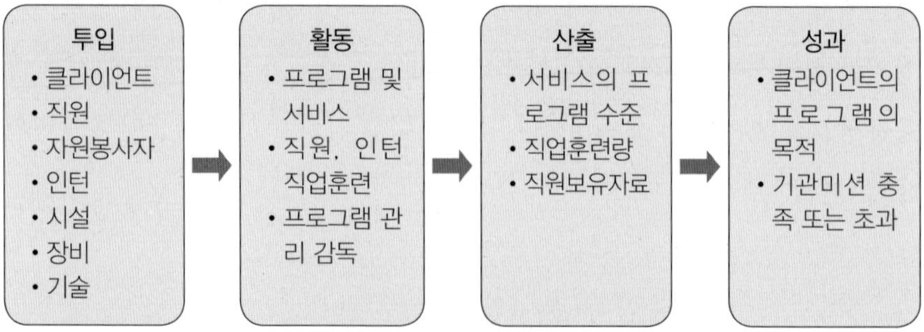

[그림 6-1] 논리 모형 예

언트는 어떤 프로그램이나 서비스에 참여하고, 어떤 자원봉사자는 필요한 훈련을 받기도 한다. 마지막으로, 이러한 활동은 산출물과 성과물을 산출한다. 산출물(outputs)은 어떤 프로그램의 보고된 서비스 수준과 같이 프로그램이나 조직활동의 즉시적 결과이고, 성과물(outcomes)은 프로그램의 목적 달성이나 기관의 미션 달성과 같이 프로그램이나 조직이 추구하는 궁극적인 사회적 영향 측정치를 포함한다. 여러분이 직장이나 실습 현장에서 논리 모형을 사용하는 데 더 관심이 있다면, 실제 사회적 기업에 바탕을 둔 더 복잡한 논리 모형을 참고하면 좋다. 이것은 이 책의 부록 3에 제시되어 있는 사회적 기업, 부모의 세계(Parent Universe)의 사업계획서 말미에 제시되어 있다.

4. 현장의 관점: 영향, 지속 가능성 그리고 측정

다음에 소개하는 것은 사회적 기업가 웬델 나이트(Wendell Knight, MSW, LMSW)와의 인터뷰 내용이다. 그는 사회적 기업인 MTI 비즈니스 개발(MTI Business Development Inc.)을 이끌고 있는데, 이 회사는 다양한 장애를 가진 재향군인들이 취업을 준비하고 직장을 구하는 데 도움을 줄 목적으로 설립되었다. 필자는 웬델에게 사업과 관련된 질문 및 그가 운영하고 있는 사업의 사회적 영향과 재무적 지속 가능성을 어떻게 정의하는지와 관련하여 여러 가지 질문을 하였다. 인터뷰에서 발췌한 다음과 같은 내용들은 이 장의 앞에서 소개한 일부 개념, 특히 비즈니스적 또는 기업적 사회복지 조직에서의 개념들을 설명하는 데 도움이 될 것이다.

MTI 비즈니스 개발의 미션이나 목적은 무엇입니까?

우리의 핵심적인 포커스는 다양한 장애를 가진 재향군인에게 인턴과정과 고용 기회를 제공함으로써 그들의 안녕을 향상시키는 것입니다. 우리는 상업적 성격의 카페 같은, 대중에게 공개되어 있는 여러 가지 사업 운영을 통하여 이러한 목적을 달성하고 있습니다. 이러한 여러 가지 사업에서 다양한 장애를 가진 재향군인들을 훈련시키고 고용하고 있습니다.

MTI는 소위 사회적 목적을 지닌 사업입니다. 이 사업에 내재하는 재무적인 목표는 어떻게 생각합니까?

제 생각에, 수익 목표는 어떤 사람들을 놀라게 할 수도 있다고 생각합니다. 저는 의도적으로 미션이나 우리의 핵심 가치에 그것을 포함시키지는 않았습니다. 수익 목표는 재단과 기금 제공자의 흥미를 잃게 만들 위험이 있습니다. 사실 수익 목표가 조직을 운영하는 데 아주 중요하다고 할지라도, 저는 그것에 관해서 이야기를 잘 하지 않습니다. 제 생각엔, 듣는 사람에 따라 다르겠지만 그러한 차원의 재무적 목표와 성과는 인터뷰를 할 때 천천히 끄집어낼 필요가 있는 문제라고 생각합니다.

MTI는 비영리 휴먼 서비스 조직들과 어떤 점에서 다릅니까?

주도적인 영향력을 발휘하는 조직을 운영할 때에는 개척자여야 합니다. 보통 이러한 일은 언제나 힘든 싸움입니다. MTI는 겉모습과 느낌에서 걸스카우트(*girl scouts*)와 같은 잘 알려진 기업적인 서비스 조직과 크게 다르지는 않습니다. 그러나 걸스카우트가 내내 한 것은 그들의 생산품을 변화시켜 온 것입니다. 제품의 질은 우리와 같은 서비스 사업에서 원동력이 됩니다. 저는 전통적인 걸스카우트 쿠키(*girl scout cookie*)가 더 이상 좋은 제품이라고 생각하지 않습니다. 아주 좋았던 때도 있었죠. 반대로, 여기서 저는 카페 운영을 통해 최고의 바비큐 식품을 팔기로 하고 장래에도 일관되게 추진할 예정입니다. 우리는 식품의 질에 대해 많은 사람에게 인정을 받고 있습니다. 저는 우리 조직이 거대해야 한다고 생각하지는 않습니다. 문자 그대로 풍미를 잃을 수도 있고 사업을 처음 시작했을 때 가졌던 대의를 잃을 수도 있기 때문입니다. 따라서 우리가 하고 있는 일과 전형적인 휴먼 서비스 조직 일과의 큰 차이는 아마 우리는 거대하게 성장하는 것을 원하지 않는다는 사실입니다. 저희의 의견으로는 작은 것이 더 낫다는 것입니다. 대신에 이사회와 직원들을 열정적인 사람들로 구성할 필요는 있습니다. 이러한 구성원들의 열정이 궁극적으로 우리가 하는 일을 계속할 수 있도록 만들어 줍니다. 왜냐하면 그로부터 우리의 전체적인 성과가 고무되고 또 지속적으로 향상될 수 있을 것이기 때문입니다.

대표님 조직 상황에서 사회적 영향은 어떻게 정의할 수 있습니까?

사회적 영향에 대한 저의 생각은 우리가 서비스하고 있는 재향군인과의 최초의 업무 협약을 가지고 말씀드리겠습니다. 최초 협약에서부터, 바로 그 협약의 시작 때부터 그들은 자신들이 우리 조직의 가장 중요한 사람이라는 것을 인식해야 합니다. 우리는 그들이 존엄성을 갖게 하고, 그들이 귀하고 중요한 사람이며 이일은 어느 누구도 할 수 없다고 생각할 수 있게끔 도와줄 필요가 있습니다. 제 생각에 사회복지계의 많은 곳에서 이러한 생각을 잊어버리고 있다는 것 같습니다. 그래서 많은 사회복지 프로그램과 조직이 방문 건수, 서비스 수준 등에 초점을 맞추고 있습니다. 제 생각에 이러한 프로그램들은 사람을 놓치고 있다는 것입니다. 따라서 사회적 영향에 대한 정의를 넘어, 직장에서 우리는 어떤 개인의 경력계획(career plan)이나 목표들이 지지받는다는 것을 보장해 주고 싶었습니다. 우리는 그들의 경력계획이나 목표들에 관하여 심판하지 않아야 합니다. 그들은 어떤 의미에서 우리의 가장 소중한 고객입니다.

프로그램의 사회적 영향력을 어떻게 측정합니까?

다양한 수준에서 사회적 영향력을 측정합니다. 최초의 접수면접(intake

interview) 동안, 예컨대 가족관계 또는 가족관계의 부족 등에 관한 핵심 사항들을 적습니다. 그런 다음, 프로그램 수행기간에 재향군인들과 그들의 가족이 어떻게 다시 연락을 취하는지를 다양한 간격으로 측정합니다. 단지 취업 목적이나 직장을 얻는 데 걸린 기간 등에 초점을 맞추지 않습니다. 취업은 단순한 일이 아니기 때문입니다. 장애가 있는 재향군인과 일한다는 것은 말 그대로 모든 것을 살펴본다는 것을 의미합니다. 일부에게는 주거가 가장 큰 장애물입니다. 직장을 목표로 한다면, 주거는 중요한 전제조건일 것입니다. 따라서 어떤 경우엔 다양한 주거 목표들에 대해 진전이 있는지 측정합니다. 사례관리자들은 우리 클라이언트들과 정기적으로 만나기 때문에 자연스럽게 프로그램의 영향에 대한 측정을 많이 하게 됩니다.

재무적 지속 가능성에 대해 어떻게 생각하며, 그것이 휴먼 서비스 프로그램에서는 얼마나 중요합니까?

그건 조직의 구성요소 중 어느 부분을 고려하고 있느냐에 따라 다르다고 봅니다. 저에게 있어선 모든 종류의 지속 가능성이 조직에 존재합니다. 그것은 자금 조달에 대한 지속 가능성일 수도 있고, 인적자원 관련 지속 가능성 또는 그 밖의 다른 것들이 될 수도 있습니다. 우리 사업에서는 단지 재무적 지속 가능성 이상을 검토해 보아야 합니다. 즉, 전체적인 영향을 검토해 보아야 합니다. 많은 돈이 든다고 해서 재정에 관해서만 생각한다면 성과를 달성할 수 없을 것입니다. 이러한 사실은 사회적 목적을 지닌 사업 또는 사회적 벤처기업의 본질이기도 합니다. 전형적인 비영리조직이 이와 같다고 생각하십니까? 저의 경험상, 그렇지 않습니다. 어떤 비영리단체가 보조금을 많이 받아서 구성될 경우, 이러한 것들을 생각하지 않습니다. 이 역시 좋은 시나리오는 아닙니다.

현재 일을 하는 데 도움이 되는 것으로서 사회복지학 석사 과정(MSW program)에서 배웠으면 하는 것은 무엇입니까?

저는 MSW가 교육과정의 핵심적인 부분으로서 리더십과 경영을 사회복지 가치와 임상 실천에 더 강력하게 통합했으면 하는 바람을 갖고 있습니다. 저는 이미 사회복지 기업가로 진출하였지만, 반드시 사회적 성과에 초점을 맞추고 있는 사람은 아닙니다. 저는 MSW 교육과정에서 집단 역학(group dynamics)과 프로그램 평가에 관한 것을 많이 배웠고, 이것은 큰 도움이 되었습니다. 반면, 심리치료의 역사와 발달에 관한 내용은 이 사업을 운영하는 데 별 도움이 되지 않는 것 같습니다. 사회적 목적을 가진 사업을 운영하는 제가 매일 활용하고 있는 비즈니스 분야의 내용들이 MSW 교육과정에 더 많이 포함되었더라면 좋았을 것이라고 생각합니다.

5. 요약

이 장에서는 영향, 지속 가능성, 효과성 또는 성과 측정이라는 이슈들에 대한 소개로 시작해서, 현대 사회복지경영에서 이러한 개념들이 가지는 중요성을 약술하였다. 그런 다음 각 개념이 사회복지 프로그램 및 조직과 영리기업에서 어떻게 드러나는지를 논의하기 전에, 이들 개념의 다양한 정의에 대한 개요를 제시하였다. 또한 측정과정에 대한 지침이 될 수 있는 논리 모형 활용법에 대한 논의를 덧붙였다. 마지막으로, 사회적 목적의 사업을 하고 있는 사회복지경영자와의 인터뷰에서 발췌한 내용을 제시하였다. 이것은 인터뷰에 응했던 사회복지경영자의 영향, 지속 가능성 및 측정에 대한 회고가 이 장의 앞부분에서 제시한 일부 주제에 대한 이해에 도움이 될 수 있을 것이라고 생각했기 때문이다.

이 장에서 확실히 이해하여야 할 중요한 개념들을 요약하면 다음과 같다.

- 사회적 영향은 본질상 해당 휴먼 서비스 프로그램이나 조직이 달성하고자 하는 사회적 미션이나 목적을 충족시키는 정도로 정의된다. 사회 문제는 어떻게 다루는 것이 좋을까?
- 재무적 성과나 재무적 지속 가능성은 영리부문에서 빌려 온 개념이다. 이것은 중단 없이 장래에도 계속해서 서비스를 제공할 수 있을 정도로 어떤 프로그램이나 조직이 충분한 수익을 창출할 수 있는 능력과 관계가 있다.
- 사회복지 프로그램과 조직의 성과 측정은 본질적으로 복잡하다. 성공을 측정하기 위한 완벽한 척도나 지표는 없다. 사회적 기업의 경우 사회적 영향과 재무적 지속 가능성을 결합하는 것이 문제를 더 복잡하게 만든다.
- 논리 모형은 어떤 프로그램이나 조직의 사회적 영향을 도시화하는 데 유용한 도구이다. 논리 모형은 어떤 서비스 수혜자(또는 자원봉사자나 직원 같은 기타 투입 항목)가 프로그램이나 조직에 진입하는 것에서부터 종국적으로 탈퇴에 이르기까지 서비스 수혜자의 활동, 산출물 그리고 성과 등을 추적한다. 이러한 논리 모형은 투입요소, 활동, 산출물 그리고 성과 등으로 구성되어 있다.

연습

- 여러분의 직장이나 실습현장 프로그램에서는 성과를 어떻게 측정하는가? 프로그램의 성과 측정 시 산출물, 성과물 또는 산출물과 성과물이 결합된 것을 강조하는가? 아니면 성과 측정을 위해 어떤 다른 요소를 강조하는가? 프로그램의 성과를 측정할 때 영향뿐만 아니라 지속 가능성도 고려하는가? 장래의 기금 제공자에게 여러분 프로그램의 성과를 어떻게 설명할 것인가? 여러분 프로그램에서의 성과 측정 방식을 어떻게 개선할 수 있다고 보는가?
- 여러분의 직장이나 실습현장 프로그램의 논리 모형을 작성해 보라. MS워드나 파워포인트를 이용하여 모형을 작성하면 된다. 프로그램의 모든 투입요소, 활동, 산출물, 성과물 등을 고려하여야 한다. 가능하다면 수업시간에 자신이 작성한 논리 모형을 급우의 것과 교환하여, 각 논리 모형의 유사점과 차이점을 논의해 보라.
- 여러분의 직장이나 실습현장 프로그램에 대한 장래의 기금 제공자는 자기가 제공한 자금을 프로그램에서 다 쓴 이후에 여러분 프로그램이 어떻게 지속 가능할 것인지를 알고 싶어 한다. 기금 제공자는 1년 동안만 자금 지원을 할 계획이다. 지속 가능성을 어떻게 달성할 것인지, 그리고 이 특정 기금 제공자의 투자에 대한 의존성을 어떻게 줄일 수 있을 것인지에 대해 기술해 보라. 지속 가능성에 대한 여러분의 계획은 해당 프로그램의 사회적 영향에 영향을 미칠 수 있을까? 여러분 프로그램의 사회적 영향이 지속 가능성과 관련해 여러분이 약술한 계획에 어떻게 영향받을 수 있는지 설명해 보라.

인터넷 자원

로빈후드 재단(Robin Hood Foundation): 사회적 영향 측정 분야의 리더로 인정받고 있는 뉴욕 시 소재 재단으로, 지역 내 많은 혁신적인 프로젝트에 재정 지원을 하고 있다. 웹사이트에는 재단에서 초점을 두고 있는 프로그램 성과물에 지표와 프로그램 성과물에 대한 금전적 가치에 관한 포괄적인 정보가 담겨 있다. www.robinhood.org/metrics

커뮤니티 툴박스(the Community Toolbox): 미국 캔자스 대학교에서 제공하는 공공 서비스이다. 유용한 많은 자료 중에는 논리 모형에 대한 심층적 논의와 논리 모형 작성방법 등이 포함되어 있다(http://ctb.ku.edu/en/tablecontents/sub_section_main_1877.aspx). 다른 자료들은 홈페이지를 통해 접근할 수 있다. http://ctb.ku.edu/en/default.aspx

사회적 영향 교환(Social Impact Exchange): 사회 문제에 대해 매우 효과적인 해결책을 찾고, 대규모 변화에 영향을 미칠 수 있도록 사업을 확장하려고 하는 중개조직이다. 이 단체에서는 어떤 연례적 콘퍼런스, 사업계획 경쟁 및 웹사이트에서 무료로 이용할 수 있는 다양한 웹세미나(webinars) 등을 후원하고 있다. www.socialimpactexchange.org

퍼폼웰(PerformWell): 도시 · 아동 · 사회문제연구원(Urban Institute, Child Trends, Social Solutions)의 협력조직이다. 이 웹사이트에서는 휴먼 서비스 전문가들에게 다양한 프로그램 상황에서 사용할 수 있는 측정도구들을 제공하고 있다. www.performwell.org

영향력 도표작성(Charting Impact): BBB Wise Giving Alliance(www.bbb.org/us/Wise-Giving/), GuideStar(www.guidestar.org), Independent

Sector(www.independentsector.org) 등의 전략적 제휴기관이다. 이 계획은 사회적 부문 조직들이 지역사회에 미치는 그들의 사회적 영향 수준을 이해시키고 또한 향상시키는 데 도움을 주기 위해 설계되었다. 웹사이트에는 조직의 효과성과 영향 측정에 관한 웹기반 자료뿐만 아니라 사회적 영향 보고서에 관한 예시 자료 등도 포함되어 있다. www.chartingimpact.org

켈로그 재단(W. K. Kellogg Foundation): 잘 알려진 대규모 미국 자선재단이다. 재단의 웹사이트 지식센터 부문에는 유용한 자료들이 출간되고 있다. 논리모형 개발지침(www.wkkf.org/knowledge-center/resources/2006/02/wk-kellogg-foundation-logic-model-development-guide.aspx)과 평가 핸드북(the Evaluation Handbook(www.wkkf.org/knowledge-center/resources/2010/w-k-kellogg-foundation-evaluation-handbook.aspx)이 두 가지 예이다. 더 많은 자료는 다음을 참고하기 바란다. www.wkkf.org/knowledge-center/knowledge-center-landing.aspx

제7장

정책, 윤리 및 신기술 관련 떠오르는 이슈

제1장에서 소개되었고 이 책에서 상술한 것처럼 사회복지경영의 성격과 사회복지경영자가 운영하는 환경은 변하고 있다. 사회복지경영은 하나의 진화하고 있는 기업적이고 상업적인 실무이며, 최근 몇 년 동안 미국과 세계의 다른 많은 지역에서 실제로 아주 급속히 진행되고 있다. 이러한 방식으로 발달하고 있는 어떠한 실무도 다 그렇듯이, 다양한 회색지대(애매한 영역) 또는 주목할 만한 논쟁적인 측면이 있기 마련이다. 이 장에서는 사회복지경영에서 새로이 부각되고 있는 몇 가지 이슈를 설명하려고 한다. 이 장에서 제시하는 이슈들이 사회복지경영에서 다루어야 할 것들을 결코 망라하는 것은 아니다. 그러나 지금부터 필자가 제기하는 이슈들은 고려 대상으로 삼아야 할 정도로 중요할 뿐만 아니라 현장에서 논의가 자주 되지 않는, 적어도 충분하게 논의가 되지는 않는 이슈들이다. 따라서 이 장에서 논의되는 것은 이러한 주제들에 대한 새로운 생각을 활성화하는 데 도움이 될 것이다.

이 장의 첫 번째 부분은 사회복지경영자와 조직이 더욱더 상업적 · 기업적이 됨에 따라 조직 정책과 실천윤리 영역에서 최근 등장한 일부 이슈에 관심을 기울인다. 이 책에서는 미국 상황에 주안점을 두고 있지만, 기술하고 있는 내용의 많은 것이 다양한 다른 상황에서도 응용될 수 있다. 마지막으로, 이 장에서는 사회복지경영자가 통상적으로 이용하고 있는 몇 가지 기술적인 기법을 간단히 제시할 것이다. 이 장의 내용들이 사회복지경영과 사회적 기업활동을 하는 데 있어서 기술 활용에 대한 포괄적인 안내서가 되지는 못한다고 하더라도, 통상적으로 사용되는 몇 가지 기술과 그것의 사용이 사회복지나 휴먼 서비스 조직에 가져올 편익 또는 손해에 대해 소개를 하고자 한다.

1. 비우호적인 비즈니스 풍토의 전개[1)]

사회복지경영을 전공하는 학생이거나 실천가로서 여러분이 업무를 하는 동안, 이 책 전반에 걸쳐 강조하였듯이 사회복지 조직은 본질적으로 비즈니스이며 일반적인 비즈니스 풍토 안에서 운영되어야 한다는 것을 명심하여야 한다. 불행하게도, 이러한 일반적 풍토는 어떤 면에서 우호적이지 않게 되어 가는 것 같다. 미국경제조사국(National Bureau of Economic Research)에 따르면 극심한 경제침체기가 공식적으로 2009년 6월에 끝났다고 하지만, 가장 취약한 계층인 노숙자, 무직자, 굶주리는 사람들, 장애인 등의 경제적 · 정서적 회복은 그렇지 않다. 다행히 대부분의 미국 지역사회가 경제적으로 어려움에 처해 있는 사람들과 가족을 지원하기 위해 만들어진 다양한 비영리 휴먼 서비스 조직을 갖추고 있다. 그러나 수십 년간 심각한 경기침체의 결과로서 필수적인 휴먼 서비스에 대한 수요는 지속적으로 증가하였기 때문에 그러한 많은 조직이 효과성을 유지하기 위해 발버둥치고 있다.

이러한 경영상의 어려움이 복합적으로 나타나면서, 미국의 일부 정책 입안자들은 잘못된 정책과 규제로 휴먼 서비스 전달체계에 부담을 더욱 지우고 있다. 이 절에서는 이와 관련해 최근에 전개된 몇 가지 진전된 사항과 그것이 사회복지 서비스 공급의 주요 전달자인 미국 비영리 휴먼 서비스 조직에 미치는 잠재적 영향에 대해 비판적으로 검토하려고 한다.

첫째, 자선조직에 대한 자선적 기부에 대한 장기적 장려책인 자선세액공제(Schiller, 2012)는 최근 수개월, 수년 동안 오바마 대통령과 양당 국회의원들의 정밀한 검토 대상이 되어 왔다. 그러나 이러한 자선기부에 대한 장려금 지

---

1) 이 절은 저맥(Germak)의 2013년 논문 「Guest Editorial Note」[*Administration in Social Work*, *37*(2), 103-105]의 자료를 포함하고 있다. 출판사의 허락하에 재인쇄.

급이라는 땜질식 시도는 전혀 새로울 것이 없다(Germak, 2012). 미국 민주당 의원들의 암묵적인 지지를 받고 있는 오바마 대통령은 2009년 첫 번째 임기를 시작한 이후 자선기부에 대한 세액공제를 28%로 제한하자는 예산안을 제안했지만 성공하지 못했다. 간단히 말해, 이 시나리오는 자선기부에 대한 재무적 인센티브를 달러당 28센트로 제한하자는 것이다. 즉, 28센트 이상의 세율 구간에 속하는 사람들은 현재 그들이 받고 있는 것처럼 적격 자선단체에 행한 기부에 대하여 증가된 재무적 편익을 받지 못한다는 것이다.

2013년 초의 '재정절벽(fiscal cliff)' 법안과 그 후의 예산승인은 비영리부문에 종사하는 많은 사람이 두려했던 것처럼 자선세액공제에 대한 전면적인 상한선 설정이나 제거를 포함하지 않았지만, 재정절벽 법안에는 앞으로 자선기부를 둔화시킬 수도 있는 미묘한 제약 조건들이 도입되었다(Fleischer, 2013). 가장 주목해야 할 사실은 통상 고소득자에 대한 모든 유형의 항목별 공제에 대한 제한으로 언급되는 '피스 조항(Pease provision)',[2] 또는 인적공제 단계적 차등 적용(personal exemption phase-out)이다. 이것은 전면적 공제 제한과 유사하며, 자선단체에 많은 금액을 기부하고자 하는 미국 부자들의 기부 의욕을 떨어뜨리는 역할을 할 수도 있다(Donovan, 2013).

이것은 실수이다. 자선기부의 세액공제 금액에 대한 상한 설정, 공제 제외 또는 이리저리 건드려 보는 것은 비영리 휴먼 서비스 조직에 해를 끼칠 것이다. 특히 소규모 풀뿌리 형태의 기관들에 악영향을 미친다. 이들 기관은 자선기금에 아주 많이 의존하는 편이다. 몇몇 정책 입안자가 하고 싶어 하는 것처럼, 만약 우리가 더 많은 수입을 확보하기 위하여(또는 기타 정치적 이념적 이유로) 기부금 공제를 조정해야 한다면, 가장 취약한 사람들에게 직접 봉사하지 않는 박물관, 미술단체와 같은 비영리조직의 기부금에만 그렇게 할

2) 역자 주: 1990년도에 세액공제 한도 설정을 강력하게 주장했던 민주당 의원의 이름(도널드 피스)에서 붙여진 별칭이다.

것을 제안한다. 휴먼 서비스에 대한 이러한 '별도대우(carve-out)' 관념은 비영리부문에서 일하는 사람들 사이에서 인기를 얻기는 어려울 것이다. 그러나 우리는 제한된 자원을 가장 견실하고 중요하게 사용하기 위한 우선순위를 매겨야 한다.

자선 세액공제 논의에 덧붙여, 시간이 경과하면서 비영리 휴먼 서비스 부문에 부정적인 영향을 미칠 수도 있는 기타 정책과 규제 추세가 최근에 등장하고 있다. 첫째, 뉴저지와 뉴욕 같은 휴먼 서비스 비영리조직을 많이 가진 주들을 포함해서 몇몇 주에서는 주정부와 계약을 맺은 비영리조직 대표들의 고액 보수(runaway compensation packages) 문제와 비영리조직들에서 명백히 경솔하게 사용한 것으로 보이는 소비지출에 대하여 엄중한 단속을 시작하였다. 요즘 연봉상한제는 주와의 계약에서 일반적이 되었다. 즉, 모든 직원의 전문성 개발 관련 지출에 대한 제약뿐만 아니라 임원과 관리자들의 부가수당(fringe benefits)에 대한 제한도 있다. 물론 이러한 성질의 제한은 보통 공적 자금과 관련이 있다. 적어도 이론상으로는 어떤 조직이 비공적 자금이나 비정부 자금으로 조직이 원하는 것을 할 수 있다. 그렇지만 이렇게 하면 조직이 운영하여야 하는 운전자본(working capital)이 특이한 형태로 양분(二分)되며, 이것은 대부분의 법인이 경험하는 것과는 다른 제약 조건이다.

인정하건대, 비영리조직의 지도자들이 합당하지 못한 보수를 받아야 한다거나, 비영리조직 종업원의 비금전적 혜택이 너무 후하다고 믿는 사람은 없다. 그러나 팔로타(Pallotta, 2008)에 따르면, 경쟁적인 인재시장이 존재하고 있고, 조직에서는 보수를 지급하고 그에 걸맞는 인재를 구해야 하는 것 또한 사실이다. 중규모 비영리조직의 경우, 수백만 달러를 운영해야 하는 리더의 리더십에는 전문적인 기술이 요구되고 있고, 그에 따른 보수도 제공되어야 한다. 보수에 대한 상한 설정과 전문성 개발에 대한 제한은 휴먼 서비스 비영리조직이 장차 최고의 인재를 끌어들이고 또 보유하는 것을 어렵게 할 것이며, 이것은 조직 성과에도 영향을 미치고 궁극적으로는 서비스 수혜자에게 부정적인 영향을 미칠 것이다.

마지막으로, 최근 보건의료 개혁에서 취약계층에게 제공되는 모든 의미 있는 급여(benefits)들에도 불구하고, 2010년에 통과된 신규 법률에는 조직경영을 하는 데 어려움을 수반할 수 있는 내용들도 일부 들어 있다. 즉, 2015년에 시작해서(오바마 행정부에서는 이 법의 시행을 2014년에서 2015년으로 1년 연기하였음), 50인 이상의 전일제 직원을 고용하고 있는 비영리 휴먼 서비스 조직은 환자 보호 및 적정보호법(Patient Protection and Affordable Care Act: PPACA)의 고용주 의무사항(employer mandates)을 해결해야 할 과제를 안고 있다. 이 법에서는 전일제 직원 50인 이상인 모든 유형의 조직의 경우 모든 직원과 그 부양자에게 적합건강보험(affordable health insurance)을 제공해야 하며, 이를 이행하지 않으면 상당히 높은 벌금을 부과하도록 되어 있다. 결과적으로 비영리 휴먼 서비스 조직은 법에서 요구하는 대로 사용자가 부담해야 하는 보험을 제공하기 위해 종업원과 부양자를 위한 의료보험료를 더 많이 내야 한다. 그러나 수많은 휴먼 서비스 비영리단체는 그렇게 하려면 엄청난 비용이 소요되기 때문에 종업원의 부양자도 보험 적용이 되는 보험에 전혀 보험료를 내지 않고 있다. 휴먼 서비스 조직이 법에서 요구하는 요건을 충족시키기 위해 보험 기여금을 증가시켜야 한다면, PPACA에 포함된 새로운 강제 규정들로 인해 휴먼 서비스 조직들은 상당히 큰 비용을 부담하게 될 것이다.

일부 중규모의 영리기업은 전일제 직원을 50인 선 아래로 유지하기 위해 종업원 해고, 근로시간 단축, 컨설턴트 활용 등의 조치를 취할 수도 있겠지만, 휴먼 서비스 비영리조직에서는 직접적인 서비스를 수행하는 직원들 업무의 본질적 특성 때문에 영리기업처럼 쉽게 조치를 취할 수도 없고 또 그렇게 해서도 안 된다. 덧붙여 일부 고용주가 건강보험 급여를 제공하는 대신 벌금을 내려는 선택을 할 수도 있다. 그러나 휴먼 서비스 조직이 적은 보수를 받으면서 취약계층 사람들을 위해 일하고 있는 종업원들의 보험 적용을 회피한다는 것은 생각하기 어렵다. 따라서 가능하다면 휴먼 서비스 비영리조직은 PPACA의 사용자 의무조항에서 제외되어야 한다고 생각한다.

요약하면, 미국에서 비영리 휴먼 서비스 조직에 대한 비즈니스 풍토가 비우호적으로 전개되고 있는 것이 우려스럽다. 특히 자선기부에 대한 세액공제 변화, 경영자 보수와 종업원 수당 제한, 보건의료 개혁에서의 고용주 의무조항 등은 복합적이긴 하지만 가까운 장래에 휴먼 서비스 비영리조직들을 힘들게 만들 몇 가지 정책 및 규제 관련 이슈이다. 지금은 그러한 정책과 규제로 이들 조직에 부담을 지울 때가 아니다. 가능하면 정부는 한 걸음 물러서서 비영리 휴먼 서비스 조직들이 해 왔던 대로 어려움에 빠져 있는 사람들을 위해 봉사할 수 있도록 해 주어야 한다.

2. 사회적 기업활동과 비즈니스적 사회복지경영의 윤리적 고려사항[3)]

앞서 다룬 정책과 규제 관련 현안들 외에도, 자격을 제대로 갖춘 사회적 기업가가 되기를 소망하는 사회복지경영자는 그들의 실천에 영향을 미치는 윤리적 주의사항을 고려해야 한다. 사회복지는 윤리와 가치가 지배되는 전문직이다. 그러므로 사회적 기업활동을 하는 사회복지사는 전미사회복지사협회(National Association of Social Workers: NASW)의 윤리강령(1999)을 지켜야 한다. 사회적 기업활동을 할 때 처음 만나게 되는 윤리적 딜레마는 NASW의

3) 이 절은 저맥과 싱의 2010년 논문 「Social Entrepreneurship: Changing the Way Social Workers Do Business」[*Administration in Social Work*, *34*(1), 75-95]의 자료를 포함하고 있다. 출판사의 허락하에 재인쇄.

윤리강령(NASW, 1999)에서 제시하고 있는 다음 윤리 기준이다. ① 클라이언트에 대한 헌신 그리고 ② 서비스에 대한 요금 지불이다. 사실, 사회적 기업활동 분야는 성장하는 분야이며 사회복지사들이 기업적 활동에 더 많이 참여함에 따라 윤리적 딜레마가 더 많이 등장하는 것이 틀림없으며 또 해결될 필요가 있다.

첫째, NASW의 윤리강령(1999)에 따르면 클라이언트의 이해관계는 사회복지사의 일차적인 관심사항이어야 한다. 그러나 사회복지경영자는 재원조달처, 정부규제 기관, 언론매체 등과 같은 클라이언트 외의 많은 이해관계자를 대응하여야 한다. 거머(Gummer, 1997)에 따르면 NASW의 윤리강령, 즉 클라이언트에 대한 헌신을 포함하는 윤리 기준에서는 실천가와 클라이언트의 관계에 관하여 초점을 제대로 맞추지 못하고 있다. 그는 "사회적 기관이 클라이언트를 최우선으로 책임진다는 관념은 현실적이지도 않고 바람직하지도 않다."라고 하였다(Gummer, 1997, p. 143).

특히 비즈니스적인 실무로 진화하고 있는 이 시대에 사회복지경영의 복잡성을 감안하면, 사회복지 기업가들은 클라이언트에 대한 헌신과 동시에 외부 이해관계자들에 대한 헌신을 균형 맞추려는 진지한 노력을 해야 한다. 예를 들어, 어떤 물질사용 치료 프로그램을 운용하는 사회복지경영자가 제공하는 서비스의 시장 수요에 초점을 맞추지 않고 장래 수익을 부적절하게 예측한다면, 아마 클라이언트들은 단기적으로는 서비스를 잘 받게 되겠지만, 해당 기업은 경영진의 부적절한 재정 예측, 엄청난 규모의 윤리적 부도덕성 등으로 인하여 아마도 장기적으로는 문을 닫아야 할 것이다. 본질적으로 사회적 기업활동을 하는 사회복지사들은 클라이언트에 대한 헌신과 관련된 윤리적 딜레마에 계속 직면하게 될 것이다. 즉, 내부뿐만 아니라 외부 환경에 존재하는 무수한 이해관계자에 대한 사회복지경영자의 책임을 피할 수 있는 길은 없다. 사회적 기업과 기업적 사회복지 조직에서 이러한 딜레마를 다루려면 사회적 기업과 기업적인 사회복지 조직의 클라이언트에 대한 헌신 정도를 주기적으로 검토하기 위한 위원회 설립을 신중히 고려하여야 한다. 왜냐하면 클라이언트에 대한 그러한 헌신이 없다면, 비록 클라이언트와 외부 이해관계자에 대한 헌신이 균형적이라고 하더라도 기업가는 사회적 기업활동의 사회적 측면을 놓쳐 버리기 때문이다.

클라이언트에 대한 헌신 이외에, 사회적 기업활동을 하는 사회복지사가 부딪히는 두 번째 윤리적 딜레마는 제공 서비스에 대한 대가 지불 문제이다. 한편, 메이시(Masi, 1992)는 사회복지사가 영리적인 개인 소유의 환경에서 일할 수 없다거나 혁신적인 실천 행동에 대하여 보상을 하는 기업적인 행동을 할 수 없다고 할 적절한 이유가 없다고 주장하였다. 사실, 의사와 같은 기타 전문직들은 통상 지불능력을 가진 환자에게 시장 시세로 요금을 매기는 것에 관하여 아무런 거리낌이 없다. 이러한 전문직은 통상 상황에 맞춰 적절한 보수를 받고 있다. 마찬가지로 사회복지사가 빈곤층에 속하는 사람들과 함께 일하는 것이 빈번하다고 해서 반드시 빈곤의 서약을 해야 하는 것은 아니다. 주장하건대, 사회복지사에게 더 높은 보수나 보너스를 주는 시스템과 같은 영리적인 사고방식이, 실천 현장에 더 뛰어난 인재를 끌어모으고 이미 한계소득 수준에서 일하고 있는 사람들의 사기를 강화시킬 수 있다(Giffords, 2000; Guo, 2006). 다른 한편, 이건과 카두신(Egan & Kadushin, 1999), 커즈먼(Kurzman, 1976)은 사회복지사가 서비스 비용을 지불할 능력이 있는 클라이언트뿐만 아니라 가난하여 서비스 비용 지불능력도 없고 건강보험 적용도 받지 못하는 클라이언트까지도 포함하여 서비스를 제공할 책임이 있다고 주장하였다. 나아가 NASW(1998)가 노련하게 주장하였듯이, 결코 사회복지사의 보수 인상 열망이 서비스를 받는 클라이언트에 대한 판단에 영향을 줘서는 안 된다.

본질적으로 사회복지사는 모든 클라이언트를 공평하게 대우해야 한다. 예컨대, 어떤 병원에 근무하는 사회복지사가 제3자 보험 적용을 받는 클라이언트를 치료하고 금전적인 보너스를 받는다면, 이 사회복지사들은 가령 메디케이드의 적용을 받는 클라이언트를 차별해서는 안 된다. 프롤리히(Froelich, 1999)는 이러한 차별적인 행위가 클라이언트들의 안녕에 지속적으로 부정적 영향을 미칠 수 있는 크리밍(creaming)이라고 하였다. 이러한 곤란한 상황에 대한 해결책은 수익성 있는 클라이언트가 아무리 많이 있다고 하더라도 매일 메디케이드 클라이언트를 만나기 위한 시간을 충분히 확보해 두어야 한다. 어떤 의미에서 이러한 것은 사회복지 정책의 어떤 긍정적인 행동 유형이 될 것이다. 사회복지사들이 사회적 기업활동을 계획하고 기업가적 경영자가 자기 종업원에게 이러한 가치를 심어 주어야 할 필요를 느낄 때, 그러한 사고방식은 점점 더 중요하게 될 것이다.

NASW 윤리강령을 이행하여야 하는 사회복지사로서 어느 누구로부터도 옹호를 받지 못하는 클라이언트를 옹호해야 한다는 것을 인식하는 것이 중요하다. 조직화된 직장에서 일한다면, 보수를 높여 줄 클라이언트를 위해 일할 기회도 많이 있고, 지불능력이 없는 클라이언트와 일할 기회도 많이 있을 것이다. 궁극적으로 행정가들은 클라이언트에 대한 헌신과 재원 조달처를 포함한 외부 이해관계자에 대한 헌신을 균형적으로 대하도록 노력해야 한다. 이것은 기업가적 사회복지사에게 추가적인 윤리적 과제를 제시한다. 커즈먼(2000)에 따르면, 전통적인 사회복지 외의 산업들에서 사업을 운영하고 있는 사회복지사들은 NASW 윤리강령을 지켜야 할 뿐만 아니라 '옹호와 공평성 원칙들을 중시하는 규범적인 도덕 규율'(p. 160)도 확립하고 있어야 한다.

윤리에 관한 최후통첩(final note)은 같다. 사회복지경영자는 반드시 윤리적 딜레마와 기관의 외부환경의 현실에 관하여 실용적인 관점을 유지해야 한다. 에이어스, 민델, 로빈슨과 라이트(Ayers, Mindel, Robinson, & Wright, 1981)가 지적하였듯이, 휴먼 서비스 리더들은 모든 윤리적 딜레마를 고려한 후엔 서비스 요금을 기관 생존의 필수사항으로 생각해야 한다. 이 연구는 1981년에 출판되었다. 사실 클라이언트에게 요금을 부과하는 행위가 30년 이상 통상적으로 수용되어 온 상황에서, 클라이언트에게 부과하는 서비스 요금과 같이 기관이 벌어들이는 수입은 오늘날 사회 서비스 기관의 재무적 지속 가능성을 위해 더 필수적이라고 말하는 것은 아주 절제된 표현일 것이다.

3. 신기술과 휴먼 서비스

사회복지경영의 새로운 현안과 관련된 이 장의 마지막 절에서는 휴먼 서비스 조직에서 활용이 점점 더 증가하고 있는 '새로운' 기술, 즉 이메일(전자우편), 소셜미디어(SNS), 모바일 장치와 앱과 관련된 이슈를 탐구할 것이다. 이렇게 새로이 등장하고 있는 기술들은 휴먼 서비스 프로그램과 조직의 업무를 향상시키는 데 큰 기회를 제공할 뿐만 아니라 동시에 이러한 기술의 사용에 대한 사회복지경영자의 적절한 감독 및 관리와 관련된 약간의 어려운 문제들도 일으키고 있다.

논의를 계속 진행하기 전에 꼭 언급해야 할 주의사항은 다음과 같다. 여기서 제시하는 예들이 아주 새로운 기술은 아닐 수도 있다. 가령, 이메일은 10년 이상 존재해 왔고 휴먼 서비스 조직에서 활용해 왔다. 그럼에도 불구하고 사회복지 서비스 전달에 효과적인 수단이 되기 위해 이메일은 계속적으로 면밀한 모니터링과 전략적 감독을 필요로 하는 기술이 될 것이다. 더욱이 사회복지경영 서적에서 이메일 사용에 대해서는 주의를 많이 기울이지 않고 있다. 이러한 이유로 이 책에서는 이 주제를 여기서 소개하는데, 이러한 장치들에 대해 간략하게 소개하려고 한다. 이러한 기술들 각각의 관리에 관하여 한 권의 책으로 기술할 수도 있고, 사회복지경영자들이 택할 수 있는 기타 기술적 도구들도 많이 있다. 일부 신기술은 아주 새로운 것이어서 아직은 의미 있는 논의를 도출할 만한 실적을 갖고 있지 않다. 그럼에도 불구하고 필자의 실제 경험을 바탕으로 할 때, 다음과 같은 도구들은 논의할 만한 가치가 있다. 이러한 도구들은 휴먼 서비스 조직 내 모든 수준의 사회복지사들이 자주 그리고 폭넓게 사용하고 있는 것들이다.

1) 이메일

이 책을 읽는 일부 사람 중에는 이메일(전자우편) 출현 전 세상이 어땠는지 기억조차 못하는 경우도 있을 것이다. 1990년대 말이 되어서야 개인뿐만 아니라 경제계에서도 이메일 사용이 활성화되기 시작했다. 휴먼 서비스 조직들에서는 이때쯤 직원들의 의사소통을 강화시키기 위하여 이메일 시스템을 채택하기 시작하였다. 이메일은 지역사회 아웃리치, 기금 모집 등에 점차 중요한 역할을 하기 시작하였다. 최근 십 년 동안 저술된 책에서 이메일을 새로운 기술로 논의하는 것은 조금 진부해 보일 수 있지만, 여전히 이메일에 대해 관심을 두어야 한다고 생각한다. 어쨌든 필자는 2004년도에 일하고 있던 휴먼 서비스 조직에서 처음으로 업무 관련 이메일 계정을 발급받아 사회복지사로서 필자의 업무에 이메일을 사용하기 시작했다.

그렇다면 지난 약 10년 동안 휴먼 서비스 일을 하는 사회복지사가 이메일 사용에 관하여 배운 것은 무엇일까? 첫째, 이메일은 클라이언트 의뢰, 직원 소통과 같은 일을 포함한 비즈니스 현안들에 대한 의사소통을 하는 데 있어서 필요한 시간을 크게 감소시켜 주었다. 그러나 대부분의 이메일 시스템, 특히 많은 휴먼 서비스 조직에서 사용되는 이메일은 자료를 전송하기에 안전한 환경이 아니다. 예컨대, 어떤 기관에서는 클라이언트 의뢰 정보를 이메일 메시지에 첨부하여 보내는 것이 아주 일상적인 일이다. 그러나 클라이언트 정보를 이메일로 전송할 때는 항상 의도하지 않았던 수신자가 볼 수 있는 위험이 있다. 이메일로 보낸 직원에 관한 민감한 정보에 대해서도 똑같은 위험이 있다.

휴먼 서비스에서는 이메일 사용을 하지 말자는 주장은 아니지만, 이메일 사용을 적절히 감독할 방법을 찾는 것은 사회복지경영자가 해야 할 일이라고 생각한다. 휴먼 서비스 프로그램과 조직들에서는 직원이 클라이언트 관련 문제와 여타 업무 관련 이메일 사용에 관한 것을 안내하는 정책을 보유하라는 강력한 권고를 받고 있다. 어떤 정책은 근로자들을 안내하는 데 도움이 될 뿐만 아니라 경영진에게 책임성 메커니즘도 제공한다. 기관 이메일 시스템을 부적절하게 이용하는 사회복지사는 상황에 따라 설명 책임을 질 수도 있고, 징계를 받을 수도 있으며, 심지어 해고될 수도 있다. 이러한 현실적인 정책이 없으면 사회복지경영자로서 그러한 조처를 취하는 것이 매우 어렵다.

마지막으로 이메일과 관련하여 언급하고자 하는 것은 사회복지경영자의 전략적 이메일 사용과 관련된 것이다. 사회복지경영자로서 우리가 이메일과 관련된 모든 정책을 잘 따르고 그것을 적절하고 신중하게 사용한다면, 이메일을 활용하여 경영 업무를 개선할 수 있는 방법들이 여전히 있다는 것이다. 예컨대, 필자는 언제 어디서나 이메일 메시지에 대한 답장을 제때에 보내고 오랫동안 받은 편지함에 묵혀 두지는 않는 것을 원칙으로 삼고 있다. 이메일 메시지를 보내는 사람, 특히 부하 직원들은 메시지에 대한 답변을 받기를 기대하고 있다. 여러분이 책임지고 있는 프로그램이나 조직이 크고 더 복잡할수록 수신된 많은 양의 이메일을 처리하는 것이 정말 힘들 것이다. 그렇지만 수신된 모든 메시지에 대한 답장을 적시에 보내려고 노력하는 것은 바람직한 일이다. 답장의 내용은 비교적 짧은 것이어도 된다. 어떤 경우에는 여러분이 이메일을 수신하였으며, 곧 상세한 답장을 보내겠다는 것을 알릴 필요가 있다. 이러한 유형의 행동은 이메일을 보내는 직원들과 기타 다른 사람들을 만족시키는 데 큰 효과가 있을 것이다. 답장을 적시에 함으로써 여러분은 답장을 잘해 주고 사람들의 욕구에 잘 호응하는 사람이라는 명성을 쌓을 수 있을 것이다. 필자는 보통 이메일을 받은 그날 저녁까지는 수신 메시지에 대한 답변을 한다. 이메일 메시지에 대한 답변을 하루 이상 넘기는 법이 없다. 이러한 유형의 전략적 이메일 메시지 관리는 사회복지경영자로서 여러분이 하는 일상업무를 보다 효과적인 것으로 만들게 될 것이다.

2) 소셜미디어

이메일과 같이, 최근 휴먼 서비스 조직환경에서 개인적인 이유뿐만 아니라 업무와 관련된 소셜미디어(SNS) 사용이 증가하고 있다. 링크드인, 페이스북, 트위터 그리고 다른 수많은 소셜미디어 서비스가 수많은 사회복지사와 휴먼 서비스 조직에서 일상생활의 일부가 되었다. 이메일 사용과 관련하여 해결해야 할 난제들과 기회가 있었듯이 소셜미디어 이용 증가와 관련해서도 난제와 기회가 동시에 생겨났다. 첫째, 소셜미디어는 이메일보다 자료전송 환경의 안전성이 훨씬 더 떨어진다. 페이스북과 같은 소셜미디어 플랫폼은 지나치게 공개되어 있어서, 거기에 게시된 것은 수많은 방향으로 전해지게 되며, 정보를 처음 게시한 사람이나 조직에서는 아예 모르는 사람들에게도 전해지게 된다. 이것은 클라이언트 아웃리치와 의사소통을 위해 소셜미디어를 사용하고자 하는 휴먼 서비스 조직들에게 명백히 윤리적인 이슈를 제기하게 된다.

소셜미디어를 근로 현장에 허용할지 여부는 서비스 대상 클라이언트 집단, 소셜미디어 사용으로 인한 편익 대비 위험과 같은 다양한 요인에 따라 개별 휴먼 서비스 조직이 결정해야 할 사항이다. 이메일이 그랬듯이 이러한 딜레마의 많은 부분은 직원들이 지켜야 하는 강력한 소셜미디어 정책의 도입으로 최소화될 수 있다. 사회복지 종사자들에게 지침이 될 뿐만 아니라 책임성 메커니즘을 제공하는 소셜미디어 정책은 사회복지경영자가 사회복지 업무를 시행하는 데 아주 좋은 아이디어이다. 해결해야 할 난제는 종종 소셜미디어의 적절한 사용 한도를 어디에 둘 것인지를 결정하는 것인데, 이것은 특정 프로그램이나 조직에서 수행하는 일의 성질에 달려 있다.

이러한 잠재적 위험에도 불구하고, 소셜미디어는 소셜미디어 도구들을 적절히 사용하는 방법을 이해하고 사회복지 직원의 소셜미디어 사용을 감독하는 사회복지경영자에게 상당한 기회를 제공할 수 있다. 예를 들어, 소셜미디어를 사용하면 기금 모집을 늘릴 수 있다. 여러분은 사회복지경영자로서 링크드인 프로필 같은 소셜미디어에 다양한 성공 스토리를 올릴 수 있다(성공 스토리를 올리기 전에는 항상 클라이언트들로부터 그들의 이름과 사진을 사용하는 것에 대한 동의를 얻어야 한다). 그러면 이러한 스토리들은 여러분의 전문직 네트워크에 있는 사람들로부터 '좋아요'라는 평을 들을 수 있고, 그것을 그들과 공유할 수 있다. 여러분이 링크드인을 통해 기금 제공자나 여타 의사결정자와 연결된다면, 여러분의 훌륭한 뉴스는 즉각 그들 앞에 도달할 것이다. 필자의 개인적인 경험에 비추어 볼 때, 이러한 행위가 사회복지 프로그램과 조직에 아주 긍정적인 성과로 이어진다는 것은 입증 가능하다.

소셜미디어 사용과 관련해서 기억해야 할 핵심적 사항은 소셜미디어를 사용하면 여러분의 메시지를 매우 폭넓은 사람들에게 전달할 수 있다는 것이다. 이러한 사람들 중 일부는 여러분이 전혀 모르는 사람들일 수도 있지만, 여러분과 여러분의 조직에 아마 도움이 될 수도 있을 것이다. 소셜미디어를 이러한 방식으로 사용하지 않는다면 사회복지경영자로서 여러분의 영향력은 줄어들게 될 것이며, 이것은 휴먼 서비스 프로그램이나 조직이 재원 조달, 클라이언트 의뢰, 직원 채용 등에 대한 경쟁을 하는 데 있어서 뒤처지게 만들 수도 있을 것이다.

3) 모바일 장치와 앱

빠른 속도로 모바일 기술이 채택되고 있고 우리 모두가 그것을 사용하고 있으며, 개인의 사생활 방식과 근로 현장에서의 운영 방식 또한 변화시키고 있다. 예를 들어, 스마트폰과 태블릿은 많은 환경에서 다양하게 쓰이고 있다. 오늘날 개인적으로 모바일 장치를 사용하지 않는 사회복지 전문가, 특히 신입 사회복지 전문가를 발견하기는 어렵다. 많은 사회복지사도 이 비즈니스 목적으로 이러한 장치를 사용하고 있다. 사회복지경영자들은 사람들이 직장에 출근할 때 모바일 장치를 집에 놓아두고 오지 않는다는 것을 알아야 한다. 즉, 직장에서 모바일 장치를 사용하지 못하게 하는 것은 거의 불가능하다는 것이다. 아이폰, 아이패드와 같은 장치는 조직에서 그것을 사용하게 하건 사용하지 못하게 하건 간에 직장에서 사용되고 있다. 이메일과 소셜미디어가 그렇듯이, 휴먼 서비스 조직에서 이러한 기술을 활용하는 방법과 적절하고 효과적인 사용법을 제공하는 것이 사용복지 경영자의 주요 딜레마가 되었다.

모바일 장치 사용과 관련하여 사회복지사로서의 필자의 철학은, 직원들이 어쨌든 그 장치들을 사용하고 있다는 것을 항상 수용하고 적절한 통신 규약에 따라 직장에서 사용하는 것을 허용한다는 것이었다. 모든 신기술이 그렇듯이, 사회복지 직원을 위한 어떤 정책을 개발하는 것이 매우 유익하다고 생각한다. 대부분의 휴먼 서비스 조직은 모바일 장치 사용과 관련된 정책을 갖고 있지 않다. 그러나 관련 정책은 직원들이 직장에서 자신의 모바일 장치로 할 수 있는 것과 할 수 없는 것을 명확히 하는 데 도움이 된다고 생각한다.

사회복지경영자는 또한 가령 사회복지 직원들에게 스마트폰을 배포해야 할지 또는 직원들 소유의 장치를 회사 업무에 활용하도록 요청해야 할지에 대해서도 고려할 필요가 있다. 개인이 보유한 스마트 기기를 회사 업무에 활용하도록 요청하자는 후자의 시나리오는, 최근 BYOD(Bring-Your-Own-Device) 접근법으로 기술되고 있다. 이 접근법은 예산 제약을 받는 소규모 휴먼 서비스 조직에서 책임감 있게 모바일을 사용하도록 하는 훌륭한 방식이 될 수 있다. 그러나 이러한 경우 조직은 개인 장비를 직장 관련 업무에 사용하도록 하는 데 대하여 어떤 방식으로든 직원에게 보상할 필요가 있다. 이것은 직원의 월간 모바일 이용요금 일부를 조직에서 지불하거나 또는 직원들이 수용할 수 있고 조직에서도 재정적인 의미가 있는 다른 어떤 보상방법일 수도 있다. 실행하기에 어려운 세부적인 난제들이 있겠지만, BYOD를 활용하는 것이 어떤 프로그램이나 조직에서 모든 사회복지 직원을 위한 신규 모바일 장비와 서비스 계획을 구입하는 것보다 훨씬 더 비용 효과적인 경우가 많다. 그러나 프로그램이나 조직이 처한 상황에 따라 다르기 때문에, 모바일 기술 관련 이슈를 접근하는 방식은 여러분 프로그램이나 조직의 고유한 욕구에 따라 다를 것이다.

마지막으로 사회복지 분야에서 모바일 애플리케이션 또는 '앱(apps)' 사용이 가능한 새로운 기회가 많이 있다는 것을 주목해야 한다. 앞서 기술하였듯이 사회복지 직원들이 이미 개인적인 용도와 업무를 위하여 모바일 장치를 사용하고 있다면 사회복지 분야에서 더 많은 애플리케이션을 개발하여 사용하도록 장려하여야 한다. 전통적인 작업방법과는 반대로 앱을 사용하는 주요 목적은 편리한 모바일 장치에서 통상적으로 수행되는 과정을 조직하는 데 앱이 도움을 줄 수 있다는 것이다. 사회복지 분야에서 앱은 의학, 간호, 또는 심지어 은행 업무 같은 타 분야에서만큼 일반적으로 사용되는 것은 아니다. 그러나 사회복지 사례관리자가 스마트폰상의 모바일 앱으로 그들의 업무를 수행하는 날이 아마도 곧 올 것이다. 사례 기록 및 메모, 의뢰, 접수과정 등은 이질적인 경영제도가 아닌 모바일 앱을 통하여 모두 한 장소에서 수행되는 날이 곧 도래할 것이다. 사실 사례관리자는 현장의 클라이언트를 방문하는 동안에도 필요한 과업을 수행할 수 있다. 이것은 조직을 위해 시간과 돈을 절약하게 만들어 줄 것이다. 간단히 말해, 이 분야에서 흥미진진한 여러 가능성이 등장하고 있다는 것이다. 사회복지 관리자들은 새로운 기술에 대한 이 다음의 파도를 준비하여야 한다. 이메일과 소셜미디어와 마찬가지로 도래하는 새로운 기술도 적절히 활용하고 관리할 필요가 있다.

4. 요약

이 장에서는 사회복지경영 분야에서 당면하고 있는 정선된 다양한 현안을 소개하였지만, 현장에서 당면하고 있는 이슈들을 철저하게 열거하지는 못했다. 이 장에서는 미국에서 휴먼 서비스 조직을 운영할 때 조직에 다소 비우호적인 비즈니스 풍토를 만들어 내는 몇 가지 정책과 규제 이슈를 탐구하는 것으로 시작하였다. 다음으로는 비즈니스적이거나 기업가적 환경에서 일하는 사회복지경영자들이 부딪히는 윤리적 이슈들을 소개하였다. 마지막으로 사회복지경영자와 휴먼 서비스 조직이 활용하고 있는 몇 가지 신기술을 소개하고 그로 인한 어려운 난제들과 기회를 탐구하였다.

이 장에서 확실히 이해하여야 하는 중요 개념은 다음과 같다.

- 미국의 휴먼 서비스 산업에서 새로이 등장하고 있고 주목할 만한 가치가 있는 몇 가지 중요한 정책과 규제 관련 이슈가 있다. 즉, 비영리 휴먼 서비스 조직의 자선기부금에 대한 세액공제 관련 이슈, 사회복지경영자와 대표의 보수 수준 관련 이슈, 최근 「보건의료개혁법」의 조직에 대한 영향 관련 이슈 등이다.
- NASW의 윤리강령에 따라 비즈니스적이거나 기업적인 방식으로 행동

하는 사회복지경영자들이 당면하고 있는 두 가지 영역의 윤리적 관심사는 ① 클라이언트에 대한 헌신, ② 서비스에 대한 요금 지불 문제이다. 현대의 사회복지경영자들은 이러한 윤리적 영역의 관심사에 대하여 특별히 주의를 기울여야 한다.

- 사회복지경영자와 휴먼 서비스 조직이 이용 가능한 새로이 등장한 많은 기술 중에서 이메일, 소셜미디어 그리고 모바일 장치와 앱을 이해하는 것은 중요한 일이다. 왜냐하면 이러한 기술들이 프로그램과 조직에 어려운 난제들을 제시하고 있을 뿐만 아니라 더 효과적인 업무 성과를 내는 데 도움이 되는 기회가 될 수도 있기 때문이다.

연습

- 여러분의 직장이나 실습 현장에서 상임이사나 최고경영자와의 간단한 미팅을 준비해 보라. 그 사람에게 2015년에 시행할 예정인 PPACA의 고용주 의무사항(employer mandate)에 대하여 어떻게 생각하는지 물어보라. 조직에서는 종업원의 건강보험 적용에 관하여 어떤 변화를 계획하고 있는가? 가족에 대한 보험 적용은 어떻게 다룰 것인가? 배우자나 동거 파트너의 보험 적용 문제는? 가능하다면 수업을 듣는 다른 사람과 여러분의 인터뷰 기록을 비교해 보라. 경영간부로부터의 반응에는 반드시 차이가 있을 것이다. 왜 그러한 차이가 있다고 생각하는가?
- NASW 윤리강령 전체를 검토해 보라(www.socialworkers.org/pubs/code/default.asp). 만약 여러분이 어떤 사회적 기업을 시작한다고 가정하면(또는 실질적으로 비즈니스적 관점에서 어떤 프로그램이나 조직을 운영한다고 가정하면), 여러분 생각에 잠재적인 윤리적 이슈들이 제기될 수 있는 모든 영역을 찾아서 말해 보라. 사회적 기업활동이나 비즈니스적 사회복지경영 행위를 하는 데 도움이 될 수 있는 윤리강령 변경사항을 제안해 보라.
- 직장이나 실습 현장의 슈퍼바이저에게 조직의 소셜미디어 정책 문안에 대해 질문해 보라. 소셜미디어 정책 문안이 있고 여러분이 그것을 확보할 수 있다면, 다음과 같은 질문에 답변함으로써 그 정책을 분석해 보라. 정책의 근본적인 목적은 무엇인가? 그 정책은 이러한 목적을 달성하는 데 얼마나 효과적인가? 그 정책에서 변화되어야 한다고 생각하는 것은 무엇인가? 어떤 정책이 존재하지 않는다면(또는 관련 정책 문안을 구할 수 없다면), 해당 조직의 소셜미디어 정책 초안을 구성해 보라. 같은 방식으로 여러분의 소셜미디어 정책을 구축하기 위하여 다른 기관의 정책 문안을 알아보라.

인터넷 자원

독립섹터(Independent Sector): 워싱턴 DC에 기반을 둔 전미 비영리 정책옹호 조직이다. 이 조직은 전국 600개 이상의 비영리조직 회원들의 이익을 대변하고, 연례적인 역량 구축 콘퍼런스를 개최하고 있다. 웹사이트에는 광범위한 비영리 이슈, 즉 새로이 등장하는 이슈뿐만 아니라 오래된 이슈들과 관련된 시의적절한 정책 설명과 백서들이 포함되어 있다. www.independentsector.org

전미 비영리조직 협의회(National Council of Nonprofits): 비영리조직을 중재하고 동원하여 집단적인 영향을 미치고자 하는 주별 비영리단체들의 통합 네트워크이다. 웹사이트에는 비영리조직에 영향을 미치는 주 및 지방 정책 이슈들에 관한 중요하고 시의적절한 정보가 담겨 있다. www.councilofnonprofits.org

자선조직 보호 협의회(Charity Defense Council): 비영리 활동가이자 작가인 댄 팔로타(Dan Pallota)가 시작한 신생 조직이다. 이 단체는 경영진 보수상한제 같은 정책 개발에 반대하는 비영리조직을 방어하고자 하는 목적으로 설립되었다. 경영진 보수상한제는 휴먼 서비스 조직의 사회적 영향을 저해하는 불길한 전조로 보인다. http://charitydefensecouncil.org

테크수프닷오르그(Techsoup.org): 효과적인 기술제품과 혁신적인 해결책을 비영리조직들에게 연결시켜 주는 비영리 중개조직이다. 웹사이트에는 블로그와 기타 자원 기사들로 채워진 활기찬 지역사회 포럼뿐만 아니라 할인된 가격으로 기술제품을 구입할 수 있는 선택 대안들이 제시되어 있다. www.techsoup.org

비영리기술 네트워크(Nonprofit Technology Network: NTEN): 기술을 이용하여 사회적 미션을 달성하려는 비영리 전문가들의 회원조직이다. 웹사이트에는 다양한 무료 자원과 학습 툴이 포함되어 있다. www.nten.org

전미사회복지사협회(NASW) 윤리강령(Code of Ethics): 이 문서에 대해서 공부를 하는 것은 처음이 아닐 테지만, 거시적 수준에서 운영하고 있는 사회복지경영자는 여기에 포함된 원칙과 기준을 충실히 지켜야 한다. www.socialworkers.org/pubs/code/code.asp

비영리법률 블로그(Nonprofit Law Blog): 고용법률 변경, 자선기부 정책 개발, 비영리부문 내에서의 인수합병과 같은 새로운 이슈를 포함하여 다양한 중요 주제를 게시하고 있는 활동적인 블로그 사이트이다. www.nonprofitlawblog.com

제8장

결론

이 책의 마지막 부분에 도달하였고, 여러분은 사회복지경영 학도나 실천가로서 기술을 향상시키는 길을 잘 가고 있다. 이 시점에 여러분이 학습한 것을 복습하고, 다음과 같은 것을 행함으로써 일부 개념을 적용해 볼 것을 권한다. 첫째, 다음 절에 여러분이 복습하는 데 도움이 되도록 하기 위해 각 장의 핵심 포인트를 정리해 두었다. 정리된 핵심 포인트로는 명쾌하지 않은 부분이 있다면 더 상세히 설명된 해당 장의 내용들을 다시 찾아보기 바란다. 둘째, 만약 그렇게 하지 않았다면 각 장의 끝에 있는 연습문제를 통해 공부해 보기를 권한다. 이들 연습문제는 이 책에서 소개한 가장 중요한 몇몇 개념에 대하여 여러분이 얼마나 알고 있는지를 테스트해 보기 위해 만들어진 것이다. 마지막으로, 부록에는 사례가 제시되어 있다. 거기에는 어떤 기업의 전체 사업계획서 및 그와 관련된 토론 문제가 포함되어 있다. 이러한 사례를 탐구해 보면 앞에서 제시한 개념들을 응용하는 데 많은 도움이 될 것이다.

1. 장별 핵심 포인트에 대한 복습

제1장에서는 새로이 등장하고 있는 비즈니스적인 사회복지경영과 사회적 기업활동을 소개하였다. 이 장에서 소개한 핵심 포인트는 다음과 같다.

- 사회복지경영은 최근에 보다 비즈니스적(businesslike) 또는 기업적(entrepreneurial)인 방식으로 전개되어 왔다.
- 사회적 기업활동(사업적 사회복지경영 실천을 언급하는 데 널리 사용되는 용어)은 비즈니스 경영기술을 사회복지 실천에 적용하는 것을 말하는데,

이러한 현상이 점점 더 증가하고 있다. 사회적 기업(social enterprise), 사회적 벤처활동(social venturing), 사회적 혁신(social innovation) 등이 사회적 기업활동과 유사한 개념이다.

- 대부분의 사회복지사에게 비즈니스적이 된다는 것은 쉽지 않은 일이지만, 필수적인 비즈니스 기술은 학위과정이나 그 이후에 습득할 수 있다.
- 비즈니스적인 사회복지경영자는 다양한 조직 유형, 즉 비영리, 영리, 혼성 조직 및 기타 조직에서 중요한 일자리를 구할 수 있다.
- 사회복지 기술 영역을 보완하는 사회복지경영 비즈니스 기술의 필수적인 영역으로는 재무관리, 인재관리 그리고 마케팅, 영업 및 의사소통 관리 등을 들 수 있다.

제2장에서는 재무관리에 대해 탐구해 보았다. 이 장에서의 핵심 포인트는 다음과 같다.

- 적절한 재무감독과 관리를 하면 휴먼 서비스 프로그램이나 조직의 클라이언트들이 적절하고 필수적인 서비스를 받을 수 있게 된다.
- 비영리조직에서 사용되는 회계등식은 '자산=부채+순자산'이다.
- 재무상태표, 손익계산서, 현금흐름표는 비영리 휴먼 서비스 프로그램에 사용되는 세 가지 표준화된 재무제표이다. 사회복지경영자들은 이러한 재무제표 모두를 분석하고 해석하는 데 어려움이 없어야 한다.
- 수익과 비용의 추정은 핵심적인 기술이다. 그러나 수익과 비용을 추정하는 데에는 항상 불확실성이 존재한다.
- 비영리 휴먼 서비스 조직의 자본구조 성질과 자본구조의 혼합이 전개되고 있다고 할지라도, 비영리 휴먼 서비스 조직의 자본구조와 영리기업의 자본구조에는 뚜렷한 차이가 있다.

제3장에서는 사회복지경영의 필수요소인 인재관리의 개념을 소개하였다. 이 장의 핵심 포인트는 다음과 같다.

- 사회복지 조직의 인적자원 또는 직원은 인재로 간주되어야 하고, 이러한 자원을 관리하는 과정은 인재관리로 언급되어야 한다.
- 제한된 자원과 사회복지경영자가 자주 직면하는 상충관계로 인하여 사회복지 조직에서의 인재관리와 재무관리는 균형 있게 다루어져야 한다.
- 클라이언트와 사회복지사의 관계가 어떤 프로그램 성공의 핵심 동인이라는 점에서 사회복지는 실로 서비스 사업이다.
- 효과적인 인재관리는 사회복지경영자가 모든 방향, 즉 하부, 상부, 주변부의 관리방법을 아는 것을 수반한다.

제4장에서는 마케팅, 판매 및 의사소통 기술을 소개하였다. 이 장의 핵심 포인트는 다음과 같다.

- 마케팅은 광고 이상의 것이다. 즉, 마케팅은 특정 제품이나 서비스를 시장에 내놓는 데 필요한 모든 것을 포함하는 과정이다.
- 가장 일반적인 마케팅 체계는 4P(제품, 가격, 유통 및 판매촉진)와 STP(세분화–표적화–위치화)이다.
- 판매는 마케팅과 뚜렷이 구분되는 기능이지만, 이 두 과정은 관련성이 매우 높다.
- 판매과정은 내부 구성원(조직 내)에 대한 판매뿐만 아니라 외부 구성원(조직 밖)에 대한 판매를 포함한다.
- 의사소통 과정은 마케팅뿐만 아니라 판매에도 아주 관련성이 높으며, 사회복지경영자가 마케팅과 판매에 성공하도록 도울 수 있는 다양한 의

사소통 전략이 있다.

제5장에서는 사업계획 수립이 현대 휴먼 서비스 조직에서 효과적이고 필수적인 과정이라는 것을 소개하였다. 이 장의 핵심 포인트는 다음과 같다.

- 사업계획 수립은 한때 영리조직에만 알려졌던 과정이지만, 이제는 휴먼 서비스 조직에서도 아주 통상적인 일이 되고 있다. 사실, 사회복지경영자들은 전통적인 방식의 보조금 조달과는 대조적으로 기금 제공자들로부터 프로그램과 조직의 사업계획서 작성을 요구받고 있다.
- 사회복지 분야의 사업계획과 상업적 사업계획 간의 주요한 차이는 사회복지 분야의 사업계획에서는 재무적 지속 가능성뿐만 아니라 제기된 사회 문제가 해결된 정도를 의미하는 사회적 영향에도 초점을 맞춘다는 점이다.
- 사회복지 프로그램이나 조직의 사업계획은 분량이 약 30페이지 정도가 되어야 하며, ① 개요, ② 프로그램 개념, ③ 시장 및 경쟁 분석, ④ 마케팅 계획, ⑤ 운영계획, ⑥ 재무계획, ⑦ 경영진 정보, ⑧ 부록의 9개 요소를 포함하고 있어야 한다(사업계획 예시는 부록 3 참조).

제6장에서는 영향과 지속 가능성 그리고 이러한 중요 개념들의 측정방법에 대해 논의하였다. 이 장의 핵심 포인트는 다음과 같다.

- 사회적 영향은 본질상 해당 휴먼 서비스 프로그램이나 조직이 달성하고자 하는 사회적 미션이나 목적을 충족시킨 정도로 정의된다. 사회 문제는 어떻게 다루는 것이 좋을까?
- 재무적 성과나 재무적 지속 가능성은 영리부문에서 빌려 온 개념이다.

이것은 어떤 프로그램이나 조직이 장래에도 중단 없이 계속 서비스를 제공할 수 있을 정도로 충분한 수익을 창출할 수 있는 프로그램이나 조직의 능력에 관한 것이다.

- 사회복지 프로그램과 조직의 성과 측정은 본질적으로 복잡하다. 성공을 측정하기 위한 완벽한 척도나 지표는 없다. 사회적 기업의 경우 사회적 영향과 재무적 지속 가능성을 결합하면 문제가 더 복잡해진다.
- 논리 모형은 어떤 프로그램이나 조직의 사회적 영향을 도표로 그리는 데 유용한 도구이다. 이 모형은 프로그램이나 조직으로 진입해서 종국적으로 탈퇴에 이르기까지 서비스 수혜자(또는 자원봉사자나 직원 같은 다른 투입 항목)를 추적한다. 논리 모형은 투입요소, 활동, 산출물 및 성과의 범주로 구성된다.

제7장에서는 사회복지경영자와 휴먼 서비스 조직이 당면한 새로이 등장하는 이슈들을 살펴보았다. 이 장에서는 다음과 같은 핵심 포인트를 논의하였다.

- 미국 휴먼 서비스 산업에서 새로이 등장하고 있는 그리고 주목할 만한 가치가 있는 몇 가지 중요한 정책과 규제 이슈가 있다. 즉, 비영리 휴먼 서비스 조직의 자선기부금에 대한 세액공제, 사회복지경영자와 대표의 보수 수준, 최근 「보건의료개혁법」의 조직에 대한 영향 등이다.
- NASW의 윤리강령에 따라 비즈니스적 또는 기업적 방식으로 행동하는 사회복지경영자가 당면한 두 가지 윤리적 관심사는 ① 클라이언트에 대한 헌신, ② 서비스에 대한 요금 지불이다. 현대의 사회복지경영자들은 이러한 윤리적 관심사에 대하여 특별히 주의를 기울여야 한다.
- 사회복지경영자나 휴먼 서비스 조직이, 이용 가능하며 새로이 등장하고

있는 많은 기술 중에 이메일, 소셜미디어 그리고 모바일 장치와 앱을 잘 이해하는 것은 중요한 일이다. 왜냐하면 이러한 기술들은 프로그램과 조직에 어려운 난제를 제시하는 도전이 되기도 할 뿐만 아니라 더 효과적인 업무 성과를 내는 데 도움이 되는 기회가 될 수도 있기 때문이다.

2. 맺음말

필자는 이 책을 쓰고 이러한 비즈니스 기술을 여러분과 공유하는 것에 대하여 한없는 기쁨을 느낀다. 이 책에 소개된 많은 것은 필자가 지금까지의 사회복지 경력에서 아주 도움이 된다고 확인한 사항들이다. 필자는 이러한 이슈들을 수년에 걸쳐 필자와 함께 근무하였던 부하직원뿐만 아니라 필자가 가르친 사회복지 교육과정의 학생들과도 토론을 하였다. 이제 이러한 내용이 책으로 편찬되어 더 폭넓게 이용 가능하게 되었고, 관련 지식을 많은 청중과 공유할 수 있게 되었다는 점에서 감사하고 기쁘다.

필자의 진정한 희망은, 만약 여러분이 학생이라면 이 책에 포함된 내용들을 사회복지 프로그램에서 배운 것을 보충하는 데 사용했으면 하는 것이다. 만약 여러분이 사회복지경영자로 일하고 있다면, 책의 일부 내용이 업무의 효과성을 최적화하기 위해 여러분의 현재 기술을 증대시켜 줄 것이라고 믿는다. 어느 방식이든 현대의 사회복지경영자는 가능한 한 가장 포괄적인 기술로 무장하는 것이 필요하다.

앞서 약술하였듯이, 이 책에는 많은 정보와 핵심 포인트가 포함되어 있다. 그러나 그 토대는 다음과 같은 몇 가지 핵심적인 영역에 있다는 것을 반복해서 강조하고 싶다. ① 재무관리, ② 인재관리, ③ 마케팅, 영업 및 의사소통. 이러한 것들은 사회복지 학위 과정에서 자주 가르치지는 않는 사회복지경영의 중요한 기술 영역이다. 필자는 이러한 기술들을 필요로 하지만 적절한 훈련을 받지 못한 현장 사회복지경영자들(필자 자신을 포함)을 많이 목격해 왔다. 그러므로 이 책을 기술 개발을 위한 디딤돌로 사용하기 바란다. 만약 재무관리와 같은 특정 영역이 어렵다면, 이러한 주제만을 대상으로 하는 평생교육 과정에 등록하거나 그것만을 다루고 있는 다른 책을 구입해서 보기 바란다. 이 책을 읽고 그 내용을 이해하게 된다면, 여러분은 이제 사회복지경영의 필수적인 비즈니스 기술에 대한 확고한 토대를 마련하게 되는 것이다. 사회복지경영자로서 여러분이 업무를 하는 데 행운이 깃들고 또한 대성공을 거둘 수 있기를 바란다.

부록

부록 1

부모의 세계

사회복지사가 설립한 사회적 기업의 프로필

다음은 한 사회복지경영자가 사회복지학 석사(MSW) 학위를 받은 후 곧바로 설립한 부모의 세계(Parent Universe)라는 사회적 기업의 간단한 프로필이다. 전체 사업계획과 결부된 간략한 이 프로필은 사회복지 환경 안에서 사회적 기업과 사업계획의 개념에 대한 실질적인 개관을 제공하기 위해 제시한다. 또한 이러한 영역에 대한 학습을 돕기 위해 부록 2에 논의 문제가 포함되어 있다.

사회적 기업의 등장

부모의 세계는 2013년에 공식적으로 출범하였다. 이 사회적 기업에 대한 아이디어는 최근 사회복지학 석사과정 수업시간에 떠오른 생각에 기초하였고, 사회복지학 석사인 패티 모지타(Patty Mojta)가 이끈 뉴저지주 아동학대

기관(Prevent Child Abuse New Jersey: PCANJ)의 한 팀이 2011년 10월 초보 사회적 기업가들을 위한 훈련 프로그램인 뉴저지 사회혁신연구소(New Jersey Social Innovation Institute)에 지원했을 때 더 개선되었다. 이 훈련기관은 2012년 1월에서 7월까지 운영되었다. PCANJ의 그 팀이 사회적 기업 아이디어를 사업계획으로 형식을 갖추었을 때이다. 모지타는 2013년 5월에 첫 번째 시간제 컨설턴트로 고용되어 훈련받았고, 그 기업은 비즈니스를 위해 공개적으로 준비되었다. PCANJ 이사회는 2,500달러에 이르는 초기 종자자금을 제공하였다. 따라서 이 사회적 기업은 2013년 7월 1일 2013-2014 회계연도 초에 완전히 운영 가능하게 되었다.

부모의 세계는 PCANJ가 전체적으로 통제하고 운영하는 수익실현 사회적 기업(earned-income social enterprise)이다. 이 기관은 뉴저지주 뉴브런즈윅(New Brunswick)에 본부를 둔 자선조직인 면세기관이다. PCANJ는 미국 세법(U.S. Tax Code) 501(c)3에 따라서 소득세 면세 대상이다. 부모의 세계는 모조직(parent organization)의 미션관련 단위로 구성되어 소득세 면세 대상이다. 부모의 세계는 독립법인 구조를 지니고 있지 않다.

현재 부모의 세계의 대표는 설립자 모지타이다. 그녀는 사회복지학 석사를 한 PCANJ의 사회복지경영자이다. 그녀는 상임이사인 PCANJ의 부회장에게 직접 보고한다. 모지타는 매일 부모의 세계 운영, 예산 편성/지출, 마케팅 등에 관하여 결정한다.

사회적 기업활동을 통한 전체적 미션의 지지

PCANJ는 예방 프로그램을 통해 아동학대와 방임 문제를 해결하고자 한다. 예방 프로그램은 주로 아동학대가 발생하기 전 육아의 첫 번째 단계 동안 부모에 대한 교육과 지원을 포함한다. 부모의 세계는 PCANJ의 사회적 기업 자회사로서 이 전체적인 기관 미션을 지지한다. 부모의 세계의 미션은 아이 출산을 둘러싼 흥분된 시간 동안 처음 부모가 되는 사람들을 지원하는 것이다. 모지타는 다음과 같이 밝히고 있다.

> 우리는 연구를 통해서 가정방문 프로그램이 정신건강, 신체건강, 학력, 돈벌이 능력 등에 의해 아동에게 보다 나은 성과를 가져온다는 것을 알았다. 아동 초기에 결단성 있게 돈을 들이는 부모는 일생의 건강과 안녕이 증가한다는 측면의 가치를 알고 있다.

부모의 세계는 임신 기간 동안 그리고 아동이 태어나고 첫 3년 동안 가족에게 다양한 가정기반 지지 서비스를 제공한다. 부모의 세계의 서명 서비스, 아이 코칭(baby coaching)은 부모가 아동이 최적으로 성장 · 발달할 수 있도록 양육하는 데 도움을 주기 위하여 부모교육 및 아동발달 전문가와 함께 개개인에 맞춘 일대일 세션을 수반한다. 아이 코칭 외에도 부모의 세계는 분만교육, 모유수유 교육, 영아 돌봄 및 안전과 같은 주제들에 대한 태아기 교육 패키지를 제공한다. 부모의 세계는 출산을 한 부모와 출산을 앞둔 부모에게 중요한 주제들에 관하여 지역사회에서 워크숍도 개최한다.

사회적 영향과 재무적 지속 가능성에 대한 주안점

부모의 세계 목표시장은 일차적으로 상위 및 중간 소득 가족을 포함하지만 궁극적으로는 모든 소득 계층의 클라이언트에게 도달할 수 있는 구조를 확립하는 것이다. 모든 서비스는 요금을 받고 제공되며 선택할 수 있다. 따라서 적어도 이론상 가난한 가족이 필요한 도움을 받을 수 있다. 기본 계획은 유료 고객으로부터 창출된 수입을 사용하여 지불할 여유가 없는 부모에게 지지 서비스를 무료로 제공할 수 있게 하는 것이다. 덧붙여 부모의 세계는 사용자가 제공하는 복리후생 제도에 따른 서비스가 모든 소득 계층(고소득층, 중간소득층, 저소득층)의 부모들에게 이를 수 있도록 하기 위해 종업원 복리후생 제도를 개발하였다.

부모의 세계의 사회적 영향력을 결정하는 데 사용된 지표들은 개인 차원에서 측정되었다. 개별 고객들을 대상으로 설문조사를 통해 부모의 유능감, 육아 지식, 아동 발달, 양육과 애정에 대한 지식 등을 측정한다. 즉, 이러한 측정치들은 아동학대와 방임에 대한 모든 보호요인이다. 투자에 대한 사회적 수익의 견지에서 모지타는 아동학대를 효과적으로 예방하면 사람의 일생을 통해 발생하는 너무나 많은 문제, 즉 정신병, 물질 남용, 범죄 행동, 나쁜 학업 성과를 감소시킨다고 믿었다.

모지타는 재무적 지속 가능성에 관하여 "연간 4,000개의 코칭 세션 티핑포인트(tipping point)[1]에 도달할 때 부모의 세계를 유지할 수 있을 뿐만 아니라 모기관(PCANJ)을 지원하기 위하여 상당한 수입을 창출할 수 있다."라고 설명하였다. 덧붙여 해당 기업이 이 티핑포인트에 도달할 때 해당 사업의 수혜자는 수천 명에 달하게 될 것이다. 모지타에 따르면, 서비스 수혜자의 수를 확대하려는 이유는 사회적 · 재무적 영향력을 더 높이는 데 있다. 많은 수혜자에게 서비스를 제공하게 되면 큰 사회적 영향을 미치게 되고, 해당 기업과 모조직에 필요한 많은 수입도 가져다줄 것이라는 것이다.

1) 역자 주: 작은 변화가 어느 정도 기간을 두고 쌓여, 이제 작은 변화가 하나만 더 일어나도 갑자기 큰 영향을 초래할 수 있는 상태가 된 단계.

사회적 기업 출범의 핵심 성공요소와 도전

모지타에 따르면, 대규모 비영리 휴먼 서비스 조직 내 사회적 기업을 출범시키는 것과 관련된 핵심 성공요소는 창의성, 혁신, 그리고 직업 개발을 뒷받침하는 긍정적 조직 문화의 존재이다. 조직의 이러한 긍정적 문화는 그녀가 새로운 비즈니스 벤처의 출범에 따르는 수많은 복합적인 문제를 헤쳐 나가는데 도움을 주었다. 그녀는 지렛대 역할을 해 줄 조직의 큰 강점이 직원의 전문 지식이라고 생각했다. 여기서 전문 지식이란 부모교육과 아동 발달, 프로그램 개발, 프로그램 평가, 전국적으로 인정받는 근거기반 아동학대 예방 프로그램에 대한 전문 지식 등이다.

대규모 모기관(parent agency)의 맥락에서 사회적 기업과 관계된 몇 가지 난제는 적어도 그 벤처가 스타트업 단계 동안 직원들의 시간이 부족하고 충분한 자원이 없다는 것이다(이때 모지타는 사회적 기업의 설립자로서 전일제 직무와 모조직의 다른 전일제 직무라는 두 가지 전일제 직무를 수행했다). 더욱이 PCANJ에 포함되어 있는 모든 차원의 수많은 휴먼 서비스 조직에서 비즈니스 경영과 요금기반 사업에 대한 경험이 보편적으로 부족하다는 것이다. PCANJ는 사회적 기업을 출범시키고 유지하는 것을 아주 어렵게 만들고 있다.

부록 2

부모의 세계

논의 문제

간단한 프로필과 그에 따른 부모의 세계에 대한 전체 사업계획을 토대로 수업에서의 토론과 독립적인 연구를 위하여 다음과 같은 논의 문제를 제기할 수 있다.

① 부모의 세계와 전통적인 사회복지 프로그램이나 서비스(예: 현장실습 프로그램이나 직장 프로그램)를 구분하는 핵심적인 특징은 무엇인가? 부모의 세계에서는 전통적인 사회복지 프로그램과 다르게 보고 느낀다는 것을 어떻게 생각하는가? 이러한 유형의 프로그램에 대하여 찬성하는가 아니면 반대하는가?

② 이러한 사회적 기업의 성장 및 확대와 관련된 잠재적인 윤리적 이슈들은 무엇인가? 여러분은 이러한 윤리적 이슈들을 어떻게 완화시킬 수 있다고 보고 있는가? 이 질문에 대한 대답을 함에 있어서는 NASW 윤리강령(1999)을 참고하라.

③ 부모의 세계는 상당한 규모의 서비스(즉, 대규모 서비스 공급자)를 확보하려 한다. 부모의 세계가 서비스의 규모를 확대함에 따라 부딪히게 될 어려움은 무엇이라고 생각하는가? 여러분은 이러한 어려움을 어떻게 다룰 수 있다고 보는가? 규모 확대 또는 소규모 유지에 대한 여러분의 생각은 어떠한가?(제6장의 웬델 나이트와의 인터뷰 참조)

④ 이러한 성질을 가진 사회적 기업을 개발하기 위해 어떻게 준비를 해야 할까? 강점 또는 약점은 무엇이라고 보는가? 모지타가 사회복지학 석사 과정 동안 배운 것 이외에도 학습해야 하는 것은 무엇이라고 생각하는가? 이러한 추가적인 기술은 어떻게 습득할 수 있을까?

⑤ 사례 파일에서 기술되었듯이 사회적 기업활동이 가치 있는 노력이라고 생각하는가? 그렇다면 왜 그렇다고 생각하는지, 그렇지 않다면 왜 그렇지 않다고 생각하는지 말해보라. 궁극적으로 사회적 기업활동이 효과적인 사회복지 개입인지 어떻게 알 수 있는가? 반대로 보다 전통적인 개입이 효과적인지 어떻게 알 수 있을까?

부록 3
부모의 세계

사업계획: 자녀의 세계를 생각하는 부모를 위한 자리

목차

주요 혁신

변화이론

강령

핵심 가치

목적과 측정

사회적 투자수익

경쟁상 이점

행동촉진

팀과 조직 배경

팀

뉴저지주 아동학대 예방기관

법률구조

현황

자문위원

시장과 산업

산업기술과 시장 세분화

목표시장 세분화

목표시장 세분화의 예상 포지션

마케팅 계획

기금 모집 대상과 전략

제품과 가격설정 계획

물류입지와 판매촉진

재무계획

운영계획

성공의 정의

중간 목표와 성공의 척도

시간표

위험사정

재무적 위험

법적 위험

인재 위험

환경 위험

부록

부록 A: 미국의 아동학대*

부록 B: 부모의 세계의 조직도

부록 C: 논리 모형*

부록 D: 출산 전문가 조사

부록 E: 고객 조사

부록 F: 사회적 기업가 이력서

부록 G: 마케팅 계획

부록 H: 기업 제안서

부록 I: 1년 손익계산서

부록 J: 5년 손익계산서*

참고문헌

사업계획 개요

부모의 세계는 뉴저지주의 0~3세 아동을 가진 부모와 앞으로 부모가 되려는 사람들의 부모 교육과 지원 서비스를 제공하는 사회적 벤처조직이다. 부모의 세계는 벌어들인 수입을 통해 자립하도록 설계되었다. 설립 2년쯤에 저소득층에 대한 부모지원 서비스의 이용을 확대할 뿐만 아니라, 비영리 모조직인 뉴저지주 아동학대 예방기관(PCANJ)의 운영비용을 뒷받침하기 위하여 부수적인 수입을 창출할 계획을 세우고 있다. 이 벤처조직으로부터 창출되

---

* 이들 부록은 이 책에 포함되어 있는 것이다. 기타 모든 부록도 저자에게 요청하면 이용할 수 있다.

는 이익금은 PCANJ의 서비스를 향상시키는 데 사용된다.

부모의 세계 비즈니스 모형

서명 서비스, 아이 코칭(Baby Coaching)은 부모가 자녀를 가장 바람직하게 성장 · 발달시키는 데 도움을 주기 위하여 맞춤형 일대일 세션으로 구성된다. 아이 코칭 전문가들은 다음과 같은 일을 하는 공인 부모 교육자들(certified Parent Educators)이다.

- 가정에서 편하게 부모를 만난다.
- 가족이 원하는 바에 맞춰서 교육 세션을 제공한다.
- 두뇌 발달, 산전 건강관리, 영양 섭취, 훈육, 일상, 영유아 보육, 가정 안전과 같은 육아와 발달에 관한 다양한 주제에 대한 전문 지식을 보유하고 있다.
- 부모가 두뇌 발달과 성장을 촉진하기 위하여 걸음마를 하는 아이와 함께 할 수 있는 활동을 소개하는 한편, 정보를 제공하고 양육에 관한 질문에 답한다.
- 부모에게 자녀의 역량을 강화시킬 수 있는 지식을 전하는 것과 함께 부모와 자녀가 함께 하는 작업의 중요성을 받아들인다.

아이 코칭 외에도 부모의 세계에서는 장래 부부들에게 맞춤형 재가 수업을 제공하는데, 다루는 주제들에는 출산교육, 모유수유 교육, 영아 보호 및 안전 등이 있다. 더욱이 부모의 세계에서는 대중이 접근하여 무료로 자원을 이용할 수 있는 웹사이트를 운영하고 있다. 마지막으로 부모의 세계는 부모교육 워크숍에서 작가와의 대화에 이르기까지 주기적인 지역사회 행사를 주관한다.

시장 수요와 기회

부모의 세계는 아이 코칭과 관련 양육지원 서비스를 제공할 수단을 가진 부모들을 대상으로 한다. 덧붙여 경쟁적인 종업원 복리후생 제도의 일환으로 아이 코칭을 제공할 대규모 법인기업을 대상으로 한다. 일정 비율의 이익금은 모든 소득 계층이 서비스를 이용할 수 있게 하는 데 사용된다. 이렇게 함으로써 모든 뉴저지주 거주자에게 지원 서비스 이용을 증가시켰다.

부모를 위한 고급 서비스가 증가 추세에 있다. 상류 소득층의 지역사회에서는 베이비 간호사, 베이비 플래너, 출산 조언자 그리고 임신 안내원 같은 대인 서비스가 인기를 얻고 있다. 아이 코칭을 자녀의 가장 적합한 성장과 발달을 도모하는 부모를 위한 지원 서비스로 소개하는 것이 핵심 기회이다.

마찬가지로 아이 코칭은 많은 시간을 직장에서 보내고 일과 가정생활의 균형을 맞추기 위해 노력하면서 직장을 다니고 있는 어머니와 아버지를 끌어들이고 보유하기 위해 노력하는 회사들에게 매력적인 서비스이다. 직장은 변하고 있다. 오늘날 많은 부모가 예전보다 더 곡예를 하듯 일과 가정생활을 동시에 하고 있다. 미국 노동통계국에 따르면 2012년에는 6세 이하 자녀가 있는 어머니의 65%가 직장을 다녔다. 2011년에는 6세 이하 자녀를 가진 가정 중에 53%가 부부 모두 직장이 있었다. 직장을 가진 부모 모두 일과 가사의 균형을 맞추는 것이 얼마나 벅찬 일인지 보여 주는 신세계를 항해하고 있다. 미국 뉴저지주의 대기업들은 현재 가족 중심적인 종업원들을 끌어들이기 위해 많은 복리후생 제도를 제공하고 있다. 예를 들면, 유연한 노동시간, 재가근무선택권, 자녀양육 지원, 자동차 유아용 보조의자 프로그램, 수유실 등이다. 부모의 세계의 아이 코칭 서비스는 복리후생을 향상시키고 우수한 노동력을 확보하는 데 있어서 경쟁상의 우위를 점하게 해 주는 중요한 요소이다.

부모의 세계의 궁극적인 목적은 사회경제적 상태와 상관없이 뉴저지에 사는 모든 부모가 가정방문 서비스와 부모지원 서비스를 이용할 수 있게 만드는 것이다. 첫 번째 할 일은 재가 서비스(아이 코칭 관련 서비스)를 에섹스와 모리스 카운티 교외의 지역사회에 제공하는 것이었다. 최근에는 아이 코칭 서비스를 미들섹스, 머서, 벌링턴, 서머셋 카운티로 확장했다. 부모의 세계는 기업과의 계약(corporate contract)을 추진할 뿐만 아니라 뉴저지주의 커뮤니티로 확대할 계획이다. 서비스를 점차 확대해서 부모교육 워크숍과 지역사회 행사를 추가할 것이다. 다음으로는 부모 지원 집단, 모유수유 지원 집단, 부모-자녀수업(요가, 음악 등)과 같은 긍정적인 부모-자녀 상호작용과 부모지원을 촉진하는 센터기반 서비스(center-based service)를 확대할 것이다. 마지막으로, 부모의 세계는 부모를 지원하고 양육 서비스의 성장을 조성하는 정책을 옹호하기 위하여 영향력을 활용할 것이다.

사회적 영향력

초기 아동(태아기 같은 초기)을 대상으로 이루어지는 투자는 일생 동안의 건강과 안녕에 가장 강력한 영향을 미치는 것으로 밝혀졌다. 0~3세 기간은 급속한 두뇌 발달과 일생 동안의 건강에 영향을 미치는 가장 중요한 시기이다.[2] 초기 아동에 투자하는 부모들은 높은 교육 성취도, 강한 면역체계와 질병 저항력, 우수한 신체적 · 정서적 건강, 부정적인 행동(예: 범죄 행동과 물질 남용)을 할 가능성 저하라는 측면에서 보답을 받을 것이라고 기대한다.[2] 미국 워싱턴주 공공정책연구소(Washington State Institute for Public Policy)는 일부 저명한 가정방문 프로그램의 투자 달러당 사회적 수익이 6.06달러에 이르는 비용-편익비를 달성했다고 보고하였다.[8] 이러한 계산은 보건의료, 아동복지, 사법제도, 특수교육, 생산성 손실의 측면에서의 절감을 고려한 것이다.[5] '아동의 건강은 국가의 부'라고 한다.[2] 오늘날 아동에 대한 투자는 향후 세계

경제에서 경쟁할 똑똑하고 유능한 노동 인력을 만들어 준다고 본다. 연구와 프로그램 평가를 통하여 밝혀진 유아기 경험을 강화시키는 것에 대한 다음과 같은 편익을 고려해 보자.

건강에 관한 편익

- 건강한 출산 체중
- 발달 관련 성과 향상
- 행동 관련 성과 향상
- 면역체계 강화와 질병 저항력 증가
- 정신건강 증진
- 물질 남용 감소

교육에 관한 편익

- 인지와 어휘능력 향상
- 수학과 독서능력 향상
- 졸업 학점 향상
- 발달지체 조기 탐지를 위한 특수교육 서비스 필요성 감소

생산성에 관한 편익

- 부모 스트레스 경감
- 아동의 수면 패턴 향상에 따른 부모의 수면 질 개선과 종업원 생산성 향상
- 아동 건강 증진으로 인한 직장인 부모의 상병일 경감
- 자녀가 성인으로서 높은 임금 획득
- 범죄활동 감소

사업설명서

부모의 세계는 사회 서비스 운동과 시장 트렌드 사이의 완벽한 결합이다. 가정방문은 아동학대 예방에서 이상적인 표준으로 널리 간주되고 있고, 현장의 지도자들은 보편적인 접근성에 대한 고위험 클라이언트의 범위를 넘어서 가정방문 서비스의 확대를 지지한다. 동시에 부모를 위한 고급 서비스가 증가하고 있다. 상류 소득층에 있어서 베이비 간호사, 베이비 플래너, 출산 조언자 그리고 임신 안내원 같은 대인 서비스가 인기를 얻고 있다. 부모의 세계에서는 이것이 가정방문을 통한 수익 상품의 주류가 될 것이라 보고 있다.

미국의 공공정책은 민간의 비공식 네트워크가 대부분 부모가 자녀를 돌보는 데 도움을 주기에 충분하다는 가정을 기반으로 한다. 그러나 처음 부모가 되면 스트레스를 많이 받고 자원이 많은 사람들조차도 힘들다. 정부는 일반적으로 저소득 가정, 10대 부모, 장애를 가진 가족, 그 밖에 연약하거나 위험에 빠진 가족에 대하여만 양육지원 서비스 재정 지원을 한다.

부모의 세계에서는 이러한 사고방식을 변화시키려고 한다. 연령, 인종, 또는 사회경제적 상태와 관계없이 자녀가 훌륭한 출발을 시작해서 건강하고 행복한 그리고 안전한 어린 시절을 누릴 수 있도록 출산 시점에서부터 모든 부모에게 지원과 안내 서비스가 필요하다고 믿고 있다.

부모의 세계의 강령은 아이 출산을 두고 어쩔 줄 몰라하는 상태에 있는 새로운 부모를 지원하는 데 초점이 맞추어져 있다. 부모의 세계에서는 임신기간 및 자녀가 태어난 후 3년 동안 가족에게 다양한 가정기반 지원 서비스를 제공한다.

부모의 세계의 비전은 뉴저지주의 모든 부모가 양육활동을 하는 시기로 전환하는 동안 지원 서비스를 이용할 수 있게 하는 것이다. 이러한 비전을 달성하기 위하여 아이 코칭과 기타 서비스 제공을 통한 이익은 PCANJ의 서비스를 향상시키는 데 사용된다. 이 기관은 저소득 및 취약층 가족에게 서비스를 제공한다. 덧붙여 이 자금은 서비스 사각지대와 여타 서비스 자격을 갖추지 못한 지역사회를 위해 사용된다.

서비스

서명 서비스인 아이 코칭은 부모가 자녀의 최적 성장과 발달을 촉진하도록 돕는 일대일 맞춤형 세션으로 구성된다. 베이비 코치들은 잘 알려진 교사로서의 부모(Parents As Teachers: PAT) 교육과정(주의 재정 지원을 받은 가정방문 프로그램에 의해 운영되는 동일한 기초교육 훈련과 교육과정)에서 교육훈련 프로그램을 이수한 공인 부모 교육자들이다. 베이비 코치들은 다음과 같은 일을 한다.

- 가정에서 편하게 부모를 만난다.
- 가족이 원하는 바에 맞춰서 교육 세션을 제공한다.
- 두뇌 발달, 산전 건강관리, 영양 섭취, 훈육, 일상, 영유아 보육, 가정 안전과 같은 육아와 발달에 관한 다양한 주제에 대한 전문 지식을 보유하고 있다.
- 부모가 두뇌 발달과 성장을 촉진하기 위하여 유아기 및 걸음마기 아이와 함께 할 수 있는 활동을 소개하는 한편 정보를 제공하고 양육에 관한 질문에 답한다. 모든 활동은 PAT 교육과정에 부모와 자녀의 상호작용, 발달중심 양육, 가족의 안녕이라는 세 가지 영역을 강조한다.
- 부모에게 자녀의 역량을 강화시킬 수 있는 지식을 전하는 것과 함께 부모와 자녀가 함께 하는 작업의 중요성을 받아들인다.

아이 코칭에 더하여, 부모의 세계에서는 출산교육, 모유수유 교육, 영유아 보육 및 안전 같은 주제에 대하여 예상부부를 위한 맞춤형 재가 수업을 제공한다. 더욱이 부모의 세계는 일반 사람들이 무료로 이용할 수 있는 웹사이트를 운영하고 있다. 마지막으로, 부모의 세계는 부모교육 워크숍에서 작가와의 대화에 이르기까지 주기적인 지역사회 행사를 주관한다.

혁신적인 방법

부모의 세계는 아동학대 예방에 혁신적인 방법이다. 왜냐하면 아동학대 위험의 인식과 관계없이 서비스가 비위협적이고, 지원적이며, 모든 가족이 이용 가능하도록 구성되었기 때문이다. 오늘날 사회에서 지원 서비스를 받는 부모에게는 수치심이 존재한다. 부모의 세계는 자기 가정의 편안함 속에서 가족을 뒷받침하는 고급의 맞춤형 서비스를 판매함으로써 이러한 수치심과 싸운다. 아동의 건강과 발달을 개선하자는 호소를 통해 생활 스트레스를 받는 부모를 만날 수 있다. 부모의 세계는 궁극적으로 부모의 신뢰를 높이고 아동학대나 방임 가능성을 줄임으로써 부모들의 신뢰와 지지를 받는 것에 기초한다.

부모의 세계의 전문가팀이 저소득 가족과 위험 가족에게 효과적인 것으로 입증된 기존 프로그램 모형을 다음과 같이 적용하였다.

- 학교 준비 수준을 향상시킨다.
- 아동의 건강과 안녕을 향상시킨다.
- 부모의 건강과 안녕을 향상시킨다.
- 양육의 신뢰도를 증가시킨다.
- 아동학대와 방임 발생률을 감소시킨다.

이러한 것들은 부모가 자녀에게 원하는 성과들이다. 먼저 이러한 서비스를 구입할 능력이 있는 고객에게 제공한다.

주요 혁신

부모의 세계는 주안점과 구조에서 고유한 성질을 가지고 있다.

첫째, 주안점은 부모, 자녀, 부모와 자녀 간의 관계에 역점을 두는 3층 구조이다. 그러므로 앞에서 기술하였듯이 서비스는 3층 모두에 대하여 긍정적인 성과를 달성하기 위하여 설계되었다. 더욱이 유아기 동안만 가족에게 서비스를 제공하지는 않는다. 이 기관의 서비스는 임신기, 영아기 그리고 걸음마기 동안 복잡한 변화가 일어나는 전 기간에 적절한 서비스이다. 자녀가 태어난 후 첫 3년은 빠른 성장과 두뇌 발달에 중요한 시기이기 때문에 첫 3년에 관심을 집중시킨다. 양육의 초기 단계는 기대를 명확히 하고 부모의 신뢰를 구축하며 경험 부족에서 오는 두려움을 다루기 위한 이상적인 시간이기도 하다. 부모가 매우 어린 자녀의 부양으로 압도되고 좌절감을 느끼는 경우가 많기 때문에 출생에서 3세까지의 시기는 아동학대 측면에서 자녀에게 가장 위험한 시기를 나타내기도 한다.

둘째, 이 분야의 다른 기관과 비교할 때 구조상 고유한 특성을 지닌다. 시장분석을 해 본 결과 산후 서비스를 제공하는 대부분 지역의 전문가들은 개별적으로 또는 짝을 맞춰 운영한다는 것이다. 단 1명이나 2명의 여성으로 구성된 이들 팀은 가정기반 서비스를 제공할 뿐만 아니라 회사의 행정적 기능 모두를 이행한다. 간접비는 낮다고 할지라도 이러한 구조는 많은 클라이언트에게 접근할 능력을 방해하고 아마도 행정기능의 질은 좋지 않을 것이다. 사실 본 연구에서 이러한 독립적인 가정기반 공급자들 중 2인과 인터뷰하였는데, 둘 다 마케팅과 행정에 쏟는 시간 때문에 일차적으로 어려움이 있었다고 말했다. 이들 공급자 중 1명은 단 1명의 운영이 아니라 종업원으로 구성된 팀이 있다면 법인과 소아과 의사가 많은 서비스에 대하여 계약을 했을 것이라고 말했다. 조직의 구조는 베이비 코치들의 품질 보증과 감독 등 행정적 기능을 이행하는 데 헌신적인 책임자(director)로 구성된다. 이로 인하여 베이비 코치는 클라이언트에게 최고 품질의 서비스를 제공하는 데 완전히 집중할 수 있게 된다. 또한 헌신적인 책임자는 클라이언트 풀이 증가함에 따라 조직이 성장할 수 있게 해 준다. 따라서 서비스 대상 지역사회가 늘어난다. 더욱이 성장과 서비스의 증가에 따라 쉽게 증가하는 구조를 갖고 있어서, 다양한 비용으로 다양한 서비스를 제공할 능력을 확보하고 있다. 따라서 우리의 서비스는 궁극적으로 보편적인 접근이 가능할 수 있게 된다.

마지막으로, 부모의 세계의 서비스는 직장으로 돌아가는 전환기 동안의 도움, 아이 재우기, 간난 아이의 투정 대처 학습, 형제자매 출생에 대한 어린 자녀의 준비에 대한 도움과 같은 생활의 특정한 욕구 또는 일시적으로 힘든 시간에 대하여 지원을 필요로 하는 부모들에게 호소력이 있다. 주간 방문 또는 월간 방문 등의 장기간 헌신을 요하는 전통적인 가정방문 서비스는 이들 부모에게는 많은 주의를 기울여야 하는 일일 수도 있다.

변화이론

우리의 가설은 부모의 세계가 제공하는 것과 같은 판매촉진 서비스는 대중이 가정방문 같은 부모지원 서비스를 보는 방식의 변화에 기여한다는 것이다. 사회학자 레베카 키슨의 연구(Rebecca Kissane, 2003)에서는 수치심이 저소득층 어머니들의 이용 가능한 사회 서비스 이용 거부에 주요한 역할을 한다는 것을 발견하였다. 심리학자인 론 프린즈(Ron Prinz, 2009)는 보편적 양육 서비스(예: 출산교육 수업)와 반대되는 표적을 두는 양육 서비스(예: 위험 가족의 가정방문)는 양육에 실패하거나 실패할 것으로 예상되는 부모들에게 수치심을 초래한다고 주장하였다. 보편적 가정방문이 규범이 되고 있는 나라에서는 훨씬 낮은 아동학대 비율을 포함하여 어머니와 자녀 건강의 성과가 미국보다 훨씬 좋다는 사실을 주목할 만하다(Cawthrone & Arons, 2010; ECMF, 2010). 아이 코칭과 관련 서비스를 시장에 도입하면 부모의 지원 서비스를 정상화하는 데 도움이 되고 이는 부모와 일반 대중에게 바람직하면서도 수용적으로 만들어 준다.

강령

부모의 세계의 미션은 아이 출산시기의 흥분되는 기간에 새로운 부모를 지원하는 것이다. 부모의 세계는 임신과 출산 이후 첫 3년 동안 가족에게 다양한 가정기반 지원 서비스를 제공한다. 서명 서비스(signature service)인 아이 코칭은 부모가 아동의 최적 성장과 발달에 기여할 수 있도록 일대일 맞춤형 세션을 수반한다. 모든 서비스는 별도로 제공된다. 따라서 가계 예산이 얼마이든 간에 가족은 필요한 도움을 받을 수 있다.

부모의 세계의 비전은 뉴저지주의 모든 부모가 양육활동으로 전환될 시기에 유익한 지원 서비스들에 접근할 수 있도록 하는 것이다. 이 비전을 달성하기 위하여 아이 코칭과 여타 서비스의 판매이익은 차등제(sliding scale)와 보조금 지원 서비스로 저소득 가정에 제공되고, 모든 부모를 위한 온라인 자료 무상 이용, 뉴저지주 모든 가족을 지원하는 프로그램과 정책을 뒷받침한다.

핵심 가치

부모들은 아동의 성장과 발달에 가장 중요한 영향을 미친다고 믿는다. 부모는 자녀를 지적 호기심, 도덕적 품성, 건전한 자존감을 가진 아동으로 길러 자라게 하는 고유한 역량을 갖고 있다.

부모의 세계는 아동들이 관계의 맥락에서 배우고 일관된 긍정적이고 자극을 주는 부모와 자녀 간 상호작용을 통해 잘 자란다고 믿는다. 또한 모든 부모가 자녀와 가족의 복잡한 욕구를 충족시키기 위하여 지원과 안내 지침을 요한다고 믿는다. 오늘날 사회에서 확대가족은 거리와 생활환경에 의해 분리되는 경우가 많다. 우리의 목적은 새로운 부모와 예비부모를 지원하기 위해 확대가족의 역할을 보완하는 데 있다.

목적과 측정

부모의 세계에는 이중 최저선(double-bottom line)이 있다. 첫째, 벌어들인 수입을 통해 충분히 자급 가능하게 하는(self-sustainable) 데 목적을 두고 있다. 벌어들이는 수입은 다음과 같은 메커니즘을 통해 들어온다.

- 아이 코칭 세션(표준 60분 세션)
- 맞춤형 가정방문 세션(가변 가격)
- 수유상담 세션
- 영양상담 세션
- 양육 워크숍 참석
- 법인과 파트너십(경쟁적인 이점은 나중에 설명)
- 법인과 계약(경쟁적인 이점은 나중에 설명)

부모의 세계의 장기적인 사회적 영향은 부모를 지원하고 교육하는 서비스 공급을 통해 아동학대와 방임을 예방하는 것이다. 이러한 영향력을 달성하기 위하여 우리는 다음과 같은 사회적 목적과 목표를 설정하였다.

- 목적 1: 뉴저지주 부모 지원의 접근성과 유효성을 증가시킨다.
  - 목표: 아이 코칭을 이용하여 현재 지원 서비스에 접근하지 않는 새로운 사람들에게 접근한다.
  - 목표: 마케팅을 이용하여 부모지원 서비스에 관한 지역사회의 인식을 높인다.
  - 목표: 마케팅을 이용하여 부모지원 서비스와 관련하여 대중의 이미지를 향상시킨다.
- 목적 2: 0~3세 자녀를 가진 부모들을 교육하고 지원한다.
  - 목표: 부모의 신뢰를 증가시킨다.
  - 목표: 자녀 양육과 아동 발달에 대한 지식을 증가시킨다.

첫 번째 목적과 그에 따른 목표들을 달성하는 데 얼마만큼 진전을 이루었는지 측정하기 위해 뉴저지주의 소아과 의사와 출산 전문가를 대상으로 설문조사를 할 것이다. 우리는 미국소아과학회(American Academy of Pediatrics)의 뉴저지 지부를 통해 이미 조사를 한 적이 있는데, 29명의 소아과 의사와 2명의 소아 간호사로부터 귀중한 자료를 산출하였다. 우리는 PCANJ 프로그래밍을 통해 에섹스 카운티와 인근 지역의 출산 전문가들의 네트워크에 연결하였다. 2012년에 행한 조사에서 27명의 전문가를 만날 수 있었다. 부모의 세계의 영향을 평가하기 위하여 이 동일한 네트워크를 통해 귀중한 자료를 수집할 수 있다고 확신한다. 첫 회계연도에 사전검사 설문조사와 두 번째 회계연도 사후검사 설문조사를 행하려고 하였다. 이 설문조사의 초안은 부록 C에 있다. 뿐만 아니라 이용 부모의 수, 서비스를 받은 지역사회와 구역의 수, 의뢰 원천의 수와 유형이 증가하였는지를 확인할 자료를 수집할 것이다.

두 번째 목적 달성의 진전을 측정하기 위하여 첫 번째 아이 코칭 세션에 앞서 모든 부모를 대상으로 간단한 8개 항목의 사전검사 설문조사를 행할 것이다. 3개의 아이 코칭 세션이 완료되면 다시 부모들을 대상으로 이 조사를 실시할 것이다. 설문조사 질문은 표준화되고, 타당성 있으며, 신뢰할 수 있는 도구들을 수정하여 작성되었다. 응답률을 높이고 고객의 불편을 피하기 위하여 핵심적인 비위협적인 질문들을 선택하여 설문조사 질문을 구성하였다. 이 조사는 부록 D에 포함되어 있다.

사회적 투자수익

아동 초기, 태아기처럼 조기에 투자하는 것이 평생의 건강과 안녕에 가장 강력한 영향을 주는 것으로 밝혀졌다. 0~3세 기간은 빠르게 두뇌가 발달하고 평생의 건강 궤도를 구축한다는 측면에서 가장 중요한 시기이다.[2] 서비스에 투자하는 부모들은 고학력, 강력한 면역체계, 질병 저항력, 좋은 신체적 · 정서적 건강, 낮은 부정적 행동(예: 범죄활동과 물질 남용)[2] 가능성의 면에서 자녀들에게 도움이 될 것으로 기대한다. 사회적 차원에서는 오늘날의 아동에 대한 투자로서 '아동 건강은 국가의 부'[2]라는 관점이 세계경제에서 경쟁할 지능적이고 유능한 장래의 노동 인력으로 이어진다고 간주된다. 워싱턴주 공공정책연구소는 일부 확립된 가정방문 프로그램에 대하여 1달러 투자당 1.18달러에서 6.06달러의 사회적 수익을 달성한다는 비용-편익비를 보고하였다.[8] 이러한 계산은 주로 아동학대 예방에서 기인한 편익을 고려한 것이다. 아동학대는 신체건강, 정신건강, 범죄활동, 교육적 성과 그리고 경제적 보장 면에서 일생 동안 역효과를 내는 것으로 밝혀졌다. 보수적으로 추정하면 아동학대 피해 생존자의 일생 동안 발생하는 사회적 비용은 21만 달러이고, 아동학대 사망의 일생 동안 사회적 비용은 127만 2,900달러이다.[5] 이 수치는 보건의료, 아동복지, 형사범죄, 특수교육, 생산성 손실의 비용을 고려한 것이다.[5] 가정방문 프로그램의 핵심은 아동학대와 방임을 예방하기 위한 목적이다. 부모의 세계의 템플릿으로 기여하는 가정방문 모형은 프로그램 참여자들의 아동학대와 방임 발생률을 줄이는 것으로 엄밀하게 검증되고 밝혀졌다.

가정방문을 대규모 인구통계로 확장하는 효과는 위험 클라이언트들의 가정방문 수용을 증가시킬 것으로 기대된다. 이 분야의 지도자들은 가정방문의 보편적인 접근성이 수치심을 없애고 위험 부모에 대한 이러한 서비스의 호소력을 증가시킨다.[3]

경쟁상 이점

목적의 하나는 첫 1년 후 벌어들인 수입을 통해 재무적으로 자립하는 것이다. 그러므로 첫 번째 주안점은 충분한 스타트업 기금(start-up fund)을 확보해서 시간제 행정직원을 뽑고 일일(per diem) 베이비 코치를 훈련시키는 것이다. 스타트업 기금을 확보하기 위해 우선 대기업과의 계약에서 진전이 있기를 바라고 있고 사회벤처 자본가와 자선사업가의 투자도 기대하고 있다. 또한 은행융자를 신청하는 선택지도 있다.

부모의 세계는 1년간 표적치인 4천 번의 아이 코칭 세션을 행한다면 벌어들인 수입으로 전일제 행정직을 채용하여 완전히 자급자족할 수 있도록 설계되었다. 이러한 역량에 도달하려면 다음 전략을 사용하여 클라이언트를 대량으로 확보할 기회를 찾아야 한다.

- 대기업과의 계약 협상을 통하여 가정방문 서비스를 경쟁적인 복리후생 제도의 일환으로 포함시킨다. 부모의 세계는 뉴저지주에 위치하고 있고

2012년 직장을 가진 어머니를 위한 최고의 회사로 명명된 9개의 대기업을 대상 기업으로 설정하였다. 즉, 오토매틱 데이터 프로세싱(Automatic Data Processing), (주)호라이즌 헬스케어 서비스(Horizon Healthcare Services, Inc.), 존슨 앤 존슨(Johnson and Johnson), 머크(Merck), 노바티스 제약회사(Novartis Pharmaceuticals), 피어슨(Pearson), 프루덴셜 금융(Prudential Financial), 로스타인 카스(Rothstein Kass), 유니레버(Unilever).

- 다른 건강 프로그램(wellness program)(예: 체육관 회원제, 체중감량 프로그램, 금연 프로그램)이 일반적으로 변제받는 방식과 동일하게 건강보험 회사나 신축적인 지출계정을 통해 변제받을 가능성을 탐구하고 있다. 가정방문 프로그램이 예방주사, 육아상담 방문, 산전관리, 산후조리, 산전우울증, 응급실 처치 감소, 아동학대 및 방임 감소라는 면에서 모자의 건강에 대하여 수많은 긍정적인 영향을 준다는 것을 입증하는 자료들이 있다.
- 부모나 부모를 위한 선물을 구하는 자녀가 구입할 수 있는 회원권 플랜과 서비스 패키지를 제공할 것이다. 패키지는 한 번에 복합적인 방문과 서비스의 판매를 촉진하는 것이다.

덧붙여 다음 전략을 이용하여 가정기반 서비스의 범위 밖에 있는 수입을 얻기 위하여 다른 기회를 찾고 있다.

- 클라이언트 시장에 관심이 있는 기업과 협력한다. 이는 웹사이트 광고, 제품 샘플 기부, 프로그램 자료의 후원 또는 정보공유 수수료의 형태로 할 수 있다.
- 경쟁적인 복리후생 제도의 일환으로 기업들이 사내 직원에게 제공하기 위하여 구입할 수 있는 서비스를 제공한다. 이러한 서비스로는 양육의

어려움과 관련된 주제에 대한 현장 워크숍, 현장 부모 지원 집단 또는 모유수유 지원 집단이 있다.

• 가정기반 서비스를 보완하기 위하여 해당 연도 계속 특별 행사를 개최한다. 이 행사는 가정방문 클라이언트를 대상으로 마케팅을 하고 부모 워크숍, 작가와의 대화, 출산 및 유아기 전문가들을 위한 교육 세션을 포함하고 있다.

행동촉진

이 사업의 목적 중 하나는 양육 서비스의 대중적 인식을 변화시키고 출산 시 가정기반 지원의 수요를 증가시키는 것이다. 가정방문 서비스가 부족하고, 서비스의 차이가 심하며 규모가 작기 때문에 이러한 서비스의 수요가 높지 않다. 그렇기 때문에 클라이언트를 많이 증가시키기 위하여 마케팅과 관계 구축에 많은 에너지를 집중시킬 계획이다. 마케팅 노력은 출산과 양육 산업에서 종사하는 신규 및 예비 부모와 전문가들 모두를 표적으로 삼을 것이다. 마찬가지로 베이비 코치들은 영업과 마케팅에 능숙하여야 한다. 구전(word of mouth)은 클라이언트에게 강력한 마케팅 도구가 될 수 있다. 따라서 고객의 만족도는 엄청나게 중요하다.

팀과 조직 배경

팀

성공을 위하여 실력 있는 행정 직원과 잘 훈련되고 경험 많은 베이비 코치가 필요하다. 다음은 인사구조를 기술한 것이다.

- 팀장(Director): 사회적 벤처기업 운영을 책임을 맡은 전일제 직위. 직원 고용, 직원관리, 가정 방문자 관리감독, 서비스 마케팅, 네트워킹, 계약 협상을 책임지고 지역사회 행사 조직, 부모 워크숍 등의 책임을 맡고 있다. 모든 직원은 팀장에게 보고를 한다.
- 과장(Assistant): 전화 답변, 방문일정 조정 고객 할당, 자료 입력 및 조사 등을 맡는 전일제 직위. 지역사회 행사와 부모 워크숍을 지원하는 책임을 맡는다.
- 베이비 코치(Baby Coach): 고객에게 재가 서비스를 제공하는 하루 단위의 직위. 최소한 사회복지, 간호, 공중보건, 심리학 또는 관련 분야 학사학위를 갖고 있다. 새로운 또는 예비 부모를 위해 일한 경험이 최소한 5년은 되어야 한다. 임산부 조언자(doula), 수유 컨설턴트(lactation consultant), 분만교사(childbirth educator) 같은 공인된 지원자이다.
- 웹사이트 관리자: 서비스, 다가올 행사, 무료 자원 그리고 블로그에 관한 정보를 담은 세련된 웹사이트를 만들고 유지하는 시간제 직위이다.
- 회계사: 재무관리, 납입금 처리, 청구서 처리를 맡은 시간제 직위이다.

패티 모지타는 현재 기관장의 역할을 맡고 있다. 모지타는 10년 동안 대부분 유아기 발달과 부모교육 분야인 아동 및 가족에 관한 업무를 해 온 공인사회복지사 자격증 소지자이다. 모지타는 아동에게 인생 최고의 기회를 주려면 부모가 지원을 받고 교육을 받아야 한다고 믿었다. 모지타는 부모와 가족을 지원하는 프로그램을 개발하고 실행하는 데 직장 경력의 대부분을 보냈다. 모지타는 두 소년의 자랑스러운 어머니로서 양육의 어려움을 정확히 알고 있고, 부모로 전환되는 기간에 그녀가 받은 모든 지원에 대하여 고맙게 생각하고 있다. 이제 그녀는 일생에서 가장 힘들지만 보람 있는 단계로 전환하는 다른 부모들을 지원하는 데 헌신하고 있다.

미리엄 러치먼(Miriam Ruchman)은 현재 베이비 코치 역할을 맡고 있고 행정적 지원 제공도 하고 있다. 미리엄은 심리학 석사학위가 있고 공인(board certified) 수유 컨설턴트, 교사로서의 부모(PAT) 교육자, 노동조언자(labor doula)이다. 러치먼은 2002년 이후 임신에서 유아기 넘어서까지 부모를 지원해 왔다. 그녀의 가장 힘들지만 기쁘기도 한 역할은 10대의 두 딸을 키우는 일이다. 그녀는 가족의 건강과 행복을 강화시키기 위하여 부모에게 온정적인 지원과 근거기반 전략과 정보를 제공하여야 하다고 믿었다.

뉴저지주 아동학대 예방기관

부모의 세계는 비영리조직인 뉴저지주 아동학대 예방기관(PCANJ)의 이익을 실현하는 사회적 벤처조직이다. PCANJ는 두 개의 2개의 전국 근거기반 가정방문 프로그램 모형에 대한 주(state) 차원의 본부이고 이들 프로그램과 다양한 여타의 1 · 2차 예방 프로그램을 감독한다.

PCANJ의 종업원인 이 조직의 개발자들은 근거기반 가정방문 프로그램, 프로그램 설계 및 평가, 그리고 협력체 구축을 감독한다. 또한 양육, 아동 발달, 가족을 위한 일과 관련된 주제들에 관하여 전문가와 부모를 위한 훈련을 설계하고 시행을 한다. 두 개의 전국적인 환호를 받고 있는 근거기반 가정방문 모형(Healthy Families America와 Parents As Teachers)의 주요 제휴기관으로서 이 기관은 가정방문과 양육교육에서 공인 트레이너를 고용한다. 부모 교육자 공인을 받기 위한 교사로서의 부모(PAT) 훈련을 개최하는 주내 유일한 기관이다. 베이비 코치들 모두는 공인자격증을 보유하고 있다.

덧붙여 에섹스 카운티의 출산 전문가들과 관계를 구축하는 책임을 맡고 있는 PCANJ 프로그램을 운영하고 있다. 이 프로그램을 통해 새로운 부모와 예비부모를 주가 재정 지원을 하는 가정방문 및 기타 지원 서비스에 연결시켜 준다. 서비스 전달에서 지역과 소득 수준 때문에 주 재정 지원 가정방문을 받을 자격이 없는 고객들을 보유하고 있는 공급자와 관계를 맺고 있다. 부모의 세계는 이 간극을 채우는 서비스를 제공하고 현재 가정방문 서비스에 대한 접근성이 없는 뉴저지주 부모들의 수요를 충족시킨다.

법률구조

부모의 세계의 서비스는 부모 지원 제공과 교육 프로그래밍을 통해 뉴저지주 아동 모두에 대한 아동학대와 방임을 막기 위한 기관의 강령과 일치한다. 부모의 세계는 PCANJ 산하에서 운영된다. PCANJ는 무료 파트너십으로 법적 안내를 받는다. 부모의 세계는 장래의 어떤 시점에 PCANJ가 소유한 영리기업으로 편입될 것이다.

현황

부모의 세계는 현재 출범 단계이다. 에섹스와 모리스 카운티에서 아이 코칭과 수요상담 세션을 제공할 준비가 완벽히 되어 있고 마케팅 전략을 행하기 시작하였다. 운영 첫해의 표적는 100회의 아이 코칭 세션을 판매하는 것이다.

자문위원

부모의 세계는 PCANJ 직원의 전문 지식에 더하여 자문위원회를 구성하는 과정에 있다. 수많은 핵심 이해관계자로부터 비공식적인 안내와 현명한 조언을 받아 왔다. 부모의 세계는 이러한 계획을 시작하는 단계로 들어감에 따라 이 기업의 성장을 도울 수 있는 핵심 멤버들로 자문위원회를 구성하고 모든 부모가 지원 서비스를 받을 수 있는 뉴저지주의 비전을 촉진시키려고 한다.

시장과 산업

산업기술과 시장 세분화

뉴저지주는 세 가지 모형의 근거기반 가정방문 서비스(Healthy Families America, Nurse-Family Partnership, Parents As Teachers)에 대하여 재정지원을 하고 있다. 이들 프로그램은 주 차원에서 약 3천 가구의 가족에게 서비스를 제공할 능력이 있다. 이 가구는 뉴저지주 연간 출산의 단 2.5%에 지나지 않는다(New Jersey DCF Funded EBHV Programs and Capacity, 2010). 더욱이 2011년에 뉴저지의 아동학대나 방임이 9,414건이나 되었고 추가로 9만 1,680건의 수사가 있었다(State of New Jersey Department of Children and Families, 2011). 이러한 수사 건수는 잠재적으로 아동학대 위험이 있는 추가적인 가족을 나타낸다. 뉴저지주에서 가정방문 서비스에 대하여 추가적인 욕구가 있다는 것은 명확하다.

더욱이 이용할 수 있는 가정방문 서비스는 저소득층에 압도적으로 집중되어 있다. 등록 기준이 협소하고 등록한 가족은 장기적인 집중 서비스에 전념하여야 한다. 그러므로 이러한 서비스는 소득 수준이 중간층 이상인 부모에게는 거의 제공되지 않고 협소한 등록 기준과 집중적인 서비스 전달로 인하여 자격이 있는 저소득 가족도 접근하기 힘들거나 관심을 잃을 수도 있다.

요금 기반의 서비스는 중간소득 이상의 부모에게 접근성이 더 높다. 그러나 이러한 서비스 다수는 중심기반이고(예: 출산교육 과정, 부모지원 집단), 태아기 동안만 부모를 대상으로 하며[예: 출산 조언자, 라마즈법(무통 분만법)], 모든 가족 구성원(예: Mommy and Me classes, 모유수유 지원)을 포함하지는 않는다. 더욱이 이러한 고급 서비스들은 모두 아동학대 예방 모형에 바탕을 두고 있다.

많은 산업계에서 보편적인 가정방문은 규범이다. 덴마크, 핀란드, 독일, 영국, 아일랜드, 이탈리아, 네덜란드, 노르웨이, 호주는 국민보건의료 제도 안에 구축된 광범위한 자원적인 무료의 가정방문 서비스를 갖고 있다. 이들 국가도 아동학대 비율이 가장 낮고 모자 건강에 대하여 전반적으로 아주 성과가 좋다. 반대로 미국은 모든 선진국 중 아동학대 사망이 가장 높은 멕시코와 비슷하다. 이탈리아의 11배이다(Cawthorne & Arons, 2010; ECMF, 2010).

부모의 세계의 아이 코칭은 아동학대 예방체계를 기반으로 한 뉴저지주에서 수치심이 없는 부모지원 서비스를 창출하는 첫걸음을 내딛었다. 목적은 양육 수업, 지원 집단, 교육 캠페인, 마케팅 전략을 확대하여 새로운 부모와 예상 부모의 수치심을 없애고 지원 서비스의 수요를 창출하는 것이다.

목표시장 세분화

첫째 연도에서 목표시장은 에섹스와 모리스 카운티 교외의 중간소득 이상 부모들을 포함하였다. 에섹스 카운티에서는 연간 약 1만 1,213명의 출산이 이루어진다. 이러한 출산 건수 중에 1,304명은 인구의 20% 이상이 가구소득 20만 달러 이상인 9개 동(municipalities)의 거주자에게서 태어났다(2010년 미국 인구조사에 따름). 모리스 카운티에서는 연간 약 5,361명의 출산이 있었다. 이 출산아 중 1,682명은 20% 이상의 가구가 가계소득 20만 달러 이상으로 이루어진 14개 동의 거주자로부터 태어났다(2010년 미국 인구조사에 따르면). 에섹스 카운티에서는 연간 약 1만 1,213명이 태어났다. 출산 아동의 특성은 다음과 같다.

- 3,730명은 부모에게 첫 자녀이다.
- 3,446명은 엄마의 학력이 대졸 이상이다.
- 6,767명은 엄마가 메디케이드(의료급여) 수급 대상이 아니다.
- 1,304명은 다음 지역의 거주자에게 태어났다. 에섹스 펠스, 글렌 리지, 리빙스턴, 메이플우드, 밀번, 몽클레어, 사우스오렌지, 쇼트힐스 그리고 어퍼 몽클레어**

모리스 카운티에서 연간 약 5,361명이 태어났다. 출산 아동의 특성은 다음과 같다.

- 1,937명은 부모에게 첫 번째 자녀이다.
- 3,131명은 엄마의 학력이 대졸 이상이다.
- 4,777명은 엄마가 메디케이드(의료급여) 수급 대상이 아니다.
- 1,682명은 다음 지역의 거주자에게 태어났다. 분턴 타운, 캐섬 보러, 캐섬 타운십, 체스터 타운십, 하딩, 키넬롱, 메디슨, 멘섬 보로, 멘섬 타운십, 몽빌, 모시스 타운십, 마운틴 레이크스, 랜돌프, 워싱턴 타운십***

재무적 수익성을 확보하기 위해 유료 클라이언트 수가 많아야 한다. 두 번

** 이러한 동에서는 모두 가구소득이 20만 달러 이상인 인구가 20%가 넘는다.

*** 이러한 동에서는 모두 가구소득이 20만 달러 이상인 인구가 20%가 넘는다.

째 목표시장은 법인회사와 건강보험 회사이다. 종업원 후생복지 제도를 도입할 것이다. 종업원 후생복지 제도는 서비스를 중간소득 부모고객에까지 범위를 넓힐 것이다. 이러한 계약을 협상하는 것은 일차적인 행동과정이다.

클라이언트의 토대를 구축하고 새로운 지역사회로 성장함에 따라 부모의 세계 서비스는 더 많은 뉴저지주 주민들이 접근할 수 있도록 비용을 낮출 계획이다. 장기적인 표적는 뉴저지주의 모든 소득계층의 부모에게 서비스를 제공할 수 있는 것이다.

목표시장 세분화의 예상 포지션

부모의 세계는 2012년 봄에 예상부모 또는 새로이 부모가 되는 가족을 위해 일하는 전문가들(소아과 의사, 간호사, 조언자, 출산교육자, 수유 컨설턴트 등)과 연구를 수행하여 다음과 같은 사항을 결정하였다.

- 클라이언트 및 환자에게 추가적인 지원이 가장 필요하다고 생각하는 영역
- 지원을 위해 가족을 의뢰할 가능성
- 자신들의 클라이언트와 환자가 행위당 수가로 서비스를 구입할 가능성

이 연구는 뉴저지주의 총 21개 카운티의 클라이언트에게 서비스를 제공하는 87개 전문가를 포함하였다. 이 중 47%는 에섹스 카운티의 클라이언트에게 서비스를 제공한다고 보고했고 17%는 모리스 카운티의 클라이언트에게 서비스를 제공한다고 보고하였다. 응답자 중 절반 이상(54%)이 중간소득 가족에게 서비스를 제공한다고 보고하였고, 1/4 이상(28%)이 상위소득 가정에게 서비스를 제공한다고 보고하였다. 다음은 가족이 추가적인 지원을 요하

는 핵심 영역(이는 부모의 세계가 전문화하고 있는 핵심 영역)으로 가장 높은 순위이다.

- 영유아 보육 지식(73%)
- 모유 수유(73%)
- 기본적인 양육기술(71%)
- 스트레스 관리 및 대처(65%)
- 아동 발달 지식(63%)
- 아이 영양 제공(63%)
- 긍정적인 훈육 전략(63%)

높은 순위로 배열된 것(모든 응답자 50% 이상)은 우는 아이 달래기, 아이 출산 준비, 어머니 영양 공급, 수면 및 낮잠 그리고 지방 자원 연결 영역이었다.

압도적인 다수인 80%는 이러한 지역 가족들에게 추가적인 지원을 하는 것에 대하여 '매우 좋다(very likely)' 또는 '다소 좋다(somewhat likely)'고 말했다. 1/3은 그들의 클라이언트와 환자가 이러한 서비스를 구입하는 것에 대하여 '매우 좋다' 또는 '다소 좋다'고 생각하였다.

귀하의 클라이언트와 환자가 위 영역의 추가적인 지원을 받을 수 있게 의뢰하는 것을 얼마나 좋아합니까?(n=86)

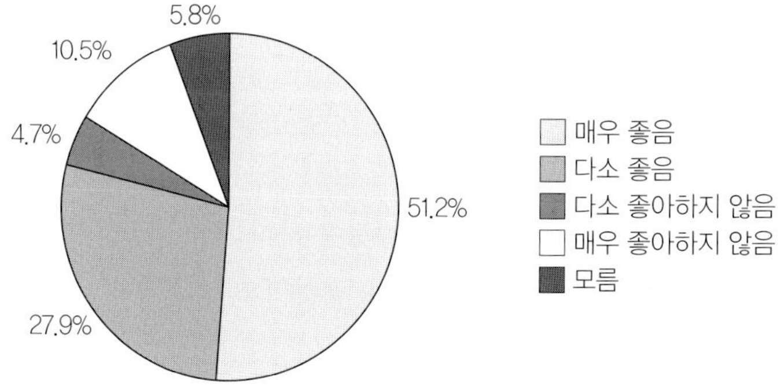

귀하의 클라이언트와 환자들이 위 영역을 처리하는 데 요금기반 서비스를 구입하는 것을 얼마나 좋아합니까?(n=87)

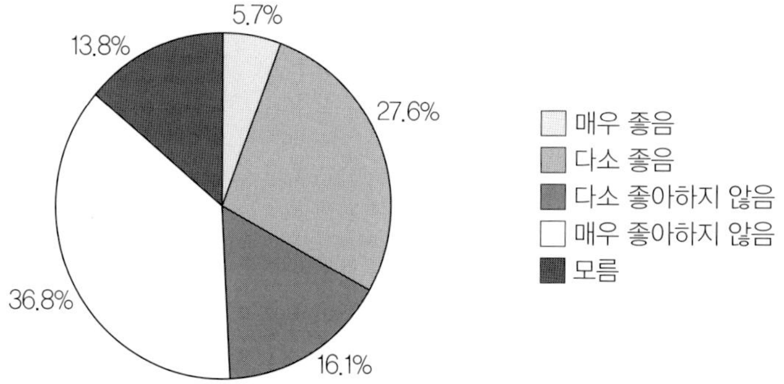

마케팅 계획

기금 모집 대상과 전략

기관의 목적을 위해 기금 모집과 마케팅은 하나이고 동일한 것이다. 여기에는 전통적 광고, 네트워킹, 계약 협상을 포함하는 포괄적인 마케팅 전략이 있다.

제품과 가격설정 계획

제시된 가격

- 아이 코칭: 1시간 방문당 125달러, 대량구입 할인으로 패키지 제공(즉, 5번 방문에 525달러)
- 산전 수업: 가변적, 199~549달러(1~3세션)
- 부모 워크숍: 가변적, 인당 10~100달러
- 전문가 포럼: 가변적, 인당 50~100달러

회원권 프로그램 제시와 패키지 가격 조정

- 소개용 패키지: 325달러 – 1시간 아이 코칭 세션 3번(50달러 절감)
- 딜럭스 패키지: 525달러 – 1시간 아이 코칭 세션 5번(100달러 절감)
- 프리미엄 패키지: 1,000달러 – 1시간 아이 코칭 세션 10번(250달러 절감)
- 상황에 맞는 패키지 구축: 가격의 다양화
- 6개월 회원권 프로그램: 월 1회 아이 코칭에 대하여 월별 99달러 + 모든 추가 구입에 대하여 10% 할인

• 2개월 회원권 프로그램: 월 1회 아이 코칭에 대하여 월별 99달러+모든 추가 구입에 대하여 10% 할인

유통입지와 판매촉진

우리의 목표시장은 근로 부모를 끌어들이고 보유하려고 하는 대기업뿐만 아니라 에섹스 카운티와 모리스 카운티의 중간소득 이상 가족을 포함한다. 우리는 다음과 같은 다양한 집단을 목표 대상으로 하였다.

• 개별 고객
• 잠재 고객의 친구와 친인척
• 잠재 고객을 위해 일하는 전문가
• 회사

잠재적 클라이언트에 도달하기 위하여, NJ 베이비 잡지와 NJFamily.com 등 인기 있는 지방 잡지와 양육 웹사이트에 광고를 한다. 웹 탐색을 통해 용이하게 위치할 수 있는 milkzip.org와 같은 전문가 조직에 가입하였다. 지방 온라인 신문에 워크숍과 연설 약속을 광고한다. 전문가적이고 포괄적인 웹사이트와 페이스북 페이지를 보유하고 있고 파트너들에게 배포될 고급 소책자를 제작하였다.

부가적으로, 새로운 부모나 예상부모를 위한 선물로 구입될 수 있는 패키지와 회원권 플랜을 제공한다. 이러한 옵션은 물리적으로 자녀와 손자녀에게 도움을 주지 못하는 할아버지를 대상으로 마케팅을 하는데, 이러한 사람들에게 접근하기 위하여 고령자를 대상으로 하는 신문과 잡지에 광고를 한다.

전문가 콘퍼런스에서 정보 세션을 제공하고 전시용 테이블을 설치함으로

써 출산 전문가와 양육 전문가들에게 우리의 서비스에 대한 인식을 높이는 것이 중요한 일이다. 해당 지역 병원의 모자 교육자들과 지방 소아과 의사와 새로운 관계를 발전시킬 뿐만 아니라 지역사회의 출산 전문가와의 기존 관계를 구축할 것이다.

마지막으로, 앞에서 기술하였듯이 법인회사, 건강보험 회사와의 계약 협상을 통해 많은 클라이언트를 확보할 수 있을 것으로 생각된다. 이는 대상 인구의 소득기반을 더 넓히게 될 것이다. 이 지역의 성공을 위해서 개인적인 인맥을 이용하여 회사의 의사결정자 및 민간보험 제공자와 모임을 마련할 것이다. 종업원에게 자녀 양육 관련 주제와 서비스를 교육시키기 위하여 회사들에서 오찬을 겸한 학습 세션을 제공할 것이다. 이 세션의 결론 위에서 종업원에게 서비스에 대한 관심사를 조사하고 이 자료를 활용하여 고용주들이 접촉을 요청하게 할 것이다. 아이 코칭 세션 비용의 다수(예: 80%)는 종업원이 적게 부담한다는 전제하에 사용자가 지불한다.

세부적인 마케팅 계획은 부록 G에 제시되어 있다.

기업의 제안서는 이 문서의 부록 H에 포함되어 있다.

우리 서비스가 시장에 호소력이 있고 목적을 달성할 기회를 줄 것이 확실하다. 부모, 사용자 그리고 이해관계자들에게 중요한 성과로 움직일 효과적인 방식으로 가정기반 부모지원 서비스가 적절하다는 사실을 뒷받침하는 연구들이 증가하고 있다. 조사연구의 지원을 받은 다음 성과들을 고려하길 바란다.

부모에게 호소력이 있는 성과의 예

- 건강한 가족(Healthy Families) 가정방문 프로그램에 대한 연구는 임신기간에 가정방문을 받는 어머니들이 통제 집단 어머니들에 비하여 저체중 출산아를 낳을 가능성이 절반이라는 것을 발견하였다(Healthy Families

New York; The PEW Center on the States, 2010). 저체중 출산은 비만, 당뇨, 심혈관 질병 위험을 높인다(Center on the Developing Child at Harvard University, 2010).

- 건강한 가족 가정방문 프로그램의 또 다른 연구에서는 가정방문을 받은 아동들이 통제 집단의 아동들에 비하여 발달 및 행동 성과가 훨씬 더 우수하다는 것을 발견하였다(Gonzalez & MacMillan, 2008).

사용자에게 호소력이 있는 성과의 예

- 조기 헤드 스타트(Early Head Start) 프로그램에 대한 연구에서 가정방문에 참여한 어머니들이 통제 집단 어머니들에 비하여 스트레스가 적다는 것을 발견하였다(The PEW Center on the States, 2010).
- 영아 초기 동안 긍정적인 부모 양육 방식은 아동의 면역체계 강화를 증진시킨다(Center on the Developing Child at Harvard University, 2010). 아이의 상병일이 줄어든다는 것은 어머니와 아버지의 상병일이 줄어든다는 것을 의미한다.

재무계획

부모의 세계의 회계관리는 재무관리자, 회계 담당자, 이사회의 재무위원 그리고 연도별 기관감사에 의해서 이루어진다.

PCANJ 기회기금 및 JR 컨설팅국(PCANJ Opportunity Fund and JR Consulting Services)이 제공하는 스타트업 기금은 베이비 코치 교육, 소책자 및 광고 자료 인쇄, 가정방문 자료 구입, 부모의 세계를 위한 전화선과 웹사이트 운영 지원에 사용된다. 뉴저지 신앙기반사업사무소(New Jersey Office of Faith

Initiatives)는 추가적인 스타트업 기금을 제공한다. 즉, 베이비 코치 추가 고용과 훈련, 언론매체 광고, 판매촉진 자료 구입, 가정방문 자료 구입, 교육 장비 구입, 고객의 의뢰기관이 될 공급자에게 오찬을 겸한 학습계획 수립을 지원한다.

기관의 1차년도 손익계산서(부록 H)는 7,403달러의 흑자가 발생할 것으로 추정되었다. 부록 I에 첨부되어 있는 5년간 추정손익계산서는 스타트업을 한 연도 이후 보조금 유입 없이도 일관되게 성장하고 흑자를 보고 있다는 것을 보여 준다. 1년 안에 100개의 세션을 판매한다는 목표를 가지고 에섹스 카운티와 모리스 카운티에서 아이 코칭 세션을 판매하는 데 주안점을 둘 것이다. 광고를 통해 소득을 산출하는 전문가 웹사이트를 구축하는 데에도 초점을 맞출 것이다. 2차년도엔 아이 코칭 세션을 확대할 뿐만 아니라 재가 임산부교실 마케팅을 시작할 것이다. 3차년도엔 워크숍의 도입, 지역사회 행사, 기업과 협력뿐만 아니라 재가 서비스가 50% 증가할 것으로 추정된다. 추정한 성장 표적에 도달하기 위하여 이 프로젝트에 쏟는 헌신적인 직원들의 시간 투입량도 점차 증가시킬 것이다. 목표는 5~7년 기간에 걸쳐서 부모의 세계의 전일제 담당실장과 전일제 보조원을 확보하는 것이다. 매년 4,000개의 재가 세션을 행하거나 동일한 소득액을 산출하는 기타 소득원을 조합한다면 이 직위들에 대하여 전적으로 기금을 제공할 수 있을 것이다.

운영계획

성공의 정의

부모의 세계의 비전은 뉴저지주의 모든 부모가 어버이로 전환하는 기간 동안 유익한 지원 서비스를 이용할 수 있도록 하는 것이다.

중간 목표와 성공의 척도

첫 번째 목표는 가정기반 서비스(아이 코칭 관련 서비스)를 에섹스 카운티와 모리스 카운티의 교외 지역사회에 제공하는 것이다.

그런 다음 뉴저지주 지역사회를 추가로 확대할 것이다. 점차 서비스를 확대하여 부모를 위한 양육 워크숍 및 지역사회 행사를 포함시킬 것이다. 그다음으로는 부모 지원 집단, 수요 지지 집단, 모자학급(요가, 음악 등) 같은 긍정적인 부모-자녀 상호작용과 부모 지원을 장려하는 센터기반 서비스로 확대할 것이며, 기관의 영향력을 활용하여 부모를 지원하고 양육 서비스 성장을 확대하는 정책을 옹호할 것이다.

시간표

부모의 세계는 첫 연도에 공인 수유상담사인 베이비 코치를 고용하였다. 이 직원은 1~3개월의 고용기간에 첫 훈련을 성공적으로 마쳤다. 또한 이 기간에 정책, 마케팅 자료 그리고 웹사이트가 개발되고 마케팅 전략과 서비스 전달이 확립되었다. 12개월까지 부모의 세계는 뉴저지주 카운티를 늘려서 서비스를 확대하였다. 동시에 부모의 세계는 마케팅 전략을 가지고 회사들을 목표 대상으로 설정하기 시작하고 웹사이트에 광고 공간을 팔기 시작하였다.

둘째연도에는 부모의 세계가 성장과 확장에 초점을 맞추기 시작할 것이다. 운영 60개월까지는 이 벤처는 센터중심 서비스(center-based services)에 대한 사무실 공간을 확보하고 부모와 부모교육 서비스를 지원하는 정책을 옹호할 계획이다. 이러한 시간표는 부모의 세계가 스스로 지속 가능하게 되는 요구되는 행동 단계를 보여 준다.

시간표의 세부적인 개요는 다음과 같다.

0개월	시작일(법인설립)
0~2개월	직원채용 공간확보 장비확보
1~3개월	직원 양성교육 정책 개발 마케팅 자료 개발 웹사이트 구축
3개월	마케팅 전략 수립과 서비스 전달 개시 현금흐름 시작
12개월	서비스를 확대하여 재가 임산부교실 포함 마케팅 전략을 이용하여 회사들의 표적화 웹사이트 광고 공간 판매 시작
24개월	신규 가정방문자 5명으로 확대 새로운 지역사회에 서비스 제공 시작 지역사회 행사와 워크숍 개최
36개월	가정방문자 8명으로 확대 새로운 지역사회 서비스 시작
60개월	가정방문자 12명으로 확대 새로운 지역사회 서비스 시작 센터중심 서비스를 위한 사무실 공간 확보 부모와 부모교육 서비스를 지원하는 정책 옹호

위험사정

재무적 위험

가장 큰 재무적 위험은 해당 조직이 재무적으로 자립하기 위하여 클라이언트 수가 많아야 한다는 것이다. 간접비용은 다른 재가 부양양육 서비스보다 훨씬 높다. 이는 코치팀이 서비스하는 클라이언트 수가 많아야 한다는 것을 의미한다. 다행인 것은 기관의 하부 구조가 이러한 능력까지 성장할 정도가 된다는 것이다. 이는 다른 독립적인 재가 서비스와는 대조적이다. 다른 재가 서비스 제공자는 소규모여서 기회가 제한적이거나 없다.

덧붙여 우리는 개별 영업이 아닌 집단 영업을 목표로 하는 창조적인 전략을 통해 클라이언트의 토대를 높일 계획이다.

- 법인회사들을 목표대상으로 삼아서 경쟁력 있는 종업원복지 제도를 추가할 계획이다.
- 건강보험이나 신축적인 지출계정을 통해 경비를 변상 가능한지 탐색할 것이다.
- 마지막으로, 선물로 구입할 수 있는 '패키지'나 회원권의 형태로 서비스를 판매할 것이다.

법적 위험

비영리조직의 일원이기 때문에, 수익활동이 조직의 사회적 미션과 직접적으로 일치하여야 한다. 활동으로 얼마나 많은 수입을 벌어들일 수 있는가에 대한 제한점도 있다. 무상협력(pro bono partnership)을 통해 법적 지침을 확보하여 결정과 활동이 법적 한계 안에서 이루어지도록 한다. 장래의 어떤 시점에 별도의 단체로 법인화하는 결정을 할 것이다.

인재 위험

회사와 독립적으로 경력을 추구하는 아이 코칭 직원을 잃을 위험이 있다. 이들 직원은 방문 건당 125달러를 받을 기회를 일일요금으로 일하는 것보다 더 매력 있다고 생각할 수 있다. 그러나 부모의 세계는 베이비 코치들에게 경쟁력이 있는 임금을 제공함으로써 이러한 위험을 다소 보호할 수 있는 구조를 구축하였다. 덧붙여 신규 베이비 코치의 고용과 교육 · 훈련에 최소한(1,000달러 이하)을 투자하였다.

환경 위험

시장 내에서 운영되는 모든 비즈니스에 관하여, 부모의 세계는 소비자의 가처분소득을 감소시키는 경기침체에 취약하다. 이러한 위험을 완화시키려면 안전한 소비자 기반을 구축하기 위한 일차 전략으로서 법인회사들과 접촉할 계획을 세워야 한다.

부록

부록 A: 미국의 아동학대****

부록 B: 부모의 세계의 조직도

부록 C: 논리 모형****

부록 D: 출산 전문가 조사

부록 E: 소비자 조사

부록 F: 사회적 기업가 이력서

부록 G: 마케팅 계획

부록 H: 기업 제안서

부록 I: 1년 손익계산서

부록 J: 5년 손익계산서****

참고문헌

부록 A: 미국의 아동학대

나머지 선진국과 비교할 때 미국에서 태어난 아동들에게 벌어지는 불길한 전도(grim outlook)를 인식하고 있는 사람은 많지 않다. 미국은 모든 선진국 중에서 아동학대 사망률이 멕시코와 함께 가장 높다. 이 수치는 캐나다의 3배, 이탈리아의 11배이다.[1, 4] 이라크와 파키스탄에서 지난 10여 년 동안 전사한 미국 군인들에 대하여 슬퍼하지만 동일한 기간에 학대와 방임으로 사망한 자녀가 거의 4배나 된다는 것은 상상도 못할 것이다.[4]

**** 이들 부록은 이 책에 포함된 것이다. 다른 모든 부록도 저자에게 요청하면 이용할 수 있다.

아동의 안녕이라는 측면에서 미국과 나머지 선진국을 구분하게 만드는 것은 부모지원 서비스의 부족에 있다. 보편적인 보건의료와 보편적인 가정방문은 서구 및 북유럽 모두를 포함하여[1, 9] 많은 선진국에서의 규범이다. 모든 신생아에게 가정방문을 제공하는 나라는 아동학대 비율이 가장 낮고 모자 건강의 전반적인 성과가 훨씬 더 좋다.[1]

가정방문 서비스는 유럽에서 인기가 너무나 좋아서 통상 공식적인 평가가 필수적이지 않다. 유럽의 국회의원과 학자들은 가정방문에 대한 가치의 증거로서 전체적으로 비교해 볼 때 긍정적인 건강 성과를 얻을 수 있음을 지적하였다. 이들 나라 대부분이 재정적 어려움에도 불구하고 보편적인 가정방문에 대한 재원을 조달하는 데 위기에 빠진 적이 없었으며 그 가치는 정치적인 논쟁의 먹잇감이 되지 않았다. 사실, 보편적인 접근성이 아닌 표적 접근법의 개념(저소득 또는 위험 가정에 제한)은 유럽인의 신념과 위반된다. 유럽인들은 가정방문을 이러한 방식으로 딱지 붙이는 것은 서비스에 대한 수치심을 만들고 사람들이 도움 받기를 회피하게 만든다고 믿는다.[8]

반대로 미국에서는 가정방문 서비스 이용이 훨씬 더 제한적이다. 사실 모든 가정방문 프로그램은 위험에 처해 있다고 생각되는 사람들만을 대상으로 한다. 뉴저지에서 주 재정 지원 가정방문 프로그램은 저소득 계층에 압도적으로 집중되어 있다. 더욱이 미국의 국회의원들은 납세자의 돈이 가치 있는 프로그램에 투자되는 것을 보장하기 위하여 가정방문 서비스의 과학적인 평가에 심하게 의존한다. 결과적으로 가정방문과 유사한 부모지원 서비스들은 불편한 대상자가 되거나 실패한 부모가 된다는 수치심을 유발한다. 그러나 빈곤이 학대의 유일한 위험요인이 아니며, 아동학대는 모든 소득 계층에 분포하고 있다. 신생아를 돌보는 것과 관련된 스트레스는 모든 부모에게 영향을 준다. 이러한 이유로 가정방문 서비스는 출산 시 모든 가족이 보편적으로 이용할 수 있어야 한다.

1978년에 의사이자 저명한 아동학대 전문가인 헨리 켐프(C. Henry Kemp)는 임신기간과 프리스쿨 기간까지 여성에게 제공하는 보편적인 가정건강 방문 시스템을 지지하였다. 1991년에 미국 아동학대방임자문위원회(U.S. Advisory Board on Child Abuse and Neglect)는 아동학대와 방임을 막기 위하여 보편적 가정방문 프로그램을 추천하였다. 10년 후 뉴저지주 같은 진보적인 주는 제외하더라도 미국의 보편적인 가정방문이 나타나고 있다. 일반적으로 가정방문과 예방 프로그램에 관하여 이해도가 부족하다. 이는 누군가에게 침범당하거나 정부가 '부모에게 방법을 알려 주는 것'과 같은 것으로 간주된다.

이러한 관점에서 말하자면 지방 자선단체를 통해 제공되는 법정 부모교육 수업(court-appointed parenting class)에 대한 태도를 고려하여야 한다. 이러한 서비스들은 종종 무지한 부모나 방임 부모들(자녀를 양육하는 데 실패한 부모들)을 위해 고안된 프로그램으로 간주된다. 이제 출산교육 수업에 관한 태도를 고려하여야 한다. 이러한 인식은 이들 수업에 참여하는 부모들은 신생아를 잘 돌보는 방법을 배우는 것을 좋아하고 흥미로워하며 노력한다는 것이다. 두 프로그램은 부모를 교육하고 지원하는 데 목적을 둔다. 이 프로그램은 양육기술을 향상시킨다. 인식의 차이는 한 프로그램과 관계된 금전적 가치에서 나온다. 필자의 생각에 훌륭한 부모라고 생각되는 부모는 가정방문 서비스에 대하여 대가를 지불할 것이다.

아이 코칭은 수치심 없는 부모지원 서비스를 만드는 첫 번째 단계일 것이다. 목적은 부모교육 수업, 지지 집단, 교육 캠페인, 마케팅 전략을 포함시켜 수치심을 벗고 신생 및 예비 부모들을 위한 지원 서비스의 수요를 창출하는 것이다.

부록 C: 논리 모형

투입요소	목적	표적	활동/서비스	산출(측정)	성과(측정)	영향
• 직원 • 장비 • 관계 • 교육 · 훈련 • 공간 • 보험 • 자료 • 데이터베이스	1. NJ 부모지원 서비스의 접근성과 이용 가능성 증가	1. 아이 코칭을 사용하여 현재 지원 서비스에 대한 접근성이 없는 인구에 접근 2. 마케팅을 이용하여 부모지원 서비스에 관한 지역사회 인식 향상 3. 부모지원 서비스와 관계가 있기 때문에 마케팅을 이용하여 대중의 이미지를 개선시킴	• FFS 재가서비스 • 보조 또는 차등 규모의 재가서비스 • 전문가포럼 • 마케팅, 광고 • 출산 전문가와 소아과 의사와 협력	• 서비스 인구의 지리적 기술 • 보조서비스/방문의 건수/백분율 • 전문가 포럼의 수와 참석 • 의뢰건수 • 의뢰출처 수 • 공식적인 파트너십 수	• 가용서비스 인식 증가(설문조사) • 신규 출처/지역사회로부터 의뢰 건수 증가 • 근로 부모를 지원하는 법인회사 내 정책변화	부모지원 서비스의 탈 수치심화
	2. 0~3세 아동의 부모에 대한 교육과 지원	1. 부모의 신뢰 증진 2. 부모교육과 아동발달에 대한 지식 증진	• 재가서비스(0~3세) –아이 코칭 –재가 임산부교실 • 부가서비스 –온라인 자원 –부모 워크숍 –저자와의 대화	• 가정방문 건수 • 서비스제공 중단 • 부모 워크숍 수 • 지역사회 행사건수 • 웹사이트/페이스북 hits/traffic/"likes" • 서비스집단의 인구통계학 • 클라이언트 만족도	• 부모신뢰 증가(조사에서 질문 1, 2, 3, 6, 7) • 양육지식과 아동발달지식의 증가(조사에서 질문 4, 8)	아동학대와 방임 방지
	3. 수익사업 전략을 통해 재무적 지속 가능	1. 12개월까지 재무적 자립 2. 2년째 20% 수익 마진 3. 수익의 50%를 사회적 벤처 성장에 재투자	• FFS 재가서비스 • 부모 워크숍 • 지역사회 행사(예: 저자와의 대화) • 웹사이트 광고 공간 판매 • 종업원 후생제도로서 법인회사 접촉	• 모집된 금액 • 서비스/활동에 의한 수입중단	• 12개월까지 매주적 자립 • 2년째까지 20% 수익 마진 • 50%의 수익금을 사회적 벤처의 성장에 재투자	뉴저지주의 모든 가족에게 부모 지원 서비스의 보편적 이용을 가능케 함

부록 J: 5년 손익계산서

부모의 세계 | 5년 추정손익계산서

	연도 1	연도 2	연도 2	연도 4	연도 5
수익($)					
기회 기금-종자투자	5,625	0	0	0	0
JR 컨설팅 종자투자	500				
OFBI SE2D 보조금	23,000	0	0	0	0
전년도 유보이익		3,701	614	284	1,314
아이 코칭 세션(시간당 $125)	12,500	18,750	28,125	42,188	63,281
임산부 학급(1-세션 $199)	0	1,990	2,985	4,478	6,716
임산부 학급(3-세션 $ 549)	0	4,392	6,588	9,882	14,823
워크숍 참석(티켓당 $25)	0	0	2,500	3,750	5,625
웹사이트 광고	250	275	303	333	366
법인회사 파트너십	0	2,000	2,400	2,880	3,456
총소득	41,875	31,108	43,514	63,794	95,581
비용($)					
인건비					
기관직원	5,118	7,677	11,516	17,273	25,910
베이비 코치-BC 세션(무부가급여)	5,500	8,250	12,375	18,543	27,844
베이비 코치-1-세션 학급(무부가급여)	0	920	1,380	2,070	3,105
베이비 코치-3-세션 학급(무부가급여)	0	2,208	3,312	4,968	7,452
부가급여(28.63%)	1,465	2,198	3,297	4,945	7,418
소계	12,083	21,253	31,879	47,819	71,729
인건비 외					
장비	400	500	500	500	500
전문가개발/교육 · 훈련	3,000	1,780	1,780	1,780	1,780
컨설턴트	5,908	0	0	0	0
HV자료	1,400	500	500	500	500
데이터베이스 업그레이드	2,000	1,000	1,000	1,000	1,000
웹사이트 호스팅	25	25	25	25	25
여행	2,000	500	500	500	500
인쇄	1,225	500	500	500	500
상표등록	100	0	0	0	0
고용광고	250	50	50	50	50
식품과 자료	1,000	200	200	200	200
광고	1,947	857	857	857	857
워크숍	0	0	1,250	1,875	2,813
소계	19,255	5,912	7,162	7,787	8,725
간접경비(10%)	3,134	2,716	3,904	5,561	8,045
총비용	34,472	29,881	42,964	61,167	88,498
순이익($)	7,403	1,227	568	2,627	7,083
유보이익-부모의 세계	3,701	614	284	1,314	3,541
PCANJ	3,701	614	284	1,314	3,541

주의: 부모의 세계는 보조기금의 유입이 더 이상 없어도 첫 번째 연도의 운영 이후 자립할 것으로 추정됨. 서비스를 다양화하고 확대함에 따라 정(+)의 이득이 증가할 것으로 예측됨.

서비스	Y1	Y2	Y3	Y4	Y5
아이 코칭(1시간 방문)	100	150	225	338	506
임산부교실($199)	0	10	15	23	34
임산부교실($549)	0	0	12	18	27
워크숍(참석)	0	0	100	150	225

베이비 코치 세션당 요금	
표준 세션	55
1-세션 교실	92
3-세션 교실	276

참고문헌

1. Cawthorne, A., & Arons, J. (2010). *There's No Place Like Home*. Center for American Progress.
2. Center on the Developing Child at Harvard University. (2010). *The Foundations of Lifelong Health Are Built in Early Childhood*. https://www.developingchild.harvard.edu.
3. Daro, D., McCurdy, K., & Nelson, C. (2005, September). Engaging and Retaining Participants in Voluntary New Parent Support Programs. *Chapin Hall Center for Children at the University of Chicago Issue Brief* (104).
4. Every Child Matters Education Fund. (2010). *We Can Do Better: Child Abuse and Neglect Deaths in America*. Washington, DC: Every Child Matters Education Fund.
5. Fang, X., Brown, D., Florence, C., & Mercy, J. (2012). The economic burden of child maltreatment in the United States and implications for prevention. *Child Abuse & Neglect, 36*: 156-165.
6. Gonzalez, A., & MacMillan, H. L. (2008). Preventing child maltreatment: An evidence-based update. *Journal of Postgraduate Medicine, 54*(4): 280-286.
7. Healthy Families New York. (n.d.). *The Healthy Families New York (HFNY) Home Visiting Program: Findings from the Randomized Control Trial*.
8. Lee, S., Aos, S., Drake, E., Pennucci, A., Miller, M., & Anderson, L. (2012). *Return on Investment: Evidence-Based Options to Improve*

Statewide Outcomes, April 2012 (Document No. 12-04-1201). Olympia, WA: Washington State Institute for Public Policy.

9. Kamerman, S., & Kahn, A. (1993). Home health visiting in Europe. *The Future of Children, 3*: 39-52.
10. The PEW Center on the States. (2010, May). The case for home visiting. *The PEW Home Visiting Campaign Issue Brief*.
11. U.S. Census Bureau. (2010). American Community Survey.
12. U.S. Department of Labor Bureau of Labor Statistics. (2012). *News Release: Employment Characteristics of Families 2011*. U.S. Department of Labor.

이 부모의 세계 사업 계획서(The Parents Universe Business Plan)는 부모의 세계(Parents Universe) 기관장인 패티 모지타가 저자이이다. 부모의 세계는 뉴저지주 아동학대 예방기관이라는 비영리조직의 산하기관이다.

핵심 용어와 개념 해설

사회복지경영 분야에서 경력이 축적됨에 따라 다음과 같은 용어와 개념들을 만나게 될 것이다. 이들 용어 대부분은 이 책의 해당 장에 설명되어 있다. 이 해설은 독자들에게 새로운 용어에 대한 이해를 돕기 위한 계획이지만, 모든 용어가 포괄적으로 다 포함된 것은 아니다. 여기에 포함되어 있지 않은 다른 중요한 항목들도 있을 수 있다.

과업확장(Stretch assignment): 정상적인 책임 범위 이외의 과업으로, 자신의 지식기반을 높이고 경력 진작을 위해 솔선수범해서 소임을 벗어나서 행한다.

근로소득(Earned income): 어떤 작업을 수행하기도 전에 조직에 제공되는 보조금 수익과는 달리, 행위당 수가수익과 같은 소득은 각각의 거래를 하면서 벌어들여야 한다. 근로소득의 훌륭한 예는 걸스카우트가 걸스카우트 쿠키 판매로 벌어들인 돈이다.

논리 모형(Logic model): 어떤 프로그램 활동이 프로그램 투입으로부터 산출물과 성과로 어떻게 연결되는지를 설명해 주는 다이어그램이다. 논리 모형은 이론상 클라이언트가 어떻게 프로그램에 진입해서, 참여하고, 산출물과 성과를 달성한 후 프로그램을 떠나는지를 시각적으로 보여 준다.

다양화(Diversification): 재무관리의 기본 수칙이다. 예를 들어, 조직의 프로그램 포트폴리오의 수가 더 많고 다양할수록, 프로그램들 중의 하나에 문제가 발생했을 경우 그것이 조직 전체 조직의 실패로 이어질 가능성은 그만큼 더 줄어들 것이다. 조직에서는 프로그램과 수익원의 포트폴리오를 다양화하기 위해 노력하여야 한다.

마진(Margin): 이윤의 또 다른 용어이다. 마진은 본래 조직에 모든 경비를 지불한 후 조직이 보유한 금액을 말한다. 마진(또는 이윤)은 통상 백분율로 표현된다(예: 어떤 프로그램의 마진이 5%라는 것은 해당 프로그램의 모든 경비를 정산한 후 프로그램에 투입된 금액의 5%가 남았다는 의미).

마케팅(Marketing): 시장에서 성공적인 판매를 위해 제품 또는 서비스를 준비하는 데 수반되는 모든 활동을 말한다. 마케팅은 가격 책정, 배분, 판매촉진, 광고 등뿐만 아니라 시장의 세분화, 표적화, 위치화와 같은 활동도 포함한다.

보수(Compensation): 수행한 근로활동에 대하여 종업원이 대가를 지급받는 방법을 기술하는 포괄적인 용어이다. 보수가 이상적으로는 봉급(salary)보다 많다. 복지후생(benefits)과 기타 비금전적 혜택(perks)도 종업원의 총보수(total compensation)에 포함된다.

부채(Liabilities): 조직이 갚아야 할 의무가 있는 부담이다. 부채에는 종업원에게 지불해야 할 급여, 갚아야 할 융자 또는 신용대출액, 연금 책무(pension commitment) 등이 있다.

사업계획(Business plan): 새로운 프로그램의 아이디어를 설명하는 도구이고, 조직에 사회적 · 재무적 가치를 더해 주는 수단이다. 사회부문의 사업계획 수립은 전통적인 보조금 내역 작성(grant writing)과는 다르다. 왜냐하면 사업계획은 프로그램이 장래에 지속 가능하기 위하여 수익을 어떻게 산출할 것인지에 초점을 맞추기 때문이다.

사회적 기업가 활동(Social entrepreneurship): 견실한 비즈니스 경영 전략과 기술을 활용한 사회적 변화에 대한 혁신적인 생각이다. 사회적 기업활동은 사회복지경영 실천과 비즈니스 감각을 효과적으로 융합하는 것을 말한다. 상황에 따라 사회적 기업활동은 사회적 기업(social enterprise), 사회적 혁신(social innovation), 사회적 목적 비즈니스 벤처사업(social purpose venturing) 등으로 묘사되기도 한다.

사회적 영향(Social impact): 사회적 기업활동 체계 안에서 사회적 영향은 특정 프로그램이나 조직이 개인, 가족, 또는 지역사회에 행하는 변화의 크기를 나타낸다. 보완적인 개념은 재무적 지속 가능성이다. 재무적 지속 가능성은 특정 프로그램이나 조직이 운영을 계속할 수 있을 만큼 수익을 창출할 수 있는 정도를 말한다.

사회적 투자수익률(Social Return On Investment: SROI): 투자수익률(ROI) 개념에 근거한다. 사회적 투자수익률은 투자자가 금융투자에 대한 비화폐적 수익을 구하는 개념이다. 이 개념은 여전히 다소 모호하고 논쟁의 여지가 있지만, 그럼에도 사회적 투자수익률은 친숙해져야 하는 중요한 개념이다. 왜냐하면 어떤 투자자들(예: 기부자, 재단 등)은 그들의 투자로 창출되는 사회재의 금액을 측정하기를 원하기 때문이다.

산출물(Outputs): 어떤 프로그램이나 조직 활동에서 생기는 중간 결과이다. 예컨대, 어떤 직업훈련 프로그램에서 산출물은 어떤 참여자가 구직 원서를 작성하는 것일 수도 있다. 산출물은 성과만큼 영향력이 있는 것은 아니다.

상담영업(Consultative selling): 일회성 판매나 거래를 넘어서 장래 고객, 기부자, 클라이언트 등과 관계를 구축하는 과정이다. 이러한 판매 유형은 장기 고객, 기부자, 그리고 클라이언트의 충성도를 구축한다.

성과(Outcomes): 어떤 프로그램이나 조직의 궁극적인 목적이다. 성과는 미션에 명백히 규정되어 있거나 함축적으로 표현되어 있다. 예컨대, 어떤 직업 훈련 프로그램에서 소망하는 한 가지 성과는 어떤 참여자가 1년 동안 새로운 직장을 얻어서 계속 유지하는 것이다.

손익계산서(Income statement): 주요 재무제표의 하나인 손익계산서는 특정 기간에 어떤 조직이나 프로그램의 재무활동 결과를 보여 준다. 모든 수익과 비용이 손익계산서에 기록되는데, 손익계산서의 마지막에는 당기순이익(net income)이 표시된다. 당기순이익은 특정 기간에 모든 비용을 제한 후 얼마나 많은 이익이 남았는지를 알려 준다.

순이익(Net income): 손익계산서상의 당기순수익을 말한다. 손익계산서 마지막에 있는 당기순이익 또는 이윤(profit)이라고도 한다. 이것은 특정 기간에 모든 경비를 지불한 후 남는 수익을 말한다. 순이익은 비영리부문에서 잉여금(surplus)으로 언급되는 경우가 많다.

순자산(Net assets): 기초적인 회계등식의 한 부분이다. 순자산은 모든 부채를 충당한 후 남는 자산의 가치(순자산=자산−부채)를 나타낸다. 순자산이 높은 조직은 통상 재무적 건전성이 좋다.

업무무관소득(Unrelated Business Income: UBI): 비영리부문에서 조직의 미션과 관계없는 활동으로부터 창출되는 소득을 말한다. 예를 들어, 어떤 가족 서비스 기관이 해당 기관의 돈벌이를 위해 주차장에서 크리스마스 트리를 판매한다고 하면, 그로부터 창출되는 소득은 UBI에 해당한다. UBI는 어떤 한도까지만 허용되고, 한도를 초과하는 부분은 세금과 결부될 수 있다.

연차보고서(Annual report): 재무 정보뿐만 아니라 그 해 프로그램에서 강조하고자 하는 내용이 포함되어 있는 보고서이다. 연차보고서 중 대표적인 것은 조직의 전반적인 재무 건전성을 나타내는 연말 재무상태표가 있다. 연차보고서는 보통 해당 조직의 웹사이트에서 확인할 수 있는데, 통상 웹사이트상의 '기관소개란'에 게시되어 있다.

영업(Sales): 고객이 제품이나 서비스를 구입해야 한다는 것을 고객에게 설득하는 과정이다. 성공적인 영업 노력은 확고한 마케팅을 토대로 한다.

예산(Budget): 프로그램, 프로젝트 및 조직에서는 들어오는 수익과 나가는 비용에 대한 계획을 세우고 추적하기 위해 예산을 편성한다. 예산 유지(staying on budget)는 예산 범위 내에서 계획된 대로 지출하고 수익을 얻는다는 것이다. 계획에서 벗어난 것은 예산 차이(budget variance)라고 한다.

유연근무제(Flextime): 가능한 경우 종업원이 근무시간을 신축적으로 사용할 수 있도록 하는 것이다. 이것은 총보수의 일부로서 종업원에게 중요한 혜택이 될 수 있으며, 적절하게 관리된다면 일반적으로 조직에 추가적인 부담이 되지 않을 수도 있다.

의사소통(Communications): 홍보, 내·외부 송수신, 소셜미디어 관리 등의 기능을 포함한다. 조직의 의사소통 과정은 마케팅 및 판매 활동과 밀접하게 결부되어 있다.

이윤(Profit): 순이익 참조

인수합병(Acquisition): 어떤 조직이 다른 조직을 매입하거나 다른 조직의 자산과 부채를 인수함으로써 어떤 조직이 다른 조직을 사실상 인수하는 과정이다. 인수하는 조직은 인수자(acquirer)라 하고 인수되는 조직은 인수 대상자(target)라고 한다.

인적자원(Human resources): 조직은 재무자원, 기술자원, 지적 재산권, 인적자원 등 다양한 유형의 자원을 보유하고 있다. 인적자원은 조직의 업무를 수행하는 사람들이다.

잉여금(Surplus): 순이익 참조

자본구조(Capital structure): 조직이나 프로그램의 자금 조달방법에 관한 내역. 가령 비영리조직은 통상 자본구조의 하나로서 다양한 보조금, 행위당 수가수입, 기부금, 부채 등을 포함한다. 정부조직의 자본구조에는 종종 조세수익과 부채(예: 대중에 판매한 채권) 등이 포함되어 있다.

자산(Assets): 은행예금, 수취채권, 차량, 부동산 등과 같이 조직이 소유하거나 청구권을 가지고 있는 것을 말한다. 사람들은 조직이 소유하는 것이 아니다. 따라서 기술적인 의미에서 사람들은 회계에서 자산이 아니다. 그러나 인적자산(human assets)이라는 말은 종종 조직의 종업원을 지칭하는 데 사용된다.

자선벤처(Venture philanthropy): 투자자들이 성장하는 회사에 전략적 투자를 하고 또한 경영진과 밀접한 관계를 한다는 점에서 벤처 투자 행위에 바탕을 두고 있다. 벤처 자선사업가는 사회부문 조직에 의미 있는 영향을 주기 위하여 해당 조직에 투자를 하고자 한다. 여기서 어떤 벤처 자선사업가들은 재무적 수익률도 추구하지만 그들의 주안점은 주로 사회적 투자수익률(SROI)에 있다.

재무상태표(Balance sheet): 특정 시점 현재의 조직의 자산, 부채, 순자산의 가치를 보여 준다. 재무상태표는 재무적 안정성과 건전성에 대한 유용한 정보(예: 자산이 부채보다 많은 정도)를 제공한다.

조직도(Organizational chart): 조직이나 프로그램 구조를 나타내는 도표이다.

이 도표를 보면 조직 안에 근무하는 다양한 사람이 누가 누구에게 보고하고 어떤 직무를 행하는지 신속하게 알 수 있다.

총보수(Total compensation): 보수 참조

총소득(Gross income): 경비를 공제하기 전 조직이나 프로그램(또는 여러분의 급료)에서 받는 수익 총액

추정(Pro forma): 비즈니스 환경에서 추정재무제표는 계획된 거래에 앞서 준비되고 추정된다. 추정재무제표는 장래 새로운 사업 아이디어의 성과를 추정하기 위한 사업계획서 작성 시 사용된다. 중요한 것은 추정재무제표는 추정치이므로 장래의 실제 성과를 나타내지 않을 수도 있다는 것이다.

측정단위(Metric): 측정의 또 다른 용어이다. 측정단위라는 용어는 영리부문에서 사용되는 경우가 많다. 조직이나 기금 제공자가 설정한 벤치마크나 이정표일 수 있다. 이러한 벤치마크는 성과를 측정하는 데 사용된다.

투자수익률(Return On Investment: ROI): 금융산업에서 통상적으로 사용되는 용어이다. ROI는 투자자가 투자를 한 후 대가로 받을 것으로 기대하는 금액(또는 백분율)이다. 사회부문에서는 사회적 투자수익률(Social Return On Investment: SROI)이 더 일반적으로 사용되는 용어이다.

합병(Merger): 두 조직의 결합이다. 예산 및 기타 압력 때문에 두 조직이 결합함으로써 자원을 절감하고 조직의 영향을 유지할 필요가 있기 때문에, 합병은 비영리 및 정부 부문에서 보다 일반적이 되어 가고 있다.

현금흐름표(Statement of cash flows): 특정 기간에 조직 내에서의 현금 유입과 유출에 대한 명세를 제시한 표이다. 현금흐름표에서는 조직활동을 영업활동, 투자활동, 재무활동 등으로 구분하여 활동별로 현금의 유입과 유출을

구분하여 표시한다.

화폐가치화(Monetization): 사회적 성과를 재무적, 특히 금전적인 표현으로 전환하는 과정이다. 예컨대, 어떤 조직은 노력에 대한 기부를 얻기 위하여, 일 년에 네 가구의 노숙자 가족을 지원하기 위해 2만 2,000달러의 비용이 든다고 주장할 수 있다. 기부자는 성과가 화폐 가치로 표시되어 있을 때 어느 조직이 최고의 가치를 제공하는지 쉽게 알아볼 수 있다.

회계(Accounting): 기업의 재무적 정보를 전달하는 데 사용되는 비즈니스계의 언어이다. 비영리조직에 통용되는 일반적인 회계보고서에는 재무상태표(balance sheet), 손익계산서(income statement), 현금흐름표(statement of cash flows) 등이 있다. 비영리조직의 회계 처리에 적용되는 회계등식은 '자산=부채+순자산'이다.

효과성(Effectiveness): 프로그램이나 조직이 원하는 것을 실질적으로 의미 있게 달성했는지에 관한 것이다. 예컨대, 어떤 프로그램의 미션을 달성했다는 것은 해당 프로그램이 효과적이라는 것을 의미한다.

효율성(Efficiency): 어떤 미션을 수행하는 데 가능한 한 최소의 자원을 사용하는 것을 말한다. 효율적인 조직이 반드시 효과적이지는 않다. 돈과 여타 자원의 절감이 조직 클라이언트를 위한 최선의 결과를 산출하지 못할 수도 있다. 효율성과 효과성은 상관관계가 있는 개념이다.

참고문헌

Anderson, B. B., Dees, J. G., & Emerson, J. (2002). Developing viable earned income strategies. In J. G. Dees, J. Emerson, & P. Economy (Eds.), *Strategic tools for social entrepreneurs: Enhancing the performance of your enterprising nonprofit* (pp. 191-233). New York: John Wiley & Sons.

Andreasen, A. R., & Kotler, P. (2003). *Strategic marketing for nonprofit organizations*, 6th edition. Upper Saddle River, NJ: Prentice Hall.

Ayers, G. W., Mindel, C. H., Robinson, L., & Wright, J. (1981). Fees in a human service agency: Why do clients pay? *Social Work, 26*(3): 245-248.

Banjo, S. (2010, June 9). *Donations slip amid anxiety*. Retrieved November 3, 2011, from the *Wall Street Journal* website: http://online.wsj.com/article/SB1000142405274870425660457529491333385777 0.html.

Bell, J., Moyers, R., & Wolfred, T. (2006). *Daring to lead 2006: A national study of nonprofit executive leadership*. Oakland, CA: CompassPoint Nonprofit Services/Washington, DC: Meyer Foundation.

Bornstein, D. (2004). *How to change the world: Social entrepreneurs and the power of new ideas*. New York: Oxford University Press.

Brewster, R. (2006). *Social enterprise: Introducing earned income ventures into your nonprofit organization*. Lecture at Baruch College's School of Public Affairs, October 12, 2006.

Brinckerhoff, P. C. (2000). *Social entrepreneurship: The art of mission-based venture development*. New York: John Wiley & Sons.

Brody, R. (2005). *Effectively managing human service organizations* (3rd ed.). Thousand Oaks, CA: Sage.

Brooks, A. C. (2009). *Social entrepreneurship: A modern approach to social value creation*. Upper Saddle River, NJ: Pearson Prentice Hall.

Brothers, J., & Sherman, A. (2012). *Building nonprofit capacity: A guide to managign change through organizational lifecycles*. San Francisco, CA: Jossey-Bass.

Brown, W. A. (2010). Strategic management. In D. Renz (Ed.), *The Jossey-Bass handbook of nonprofit leadership and management* (pp. 206-229). San Francisco, CA: Jossey-Bass.

Carman, J. G. (2009). Nonprofits, funders, and evaluation: Accountability in action. *American Review of Public Administration, 39*(4): 374-390.

Carman, J. G. (2011). Understanding evaluation in nonprofit organizations. *Public Performance & Management Review, 34*(3): 350-377.

The Center for Nonprofits. (2013). *NJ non-profit survey: Some hopeful signs tempered by rising demand, funding uncertainties*. Retrieved March 28, 2013, from The Center for Nonprofits website: www.njnonprofits.org/PressRelease2013NonprofitSurvey.pdf.

Chicago Sun-Times. (2010, November 29). Charitable giving up; demand higher. Retrieved November 3, 2011, from the *Chicago Sun-Times* website: www.suntimes.com/news/nation/2606661-418/charitable-giving-donations-nonprofit-reported.html.

Cohen, R. (2012, August 2). *Death of the Hull House: A nonprofit coroner's request*. Retrieved September 2, 2012, from the Nonprofit Quarterly website: www.nonprofitquarterly.org/management/20758-death-of-the-hullhouse-a-nonprofit-coroners-inquest.html.

Conaty, B., & Charan, R. (2010). *The talent masters: Why smart leaders put people before numbers*. New York: Crown Business.

Dart, R. (2004). The legitimacy of social enterprise. *Nonprofit Leadership & Management, 14*(4): 411-424.

Donovan, D. (2013, January 1). *Fiscal cliff deal could hurt charitable giving*. Retrieved January 1, 2013, from the Chronicle of Philanthropy website: http://philanthropy.com/blogs/government-and-politics/fiscal-cliff-deal-could-hurt-charitable-giving/31559.

The Economist. (2012, January 28). *Grabbing Grameen: Property rights in peril in Bangladesh*. Retrieved August 15, 2013, from *The Economist* website: www.economist.com/node/21543547.

Egan, M., & Kadushin, G. (1999). The social worker in the emerging field of home care: Professional activities and ethical concerns. *Health & Social Work, 24*(1): 43-55.

Firstenberg, P. B. (1986). *Managing for profit in the nonprofit world*. New York: The Foundation Center.

Fleischer, A. (2013, January 4). The taxman's uncharitable new rule [Editorial]. *The Wall Street Journal*, p. A11.

Forbes Funds. (2004). *Look here! Attracting and developing the next generation of nonprofit leaders*. Retrieved June 10, 2012, from the Forbes Funds website: www.forbesfunds.org.

Frazier, E. (2011). *Nonprofit hiring shows signs of recovery in 2011, new survey of employers finds*. Retrieved July 15, 2013, from the Chronicle of Philanthropy website: http://philanthropy.com/article/Outlook-for-Nonprofit-Staffing/127134.

Froelich, K. A. (1999). Diversification of revenue strategies: Evolving resource dependence in nonprofit organizations. In J. S. Ott (Ed.), *Understanding nonprofit organizations: Governance, leadership, and management* (pp. 182-194). Boulder, CO: Westview Press.

Furman, R., & Gibelman, M. (2013). *Navigating human service organizations: Essential information for thriving and surviving in agencies*. Chicago, IL: Lyceum Books.

Germak, A. J. (2013). Guest editorial note. *Administration in Social Work, 37*(2): 103-105.

Germak, A. J. (2013, March 4). ObamaCare's mandate and employment consequences [Letter to the editor]. *The Wall Street Journal*, p. A14.

Germak, A. J. (2013, April 27). Obama budget "taxes" charities by limiting deductions [Editorial]. *The Star-Ledger*, p. 4.

Germak, A. J. (2013, May 8). Ignoring addiction is ignoring dignity [Letter to the editor]. *Financial Times*, p. 6.

Germak, A. J. (2013, June 27). Time is ripe for social workers from China and U.S. to collaborate [Editorial]. *Global Times*, p. 15.

Germak, A. J. (2012, March 11). Tinkering with tax incentives could shift how rich share wealth [Editorial]. *The Star-Ledger*, p. 5 (section 2).

Germak, A. J., & Singh, K. K. (2010). Social entrepreneurship: Changing the way social workers do business. *Administration in Social Work, 34*(1): 79-95.

Giffords, E. D. (2000). A study of employee commitment in public, not-for-profit and proprietary social service organizations. *Dissertation Abstracts International, 61*(3): AAT9965250.

Gill, S. J. (2010). *Developing a learning culture in nonprofit organizations*. Thousand Oaks, CA: Sage.

Gummer, B. (1997). Is the code of ethics as applicable to agency executives as it is to direct service providers? No. In E. Gambrill & R. Pruger (Eds.), *Controversial issues in social work ethics, values, and obligations* (pp. 143-150). Boston, MA: Allyn & Bacon.

Guo, B. (2006). The marketization of human services nonprofits: Charity at risk? *Dissertation Abstracts International, 66*(10): AAT3191288.

Harding, R. (2004). Social enterprise: The new economic engine. *Business Strategy Review, 15*(4), 39-43.

Herman, R. D., & Renz, D. O. (2008). Advancing nonprofit organizational effectiveness research and theory: Nine theses. *Nonprofit Management & Leadership, 18*(4), 399-415.

Hopkins, B. R. (2009). *The law of tax-exempt organizations*, 9th edition. Hoboken, NJ: Wiley.

Horngren, C. T., Sundem, G. L., & Elliott, J. A. (2002). *Introduction to financial accounting*. Upper Saddle River, NJ: Pearson.

Independent Sector. (2013). *Scope of the nonprofit sector*. Retrieved July 31, 2013, from the Independent Sector website: www.independentsector.org/scope_of_the_sector.

Kadushin, A., & Harkness, D. (2002). *Supervision in social work* (4th ed.). New York: Columbia University Press.

Kerlin, J. A. (2010). A comparative analysis of the global emergence of social enterprise. *Voluntas: International Journal of Voluntary and Nonprofit Organizations, 21*(2): 162-179.

Kettner, P. M. (2002). *Achieving excellence in the management of human service organizations*. Boston, MA: Allyn & Bacon.

Kettner, P. M., Moroney, R. M., & Martin, L. L. (2008). *Designing and managing programs: An effectiveness-based approach* (3rd ed.). Thousand Oaks, CA: Sage.

Kickul, J., & Lyons, T. S. (2012). *Understanding social entrepreneurship: The relentless pursuit of mission in an ever changing world*. New York: Routledge.

Kurzman, P. A. (1976). Private practice as a social work function. *Social Work, 21*(5): 363-369.

Kurzman, P. A. (2000). Bakalinsky's conundrum: Should social workers practice in the world of work? *Administration in Social Work, 23*(3/4): 157-161.

Levinson, J. C. (1998). *Guerrilla marketing: Secrets for making big profits from your small business* (3rd ed.). New York: Houghton Mifflin Company.

Lewis, J. A., Packard, T. R., & Lewis, M. D. (2012). *Management of human service programs* (5th ed.). Belmont, CA: Brooks/Cole.

Light, P. C. (2006). Reshaping social entrepreneurship. *Stanford Social Innovation*

Review, 4(3): 47-51.

Linn, A. (2013, June 22). *Charitable giving continues to be a victim of recession*. Retrieved June 23, 2013, from the CNBC website: www.cnbc.com/id/100829583.

Lynch-Cerullo, K., & Cooney, K. (2011). Moving from outputs to outcomes: A review of the evolution of performance measurement in the human service nonprofit sector. *Administration in Social Work, 35*(4): 364-388.

Martin, L. L., & Kettner, P. M. (1997). Performance measurement: The new account-ability. *Administration in Social Work, 21*(1): 17-29.

Masi, D. A. (1992). Should social workers work for for-profit firms? Yes. In E. Gambrill & R. Pruger (Eds.), *Controversial issues in social work* (pp. 28-30). Boston, MA: Allyn & Bacon.

Maas, K. E., & Liket, K. C. (2011). De we know what we are talking about? Measurement validity in social impact research. *Paper Presentation at Association for Research on Nonprofit Organizations and Voluntary Action Annual Conference*, November 19, Toronto, Canada.

Mathis, R. L., & Jackson, J. H. (2011). *Human resource management* (13th ed.). Mason, OH: South-Western Cengage Learning.

Messmer, M., & Bogardus, A. (2008). *Human resource management*. Hoboken, NJ: Wiley.

Mosher-Williams, R. (Ed.) (2006). *Research on social entrepreneurship: Understanding and contributing to an emerging field*. Retrieved June 1, 2006, from the ARNOVA website: www.arnova.org/publications.php.

Murray, V. (2010). Evaluating the effectiveness of nonprofit organizations. In D. Renz (Ed.), *The Jossey-Bass handbook of nonprofit leadership and management* (pp. 431-458). San Francisco, CA: Jossey-Bass.

National Association of Social Workers (NASW) (1998). *Current controversies in social work ethics: Case examples*. Washington, DC: NASW Press.

National Association of Social Workers (NASW) (1999). *NASW's code of ethics*. Retrieved Ocotober 25, 2006, from www.ncsss.cua.edu/Docs/NASWCodeofEthics.pdf.

Nayar, V. (2010). *Employees first, customers second: Turning conventional management upside down*. Boston, MA: Harvard Business Press.

Nonprofit Finance Fund. (2013). *Nonprofit finance fund survey of 5900+ nonprofits: Organizations innovating and adapting to new reality*. Retrieved March 26, 2013, from the Nonprofit Finance Fund website: http://nonprofitfinancefund.org/announcements/2013/state-of-the-nonprofit-sector-survey.

Norwegian Nobel Committee. (2006). *Norwegian Nobel Committee's 2006*

Nobel Peace Prize Announcement (2006). Retrieved October 22, 2006, from the Nobel Prize website: www.nobelprize.org/nobel_prizes/peace/laureates/2006/press.html.

Oster, S. (1995). *Strategic management for nonprofit organizations*. New York: Oxford University Press.

Pallotta, D. (2008). *Uncharitable: How restraints on nonprofits undermine their potential*. Medford, MA: Tufts University Press.

Pallotta, D. (2012). *Charity case: How the nonprofit community can stand up for itself and really change the world*. San Francisco, CA: Jossey-Bass.

Patti, R. (2009). Management in human services: Purposes, practice, and prospects in the 21st century. In R. Patti (Ed.), *The Handbook of Human Services Management* (2nd ed.) (pp. 3-28). Thousand Oaks, CA: Sage.

Porter, M. E. (1980). *Competitive strategy; Techniques for analyzing industries and competitors*. New York: The Free Press.

Porter, M. E. (1985). *Competitive edvantage: Creating and sustaining superior performance*. New York: The Free Press.

Ridley-Duff, R., & Bull, M. (2011). *Understanding social enterprise: Theory and practice*. Thousand Oaks, CA: Sage.

Ritchie, W. J., & Kolodinsky, R. W. (2003). Nonprofit organization financial performance measurement: An evaluation of new and existing financial performance measures. *Nonprofit Management & Leadership, 13*(4): 367.

Roberts, D., & Woods, C. (2005). Changing the world on a shoestring: The concept of social entrepreneurship. *University of Auckland Business Review, 7*(1): 45-51.

Salamon, L. M. (1999). *America's nonprofit sector: A primer*. New York: The Foundation Center.

Samuelson, W. F., & Marks, S. G. (2003). *Managerial economics*. New York: John Wiley & Sons.

Sandfort, J. R. (2010). Human service organizational technology: Improving understanding and advancing research. In Y. Hasenfeld (Ed.), *Human services as complex organizations* (pp. 269-290). Thousand Oaks, CA: Sage.

Schiller, R. J. (2012, December 16). Please don't mess with the charitable deduction [Editorial]. *The New York Times*, p. BU7.

Score Foundation. (2010). *Business planning tools for nonprofit organizations*, 2nd edition. Retrieved May 15, 2013, from the Score Foundation website: www.score.org/sites/default/files/BizPlanningforNonProfits_0.pdf.

Solomon, J., & Sandahl, Y. (2007). *Stepping up or stepping out: A report on the readiness of next generation leaders*. Retrieved June, 25, 2012, from the Young

Nonprofit Professionals Network website: http://ynpn.org/wp-content/uploads/stepping_up.pdf.

Tekula, R. (2010). Social enterprise: Innovation or mission distraction. Working Paper, Pace University, Wilson Center for Social Entrepreneurship. Retrieved October 12, 2011, from the Pace University website: www.pace.edu/emplibrary/TEKULA_Social%20Enterprise_Innovation%20or%20Mission%20Distraction.pdf.

Thomson, D. E. (2011). The role of funders in driving nonprofit performance measurement and use in strategic management. *Public Performance & Management Review, 35*(1): 54-78.

Tierney, T. J. (2006). The leadership deficit. *Stanford Social Innovation Review, 4*(2): 26-35.

Tropman, J. E. (2006). Producing high-quality group decisions. In R. L. Edwards & J. A. Yankey (Eds.), *Effectively managing nonprofit organizations* (pp. 215-238). Washington, DC: NASW Press.

Wang, X. (2002). Perception and reality in developing an outcome performance measurement system. *International Journal of Public Administration, 25*(6): 805-829.

Watkins, M. (2003). *The first 90 days: Critical success strategies for new leaders at all levels*. Boston, MA: Harvard Business School Press.

Wei-Skillern, J., Austin, J. E., Leonard, H., & Stevenson, H. (2007). *Entrepreneurship in the social sector*. Thousand Oaks, CA: Sage.

Weinbach, R. W., & Taylor, L. M. (2011). *The social worker as manager: A practical guide to success* (6th ed.). Boston, MA: Allyn & Bacon.

Weisbrod, B. A. (1998). Commercialism and the road ahead. In J. S. Ott (Ed.), *Understanding nonprofit organizations: Governance, leadership, and management* (pp. 231-238). Boulder, CO: Westview Press.

Wimpfheimer, S., & Germak, A. J. (2012, March). *Social work managers as entrepreneurs: Skills for the new economy*. Workshop presentation at the annual symposium of the National Association of Social Workers (NASW)–Massachusetts Chapter, Framingham, MA.

Zietlow, J., Hankin, J. A., & Seidner, A. (2007). *Financial management for nonprofit organizations: Policies and practices*. Hoboken, NJ: Wiley.

찾아보기

저자 소개

앤드류 저맥(Andrew J. Germak)은 뉴욕대학교의 스턴 경영대학원에서 경영학 석사(MBA), 뉴욕 헌터대학교의 실버만 사회복지대학원에서 사회복지학 석사(MSW), 미시간대학교에서 심리학 학사(BA) 학위를 취득하였다. 럿거스 사회복지대학원에서의 가족연구원 원장 및 모리스 카운티 정신보건협회장이자 CEO를 역임하였으며, 현재 뉴저지주립대학교 리더십 및 경영연구소 소장이자 럿거스 사회복지대학원 실습전문 교수로 재직 중이다. 『월스트리트 저널(WSJ)』과 『파이낸셜 타임즈(FT)』 등의 유력지에 사설 칼럼과 편지를 쓰기도 하였고, 2010년 발표한 학술 논문 「Social Entrepreneurship: Changing the Way Social Workers Do Business」는 널리 읽히고 사회적으로도 많은 영향을 미쳤다.

역자 소개

박창제(Park Changje)는 경상대학교에서 경제학 학사, 사회복지학 석사, 경제학 박사 학위를, 서울대학교에서 보건학 석사, 부산대학교에서 사회복지학 박사 학위를 취득하였다.

한화화재 손해사정 업무를 시작으로, 경상대학교 학술연구교수, 한국국제대학교 교수, 상주대학교 교수, 미국 위스콘신대학교 방문연구교수를 거쳐 현재 경북대학교 사회복지학부 교수로 재직 중이다. 또한 한국노년학회, 한국사회복지행정학회 등 사회복지 관련 학회의 이사진에 참여해 왔고, 한국노인복지학회 회장을 역임하였다.

주요 저서 및 논문으로는 『보건경제학』『사회복지프로그램의 경제적 평가방법』『복지국가의 고령자 보건의료정책』「공공병원의 효율성 평가」「장기요양보호서비스의 비용 · 효과분석」「고령자의 주요 사회참여활동 유형과 생활만족도의 관계」 등이 있다.

박상규(Park Sangkyu)는 경상대학교에서 회계학 학사, 서울대학교에서 경영학 석사, 동국대학교에서 경영학 박사 학위를 취득하였다.

(주)한국신용정보 기업분석부 전문연구원을 시작으로, 경상대학교 교수 및 경영대학 부학장, 미국 워싱턴대학교 연구교수, 한국국제회계학회 편집위원장, 한국회계정보학회 산학협력위원장, 국세청 납세자보호위원회 및 국세심사위원회 위원 등을 역임하였고, 현재 경상대학교 경영대학 학장 및 경영대학원장직을 수행하고 있다.

주요 저서 및 논문으로는 『회계 둘러보기』「기업의 사회적 책임활동과 자금조달」「산업 조정 재무비율 분석에 의한 미래 수익성 예측」「적자보고 기업 손상차손의 가치관련성」「연구개발 집중기업의 초과수익 현상의 원인」「무형자원과 경쟁력 지속성의 관련성」「참여예산과 보상제도의 연결효과」「경영환경과 경쟁전략이 물류성과에 미치는 영향」 등이 있다.

사회복지경영론 기초

Essential Business Skills for Social Work Managers:
Tools for Optimizing Programs and Organizations

2018년 1월 25일 1판 1쇄 인쇄
2018년 1월 31일 1판 1쇄 발행

지은이 • Andrew J. Germak
옮긴이 • 박창제 · 박상규
펴낸이 • 김진환
펴낸곳 • (주)학지사
04031 서울특별시 마포구 양화로 15길 20 마인드월드빌딩
대표전화 • 02-330-5114 팩스 • 02-324-2345
등록번호 • 제313-2006-000265호

홈페이지 • http://www.hakjisa.co.kr
페이스 • https://www.facebook.com/hakjisa

ISBN 978-89-997-1454-2 93330

정가 17,000원

역자와의 협약으로 인지는 생략합니다.
파본은 구입처에서 교환해 드립니다.

이 도서의 국립중앙도서관 출판시도서목록(CIP)은 서지정보유통지원시스템 홈페이지(http://seoji.nl.go.kr)와 국가자료공동목록시스템(http://www.nl.go.kr/kolisnet)에서 이용하실 수 있습니다.
(CIP 제어번호: CIP 2017035867)